ŒUVRES
COMPLÈTES
DE CONDILLAC.

TOME XIX.

A PARIS,

Chez
{
Gratiot, cul-de-sac Pecquay, rue des Blancs-Manteaux.
Houel, rue du Bacq, N°. 940.
Guillaume, rue de l'Eperon, N°. 12.
Pougin, rue des Pères, N°. 61.
Gide, place St.-Sulpice.
}

Et A STRASBOURG,
Chez Levrault, libraire.

ŒUVRES
DE CONDILLAC,

Revues, corrigées par l'Auteur, imprimées sur ses manuscrits autographes, et augmentées de La Langue des Calculs, ouvrage posthume.

COURS D'ÉTUDES
POUR L'INSTRUCTION
DU PRINCE DE PARME.

HISTOIRE MODERNE.
TOME V.

A PARIS,
DE L'IMPRIMERIE DE CH. HOUEL.

AN VI. — 1798. (E. vulg.)

HISTOIRE MODERNE.

LIVRE TREIZIÈME.

CHAPITRE PREMIER.

De la France jusqu'au ministère du cardinal de Richelieu.

JE vais continuer l'histoire de France, Monseigneur, parce qu'elle nous fournira assez d'occasions de jeter un coup-d'œil sur les principales puissances de l'Europe. <small>Marie de Médicis est déclarée régente par un arrêt du parlement, qui est confirmé dans un lit de justice.</small>

Le même jour de la mort de Henri IV, le duc d'Épernon, ayant fait prendre les armes aux gardes françaises et aux gardes suisses, se rendit au parlement pour assurer la régence à Marie de Médicis. *Elle est encore dans le fourreau*, dit-il en montrant son épée; *mais il faudra qu'elle en sorte, si on n'accorde pas dans l'instant à la reine mère, un titre qui lui est dû selon l'ordre de la nature et de la justice.*

On auroit pu demander par quelle loi, sept présidens et cinquante-cinq conseillers, qui composoient cette assemblée, pouvoient être autorisés à disposer de la régence. Jusqu'alors le parlement n'avoit point joui d'un pareil droit. Pouvoit-il le refuser, lorsque l'épée du duc d'Epernon le forçoit à l'accepter ? Il donna donc, sans délibérer, un arrêt, par lequel la reine fut déclarée régente. Pour donner plus de poids à cette première démarche, Louis XIII, qui n'avoit pas encore neuf ans accomplis, vint le lendemain au parlement, accompagné des princes, des pairs et des grands du royaume, et l'arrêt de la veille fut confirmé dans un lit de justice. On ne s'étoit si fort pressé, qu'afin de profiter de l'absence du prince de Condé, et du comte de Soissons, qui auroient pu prétendre à la régence, ou entreprendre au moins de partager l'autorité avec la reine.

L'esprit de faction, qui avoit été contenu, va reprendre un nouvel essor, et les troubles vont renaître. Car les factieux ont survécu à Henri.

De crainte de faire des mécontens, la régente admit dans le conseil presque tous les grands qui prétendoient y devoir entrer ; de sorte qu'elle en fit une cohue plutôt qu'une assemblée. Ce conseil, au reste, n'étoit que pour la forme ; on n'y portoit aucune affaire importante, ou du moins on se mettoit peu en peine des résolutions qui s'y prenoient. Tout étoit décidé dans le travail particulier, que la reine faisoit avec chacun des ministres.

Elle ne laisse aucune autorité au conseil, où elle admet tous ceux qu'elle ne se refuser.

Concini avoit la plus grande part à sa confiance. Ambitieux, avide, il s'élève, il s'enrichit, et se hâte de susciter contre lui la jalousie et la haine. Dès le commencement de la régence, il acheta le marquisat d'Ancre, la lieutenance générale de Picardie, une charge de premier gentilhomme de la chambre. Il obtint le gouvernement de Péronne, de Mont-Didier et de Roye ; trois ou quatre ans après, il fut fait maréchal de France, quoiqu'il n'eût jamais tiré l'épée.

Concini, à qui elle donne sa confiance, fait une fortune rapide.

Le faste régnoit à la cour. Les gratifications et les pensions étoient prodiguées aux courtisans que la reine vouloit s'attacher.

Elle met à les finances.

Les trésors amassés par Henri se dissipoient. On travailloit à remettre dans les finances les abus dont Sulli les avoit purgées ; et le peuple applaudissoit à la magnificence de Marie, trop simple pour prévoir qu'il en porteroit tôt ou tard les frais.

Les princes confédérés prennent Juliers.

On pouvoit licencier l'armée de Champagne ; car Juliers étoit au moment de se rendre au comte Maurice et aux princes confédérés, qui en formoient le siége. C'étoit l'avis de Sulli. Il jugeoit inutile de continuer une dépense d'où l'on ne tireroit ni gloire, ni avantage : comme son avis ne devoit pas prévaloir, le maréchal de la Châtre eut ordre de marcher, et les troupes arrivèrent pour être témoins de la prise de Juliers.

Marie abandonne le duc de Savoie.

Sulli conseilloit de donner des secours au duc de Savoie, qui s'étoit engagé sur la foi d'un traité. On n'eut encore aucun égard à cet avis, et le duc, abandonné, fut obligé d'envoyer son fils en Espagne, pour s'humilier aux pieds de Philippe III. Ce procédé de la France étoit d'autant plus odieux que la régente avoit elle-même donné parole au duc de Savoie, de remplir les enga gemens que le feu roi avoit contractés avec lui.

Cette princesse avoit d'abord voulu per- *Double alliance avec l'Espagne.* suader qu'elle conservoit toutes les alliances que Henri avoit faites ; mais elle ne vouloit que se faire rechercher par l'Espagne, avec qui elle projetoit de s'allier par un double mariage. La négociation ayant souffert peu de difficultés, il fut arrêté que Louis épouseroit Anne d'Autriche, et qu'Élisabeth de France seroit donnée au fils de Philippe. Ces deux mariages furent déclarés en 1615. L'échange des deux princesses se fit en 1612, et le roi alla au-devant de l'Infante jusqu'à Bordeaux, où les deux époux reçurent la bénédiction nuptiale. Sulli, qui n'auroit pas conseillé cette alliance, n'étoit plus dans le ministère. Dès la seconde année de la régence, il avoit prévenu sa disgrace par sa retraite : on ne cherchoit qu'à l'éloigner.

Quoiqu'une des premières démarches de *Les Huguenots en prennent l'alarme : mais Marie les divise en gagnant quelques-uns des chefs.* la régente eût été de donner une déclaration qui confirmoit l'édit de Nantes, les Huguenots prirent l'alarme aussitôt qu'ils apprirent qu'on négocioit avec l'Espagne. Ils ne doutèrent pas qu'une pareille alliance n'eût pour objet de les détruire. C'est pourquoi, ayant obtenu la permission de s'assembler à Saumur pour la nomination des députés qu'ils tenoient à la cour, ils saisirent cette occasion de faire beaucoup de plaintes et de demandes. La reine, qui ne pouvoit, ni ne vouloit les satisfaire sur tous les points, répandit de l'argent et des grâces, afin de gagner les principaux. Cette politique, qui sema la division parmi eux, et qui par-là prépara leur ruine, n'est pas cependant la plus sage : car en achetant des mécontens qu'on craint, on en invite d'autres à se faire craindre pour se faire acheter. Il en doit donc nécessairement résulter des troubles. Les Huguenots obtinrent qu'on leur laisseroit encore les places de sûreté pour cinq ans.

Les grands se font des intérêts contraires, et ne savent plus former des partis.

La cour étoit dans la plus grande confusion. Les grands ne s'accordoient que sur une chose, c'est qu'ils étoient tous mécontens du gouvernement, parce qu'à leur gré ils n'y avoient point assez de part. D'ailleurs, conduits chacun par des vues particulières, ils ne savoient point se réunir. Les princes du sang étoient contre les prin-

ces du sang, les Guises contre les Guises :
il sembloit qu'on eût perdu le secret de
former des partis, et on ne faisoit plus que
des cabales. Comme ces divisions assuroient
le crédit du marquis d'Ancre, il s'appli-
quoit à les fomenter ; prenant toutes les
mesures possibles, pour empêcher qu'une
faction trop puissante ne s'élevât contre
lui.

Les Huguenots étoient divisés en deux Les Huguenots étoient divisés en deux partis.
factions principales. L'une, toujours prête à
prendre les armes, avoit pour chef le duc
de Rohan ; l'autre, plus tranquille ou moins
remuante, se laissoit conduire par le maréchal de Bouillon. Ces deux seigneurs s'étant
trouvés à l'assemblée de Saumur, le premier avoit appuyé les demandes de son
parti, tandis que le second s'étoit prêté aux
vues de la cour.

Le maréchal de Bouillon fut récompensé, Bouillon se joint au prince de Condé.
et ne fut pas content. Il vouloit pour prix de
ses services, entrer dans le ministère et gouverner le royaume : chose à laquelle le marquis d'Ancre ne vouloit pas consentir, et que,
par conséquent, la reine-mère ne pouvoit
accorder. Le maréchal, qui se repentit,

s'attacha au prince de Condé, afin de faire un parti contre le gouvernement.

Marie négocie pour abandonner Saint-Jean d'Angeli au duc de Rohan, qui s'en est rendu maître.

1611.

Sur ces entrefaites, le duc de Rohan se rendit maître de S. Jean d'Angeli, dont le commandant, quoique huguenot, étoit dévoué à la cour. La régente, au lieu d'armer, négocia ; parce qu'elle craignoit de faire prendre les armes aux Huguenots. Tout le fruit de la négociation fut d'abandonner S. Jean d'Angeli au duc de Rohan.

1613.

Condé arme.

Cette affaire étoit à peine terminée, que le prince de Condé fit éclater son mécontentement, sur le refus qu'on lui fit du gouvernement de Château-Trompette, principale forteresse de Bordeaux. Il se retira de la cour, et fut suivi des ducs de Nevers,

1614.

gouverneur de Champagne ; de Mayenne, fils du chef de la ligue, gouverneur de l'île de France ; de Longueville, gouverneur de Picardie ; de Vendôme, fils naturel de Henri IV, gouverneur de Bretagne ; d'Alexandre, grand-prieur de France, autre fils naturel de Henri ; de Luxembourg, de la Tremouille et de plusieurs autres seigneurs. Le maréchal de Bouillon étoit le premier mobile de tous ces mouvemens : mais ayant eu l'adresse de ne pas paroître suspect à la cour, il devint le médiateur entre les deux partis, dans l'espérance de les sacrifier l'un et l'autre à ses intérêts.

Le duc d'Épernon conseilloit de faire marcher le roi à la tête de sa maison, et de se hâter, avant que les princes eussent rassemblé leurs troupes. Si l'on eût suivi ce conseil, le parti des rebelles eût été dissipé : le gouvernement, toujours foible, envoya des députés, et proposa un accommodement.

<small>Marie propose un accommodement.</small>

Cependant le prince de Condé avoit publié un manifeste, par lequel il déclaroit n'avoir d'autre dessein que de procurer le bien de l'état. Ses plaintes rouloient sur la dissipation des trésors de Henri, sur la mauvaise administration des finances, sur l'abandon des anciens alliés du royaume, sur l'alliance de l'Espagne, et en général sur ce que la reine, préoccupée par deux ou trois personnes, régloit tout sans consulter les princes, ni même le conseil qu'on n'assembloit que pour la forme.

<small>Condé avoit publié un manifeste.</small>

Il voulut ensuite attirer les Huguenots dans son parti : mais le duc de Rohan, qui regardoit cette ligue comme une émeute

<small>Le duc de Rohan refuse à s'unir à cette ligue.</small>

dont les parties étoient mal liées, prévit l'événement, et se refusa à toutes les sollicitations. Il écrivit même à la reine, que si elle vouloit contenter les Huguenots, dont il ne se sépareroit jamais, elle auroit bientôt reduit les princes mécontens.

<small>Les mécontens obtiennent ce qu'ils demandent.</small>

On négocia. Le bien public dont on s'étoit fait un prétexte, fut bientôt oublié, et chacun ne songea qu'à ses intérêts. Les mécontens demandoient la convocation des états-généraux, et qu'on désarmât de part et d'autre. On leur accorda ces deux articles. Ils demandoient encore que le double mariage avec l'Espagne fût sursis; et la reine l'accorda, à condition que cette surséance ne dureroit que jusqu'à la majorité du roi. Venant ensuite aux articles qui concernoient les intérêts de chacun en particulier, la ville d'Amboise fut mise en dépôt entre les mains du prince de Condé, jusqu'après la tenue des états-généraux ; on donna Sainte-Menehould au duc de Nevers, ou du moins on l'assura de la survivance du gouvernement de Champagne pour son fils; on accorda à ceux de ce parti quatre cent cinquante mille francs, afin de les indemniser des frais qu'ils pouvoient avoir faits ; le roi promit de déclarer que le prince de Condé et ceux qui l'avoient suivi, n'avoient eu aucun mauvais dessein, et qu'il étoit convaincu de leur innocence. En un mot, par ce traité, qui fut signé à Sainte-Menehould, les mécontens obtinrent tout ce qu'ils demandèrent. Le gouvernement les traita comme s'il en avoit reçu de grands services. On peut donc juger qu'il y aura des révoltes, tant qu'il y aura de l'argent, des villes et des charges à donner.

Le 28 septembre, le roi, étant entré dans sa quatorzième année, tint son lit de justice, et fut déclaré majeur. Il pria cependant sa mère de continuer ses soins au gouvernement ; et la confiance entière qu'il lui témoigna, parut donner une nouvelle puissance à cette princesse et au maréchal d'Ancre.

1614.
Louis XIII déclaré majeur.

Les états-généraux s'ouvrirent à Paris le 2 octobre. Les trois ordres ne s'accordèrent point. Chacun fit séparément des demandes opposées aux intérêts des autres, et il y eut de longues contestations. Le clergé et la noblesse demandèrent la publication du

1614.
Derniers états généraux.

concile de Trente, l'entier rétablissement de la religion catholique dans le Béarn, la suppression de la vénalité et de l'hérédité des charges, tant civiles que militaires, et l'accomplissement des mariages conclus entre la France et l'Espagne. Ce dernier article fut ajouté, malgré le prince de Condé, qui s'étoit flatté que les états-généraux s'opposeroient à cette alliance : mais les sollicitations de la reine avoient prévalu sur les députés. Armand-Jean du Plessis de Richelieu, évêque de Luçon, assura, pour faire sa cour et vraisemblablement contre sa pensée, que ces mariages établiroient à jamais la paix entre les deux royaumes.

Le tiers-état demanda une diminution des tailles, le retranchement des pensions et des gratifications, et la suppression de quelques droits, qui nuisoient beaucoup au commerce intérieur du royaume. Les trois ordres, de concert, proposèrent la création d'une chambre de justice, pour rechercher les malversations des financiers. Enfin ils présentèrent de gros cahiers, qui contenoient beaucoup d'autres articles.

MODERNE.

Le roi disant n'avoir pas le temps d'examiner toutes les demandes, promit de satisfaire du moins aux principales ; entre autres d'abolir la vénalité et l'hérédité des charges, de supprimer les pensions, et de créer une chambre de justice. Là-dessus il rompit les états, et oublia toutes ses promesses. Cette assemblée ne produisit donc aucun effet. Ces états-généraux ont été les derniers.

Le roi oublia ce qu'il leur a promis.

Le prince de Condé auroit bien pu prévoir qu'il auroit peu de crédit dans les états, puisqu'il n'avoit pas la distribution des graces. Il fit auprès du parlement une autre tentative, dont il crut d'abord se promettre plus de succès, et qui pourtant n'en eut pas davantage.

Condé met le parlement dans son parti.

Le 28 mars, ce corps arrêta *que, sous le bon plaisir du roi, les princes, ducs, pairs et officiers de la couronne, ayant séance et voix de délibération en la cour, et qui se trouveroient alors à Paris, seroient invités de venir en ladite cour, pour, avec monsieur le chancelier, toutes les chambres assemblées, aviser sur les propositions qui seroient faites pour*

1615. Arrêt du parlement.

le service du roi, le soulagement de ses sujets et le bien de l'état.

<small>Le roi lui défend de passer outre.</small> Cet arrêté souleva le conseil: on en parla comme d'un attentat contre l'autorité royale; la reine qui le regardoit comme une critique de son administration, en fut offensée. On défendit donc au parlement de passer outre, et aux grands de se rendre à l'invitation qui leur avoit été faite.

<small>Remontrances du parlement.</small> Cependant le parlement fit des remontrances, dans lesquelles après avoir entrepris de prouver qu'il avoit droit de prendre connoissance des affaires d'état, il proposoit des réformes dans toutes les parties du gouvernement, parce qu'il voyoit des abus dans toutes. Il disoit au roi qu'il ne devoit pas commencer la première année de sa majorité par des commandemens absolus, dont les bons rois, comme lui, n'usoient que fort rarement. Il protestoit, que, dans le cas où sa majesté, mal conseillée, recevroit mal ses remontrances, il nommeroit les auteurs des désordres, et feroit connoître au public leurs malversations, afin qu'il y fût pourvu en temps et lieu. Il indiquoit d'ailleurs assez clairement le maréchal

d'Ancre ; et il appuyoit entre autres choses sur la nécessité d'entretenir les alliances faites par le feu roi, par où il condamnoit indirectement le double mariage conclu avec l'Espagne.

Cette affaire dura plus de deux mois. Enfin le roi imposa silence au parlement par un *je le veux et la reine aussi*. Bien loin donc de produire un bon effet, ces remontrances entretinrent ou augmentèrent le mécontentement du peuple, qu'elles éclairoient davantage sur quantité d'abus. On parla plus hardiment contre l'administration, dès qu'on la vit condamnée par des magistrats qu'on respectoit. C'est pourquoi le prince de Condé se hâta de prendre les armes. Il parut défendre la cause du parlement, et il compta d'avoir pour lui ce corps, que la cour venoit d'aliéner.

Elles entretiennent le mécontentement du peuple.

Les Huguenots qui auroient voulu empêcher le double mariage, entrèrent dans les vues du prince de Condé. Rohan et Soubise, son frère, parurent chacun à la tête d'un corps de troupes, pendant que Vendôme armoit aussi en Bretagne. Le roi eut besoin d'une armée pour aller à Bordeaux, et il

Les Huguenots se joignent à Condé.

en fallut une autre pour conduire Élisabeth de France jusqu'aux frontières, et pour amener Anne d'Autriche.

<small>Les mécontens font la loi.</small> Les forces des rebelles n'étoient pas encore bien considérables, mais elles le pouvoient devenir; car les Huguenots tenoient alors une assemblée générale qui fut transportée à la Rochelle. La reine-mère jugea donc à propos d'entamer une négociation. Il fallut traiter avec des sujets que le roi venoit de déclarer criminels de lèse-majesté, et on en reçut la loi. Il étoit d'autant plus facile de conclure la paix en cédant, que toutes les parties de cette ligue étoient fort mal assorties.

Quoique le maréchal de Bouillon fût, par ses intrigues, le principal auteur de la guerre civile, il ne s'étoit joint au prince de Condé, que pour se faire rechercher par la cour; et il n'attendoit que l'occasion de sacrifier à ses intérêts le parti qu'il paroissoit avoir embrassé. Le duc de Mayenne étoit dans les mêmes dispositions. Nevers avoit armé sans se déclarer, comptant, dit-on, se porter pour médiateur, et menaçant de ses armes celui des deux partis qui refuseroit sa médiation : dessein ridicule pour un gouverneur de Champagne. Vendôme ne se déclara que lorsqu'on eut fait une trève pour faciliter la négociation; de sorte qu'il rendit meilleure la condition du prince de Condé, sans en tirer aucun avantage pour lui. Enfin Rohan, Soubise et l'assemblée de la Rochelle comptoient trop peu sur de pareils confédérés, pour desirer la continuation de la guerre. Par le traité conclu à Loudun, le prince de Condé fut fait chef du conseil : on lui donna quinze cent mille livres pour les frais de la guerre : on confirma tous les édits donnés en faveur des Huguenots : on accorda une amnistie générale, et plusieurs autres choses que les mécontens exigèrent.

1616.

Des rebelles qu'on récompense, ne sont jamais satisfaits. Les uns n'ont pas obtenu tout ce qu'ils demandoient : ceux à qui l'on n'a rien refusé, veulent demander encore; et tous s'accordent à causer de nouveaux troubles. Le traité de Loudun ne fit qu'accroître le mécontentement.

Les récompenses que Marie donne aux rebelles, invitent à de nouvelles révoltes.

Bouillon, sur-tout, ne pouvoit rester tranquille. Son plan étoit d'exciter des troubles.

Bouillon ne songe qu'à troubler.

bles, pour avoir le mérite de les appaiser. Il se flattoit de se rendre par-là nécessaire à la cour, et d'entrer dans le ministère.

Le maréchal d'Ancre fait arrêter le Condé. Récompenses prodiguées.

Le maréchal d'Ancre, toujours en butte aux mécontens, découvrit une conspiration contre sa vie. Il sut ceux qui la tramoient, il en fit part à la reine mère, et l'ordre fut donné d'arrêter le prince de Condé. Les ducs de Bouillon, de Mayenne, de Vendôme, de Guise, de Longueville, et d'autres qui avoient conspiré, ou qui craignoient d'en être soupçonnés, échappèrent par la fuite. Thémines, qui avoit arrêté le prince, eut pour récompense cent mille écus et le bâton de maréchal. La Grange-Montigni, ayant dit par-tout qu'il méritoit mieux le bâton, on le lui donna pour le contenter. On ne savoit pas qu'il avoit donné ses chevaux pour hâter la fuite du duc de Vendôme. On promit encore le même honneur à S. Géran, qui crioit contre l'ingratitude de la cour, voyant qu'il n'y avoit qu'à crier pour obtenir des grâces. C'est ainsi qu'on prodiguoit les plus grandes faveurs.

Le maréchal d'Ancre change

Le maréchal d'Ancre, se croyant plus

affermi que jamais, changea tout le mi- *tout le ministère.*
nistère. Le chancelier Silleri avoit déjà
été disgracié; le garde-des-sceaux du Vair,
Jeannein et Villeroi le furent encore.
L'évêque de Luçon fut fait secrétaire
d'état, avec les départemens de la guerre
et des affaires étrangères. Il dut sa fortune
au maréchal, qui bientôt après voulut le
perdre, et qui n'en eut pas le temps.

Cependant le duc de Nevers avoit armé *Les mécontens aiment encore: mais l'évêque de Luçon donne de la fermeté au gouvernement.*
pour le prince de Condé, et la guerre civile
recommençoit. Mais le gouvernement paroissoit déjà plus ferme, depuis que l'évêque de Luçon étoit dans le ministère. Les
opérations, mieux concertées et mieux conduites, rompoient toutes les mesures des
mécontens. On ne songeoit plus à négocier
avec eux, et ils étoient pressés de toutes
parts, lorsque tout changea par une révolution qu'on n'avoit pas prévue.

Charles d'Albert de Luines, qui avoit *Faveur d'Albert de Luines, qui est d'intelligence avec les mécontens.*
été placé de bonne heure auprès de Louis
Dauphin, s'étoit fait une étude d'amuser
ce prince, et, par conséquent, il en avoit
gagné la confiance. Sa faveur s'accrut, lorsque Louis monta sur le trône. Elle s'ac-

crut encore lorsqu'il fut majeur : le maréchal d'Ancre prit ombrage d'un favori, dont l'ambition pouvoit conseiller au roi de gouverner ; et la reine mère, qui partageoit ces inquiétudes, tenta de se l'attacher par des bienfaits. Luines en attendoit de plus grands du roi.

Il songe à éloigner Marie de Médicis.

Ce favori avoit depuis long-temps préparé l'esprit du roi à secouer l'autorité de sa mère. La nouvelle guerre civile lui parut une occasion propre à porter les derniers coups. Il y étoit excité par les mécontens, avec qui il étoit d'intelligence : mais, naturellement timide et soupçonneux, il n'osoit rien précipiter ; et cependant les princes ligués se voyoient dans la nécessité de sortir du royaume, ou de se mettre à la discrétion de la reine mère.

Il obtient l'ordre d'arrêter le maréchal d'Ancre.

Luines obtint enfin un ordre d'arrêter le maréchal d'Ancre, et même de le tuer en cas de résistance. Son dessein n'étoit pas de laisser vivre un ennemi aussi puissant : mais il craignoit qu'après la mort du maréchal, la reine n'eût assez d'empire sur son fils pour punir les auteurs du meurtre : il falloit donc l'éloigner de la cour ; et on employa toute sorte de moyens pour vaincre la répugnance du roi. On rejeta les malheurs de l'état sur l'incapacité de cette princesse, et sur sa prévention pour la maréchale d'Ancre. On alla jusqu'à dire qu'elle seroit capable de faire empoisonner le roi, pour mettre la couronne sur la tête du duc d'Anjou, son second fils, qu'elle aimoit davantage.

Le maréchal fut arrêté et tué par Vitri, capitaine des gardes, auquel on donna le bâton de maréchal. Le chancelier Silleri, du Vair, Jeannin et Villeroi furent rappelés. La reine mère fut reléguée à Blois, où l'évêque de Luçon la suivit : et le roi paroissant vouloir remédier aux abus, fit tenir à Rouen une assemblée des notables. Il lui demanda des conseils, elle en donna de bons, et il ne les suivit pas. Cette révolution dans le gouvernement termina la guerre civile. On posa les armes de part et d'autre, sans faire aucun traité. Vendôme, Nevers et Mayenne, quoiqu'ils eussent été déclarés criminels de lèse-majesté, vinrent à la cour avant d'avoir pris des lettres d'abolition : et le roi donna une déclaration

D'Ancre est tué. M... est relégué à Blois. Les mécontens reviennent à la cour.

qui parut l'apologie de leur conduite.

On fait le procès à la mémoire de Concini et à la Galigaï.

On fit le procès à la mémoire de Concini et à la Galigaï. Il parut plus d'animosité que d'équité dans cette poursuite, et plus de sottise encore : on accusa la Galigaï d'être sorcière. Lorsqu'on lui demanda de quel charme elle s'étoit servie pour conduire à son gré la reine; on prétend qu'elle répondit que son charme étoit le pouvoir des ames fortes sur les esprits foibles. Elle eut la tête tranchée; Luines eut la confiscation des biens du maréchal et de la maréchale; et peu de temps après, la terre de Maillé fut érigée en duché-pairie, sous le nom de Luines.

Marie échappée de sa prison, menace, et puis se prête à un accommodement.

Marie de Médicis, qui cherchoit à s'échapper de sa prison de Blois, eut recours au duc d'Épernon, alors mécontent de la cour, et ce seigneur la conduisit à Angoulême. A cette nouvelle, on se crut encore menacé d'une guerre civile : car la reine ne vouloit se prêter à aucun accommodement. Toutes les tentatives de la cour furent inutiles, jusqu'à ce qu'on eût rappelé d'Avignon l'évêque de Luçon, qui eut seul assez de crédit sur elle pour la résoudre à la paix.

Par le traité, elle obtint le gouvernement d'Anjou, de la ville et du château d'Angers, de Chinon et du pont de Cé, et la liberté de se retirer où elle jugeroit à propos. Son entrevue, en Touraine, avec son fils, fut fort tendre : mais elle se sépara bien déterminée à se venger du duc de Luines, qui empêcha son retour à la cour.

La même année, Luines fit rendre la liberté au prince de Condé, dont il vouloit se faire un appui ; et le roi publia une déclaration par laquelle il justifioit ce prince, et le louoit même de s'être élevé contre ceux qui avoient abusé de son nom et de son autorité. Cette apologie, injurieuse à la reine mère fut pour elle un nouveau motif de vengeance. Elle ne songea plus qu'à se faire un parti, et elle le trouva tout formé dans les ennemis qu'une fortune trop rapide avoit faits au duc de Luines. Les ducs de Vendôme, de Mayenne, de Longueville et d'Épernon, prirent les armes pour elle. Le duc de Rohan entra aussi dans cette ligue, et les Huguenots parurent la vouloir soutenir de toutes leurs forces. Lorsque Henri IV avoit permis dans le

Béarn, l'exercice de la religion catholique; il avoit laissé aux prétendus réformés tous les biens qu'ils avoient enlevés aux églises de cette province. Or Louis XIII venoit de leur ordonner de les restituer : c'est ce qui fit le sujet de leur mécontentement.

Elle revient à la cour.

Cette guerre ne fut pas longue. Louis marcha, et la reine mère fut obligée bientôt de négocier. Le raccommodement se fit encore par l'entremise de l'évêque de Luçon, pour qui le roi promit de demander le chapeau de cardinal. Cette ligue avoit été mal concertée : car les différentes parties ne purent pas se réunir, et les places se trouvèrent dépourvues de munitions. Marie de Médicis revint à la cour.

Guerres avec les Huguenots.

Louis se transporta ensuite dans le Béarn, où il soumit les Huguenots, qui étoient déchirés par des factions. Cette époque est le commencement d'une guerre qui durera jusqu'à leur ruine.

1621.

Dès l'année suivante, ils reprirent les armes dans le Béarn, le Poitou, la Saintonge et la Guienne. Ils en revenoient encore au projet de leur république; projet plus chimérique que jamais, parce qu'ils n'avoient jamais été moins unis. Cependant la première campagne fut heureuse pour eux ; car si Louis eut d'abord des succès, il échoua devant Montauban : ou plutôt Luines, à qui il avoit donné le commandement, parce qu'il l'avoit fait connétable, fut obligé de lever le siège, après avoir perdu bien du monde ; et les Huguenots reprirent Montpellier et plusieurs autres places. Le duc de Luines étant mort peu de temps après, le fameux Lesdiguières fut fait connétable, et fit abjuration.

Les succès furent variés la campagne suivante, quoique plus grands du côté du roi, qui donna plusieurs fois des preuves de valeur. Plusieurs seigneurs se soumirent les uns après les autres, et furent récompensés. Le marquis de la Force obtint le bâton de maréchal avec deux cent mille écus, et on lui conserva ses charges et ses gouvernemens. Les Huguenots, se voyant insensiblement abandonnés par leurs chefs, demandèrent la paix : on la leur accorda, en confirmant l'édit de Nantes. Il se commit bien des cruautés pendant cette guerre.

Après la mort du connétable de Luines,

toute l'autorité se trouva entre les mains du cardinal de Retz, du comte de Schomberg, et du marquis de Puisieux, fils du chancelier Silleri. Ces ministres, qui craignoient que la reine mère ne rentrât dans le conseil, firent l'impossible pour l'exclure : mais cette princesse, conseillée par l'évêque de Luçon, eut une conversation avec le roi, et obtint la place qu'elle demandoit. Elle se conduisit d'abord avec beaucoup de circonspection, cherchant moins à dominer, qu'à se conformer à ce qu'elle jugeoit agréable à son fils.

Elle y fait entrer l'évêque de Luçon, qui se saisit bientôt de toute l'autorité.

Quelques ministres moururent, d'autres furent disgraciés, et les factions de la cour produisoient souvent des changemens dans le conseil. Le chancelier Silleri et le marquis de Puisieux vouloient éloigner la reine mère, en la rendant suspecte ; et ils furent chassés par cette princesse, qui fit entrer dans ses vues le marquis de la Vieuville, alors surintendant des finances. Elle trouva de plus grandes difficultés, lorsqu'elle voulut

1622.

mettre dans le ministère l'évêque de Luçon, qui venoit d'être fait cardinal. Elle croyoit assurer son crédit en donnant de l'autorité à un homme en qui elle mettoit toute sa confiance : mais le roi étoit fort prévenu contre lui. Je le connois mieux que vous, disoit-il à sa mère, c'est un homme d'une ambition démesurée. Le marquis de la Vieuville, qui avoit alors toute la faveur, le redoutoit comme un rival dangereux, qui n'entreroit dans le conseil que pour l'en chasser. Cependant il eut la complaisance de céder aux pressantes sollicitations de la reine. Richelieu entra donc enfin au conseil à la fin d'avril, et la Vieuville en sortit au mois d'août de la même année.

La Vieuville étoit le seul qui pût balancer le crédit du cardinal. Les autres ministres, sans ambition, sans génie ou sans fermeté, n'étoient pas redoutables. Richelieu réunit donc bientôt en lui seul toute l'autorité du ministère.

1624.

CHAPITRE II.

De la France et de l'Angleterre, jusqu'à la prise de la Rochelle.

<small>La conduite de la régente divisoit les partis et les faisoit re-naître.</small>

Depuis que Louis XIII est sur le trône, les grands n'ont songé qu'à se relever de l'abaissement où Henri IV les avoit réduits ; et les Huguenots qui prévoyoient combien le gouvernement leur seroit contraire, ont tenté de se soutenir par eux-mêmes, et de se faire redouter. Mais comme, d'un côté, les grands avoient été plusieurs années sans oser remuer, et que de l'autre les Huguenots avoient vécu dans une sécurité entière, tout le monde fut pris au dépourvu par la mort subite de Henri, et il ne se trouva point de parti formé. Dans cette conjoncture, haccun ne songea qu'à soi : les factions, à peine ébauchées, furent dissipées par les trésors que Marie prodigua ; et il ne put jamais y avoir assez d'union parmi les grands ni parmi les Huguenots. Voilà tout le bien que produisit la conduite de la régente.

Une pareille politique ne peut pas être employée long-temps : car les trésors s'épuisent, les factieux restent, et on ne peut plus diviser, parce qu'on craint davantage. Richelieu jugea donc qu'il étoit temps d'user de fermeté. *Richelieu se propose d'abattre les grands.*

Ce ministre prévit bien qu'on seroit jaloux de son crédit, comme on l'avoit été de la faveur de ceux qui l'avoient précédé. Les cabales alloient renaître, et les désordres auroient continué, s'il eût été d'un caractère foible, ou s'il eût manqué de vues et de prudence. Mais il ne fera pas des traités honteux : il n'achetera pas l'obéissance des rebelles : c'est par le supplice des chefs qu'il terminera les guerres civiles. Cette sévérité, devenue nécessaire, ne laissera plus aux grands le pouvoir, ni même l'envie de troubler le royaume.

Vous voyez qu'un de ses desseins est de réduire les grands : or, pour l'exécuter, il faut absolument ruiner les Huguenots, qui peuvent les soutenir, ou qui par des diver- *Et de mettre les Huguenots hors d'état de se soulever.*

sions, peuvent partager les forces du gouvernement. La guerre est ouverte avec eux. Il les faut pousser avec vigueur. Si on peut tolérer leur religion, on ne leur doit plus laisser de place de sûreté, ni le pouvoir de reprendre les armes.

Il se proposoit encore d'humilier la maison d'Autriche.

A ces deux desseins, le cardinal en joignoit un troisième ; il vouloit diminuer la puissance de la maison d'Autriche : mais avant d'entreprendre une guerre au-dehors, il falloit que tout fût tranquille au-dedans. Ce projet devoit donc être tenté le dernier. Telles ont été les vues de ce ministre.

Obstacles à ses desseins.

Pour concevoir de pareils desseins, il semble qu'il falloit être maître absolu, ou gouverner sous un prince capable par sa fermeté de soutenir les entreprises de son ministre. Or Louis, jaloux de son autorité, la vouloit toujours ôter à ceux à qui il l'avoit donnée ; et cependant il la laissoit toujours aller à d'autres, parce qu'il ne la savoit jamais garder. Quand on réfléchit sur le caractère du roi et sur les intrigues des grands, on croiroit que Richelieu ne pouvoit former que des desirs. En effet, il n'étoit pas possible de rencontrer plus d'obstacles. C'est dans la cour qu'il trouvoit les plus grands. C'est là qu'il aura pour ennemis, non-seulement les courtisans jaloux, mais les princes du sang, mais les deux reines, mais le roi même. Il appesantira son joug sur tous.

La Valteline étoit entre la France et l'Espagne le sujet d'une guerre, dont je parlerai quand je traiterai des affaires étrangères : car je continue, comme j'ai fait jusqu'ici, à préférer l'ordre des choses à celui des temps. Les Huguenots qui jugeoient cette circonstance favorable pour une révolte, prirent les armes, sous prétexte de l'inexécution du dernier traité. Rohan et Soubise étoient toujours leurs chefs, et les Rochellois qui formoient une espèce de république, les favorisoient sans oser encore se déclarer.

Le roi fit de nouvelles recrues et entretint cette année soixante-six mille hommes de troupes réglées : c'étoient des forces considérables dans ce temps-là. Plusieurs villes des Huguenots en eurent de la frayeur, et désavouèrent Soubise, qui avoit fait les

Guerre avec les Huguenots.

1625.

premières hostilités. Cependant, comme l'Italie faisoit une diversion, la guerre s'alluma dans le Vivarais, dans la Guienne, dans le Languedoc, et la Rochelle ne balança plus à prendre les armes. Les religionnaires eurent des succès: mais les généraux du roi remportèrent de plus grands avantages ; Thémines sur Rohan, et Thoiras sur Soubise, qui se retira en Angleterre.

1626.
Les Catholiques ne pardonnent pas au cardinal la paix à laquelle le roi est forcé.

Le roi d'Angleterre, sollicité par Soubise, engagea les états-généraux à redemander les vaisseaux qu'ils avoient prêtés au roi de France, et il redemanda lui-même les siens, prenant la Rochelle sous sa protection. Il falloit donc renoncer au dessein de forcer cette ville, qui étoit la principale du parti, et songer à donner la paix aux Huguenots. Richelieu sentoit combien cette démarche paroîtroit scandaleuse de la part d'un cardinal ; mais enfin il falloit une marine pour forcer la Rochelle, et on n'en avoit pas.

Lorsque tous les articles furent arrêtés, et qu'il ne s'agissoit plus que de les signer, les cardinaux de la Rochefoucault et de Richelieu sortirent du conseil, pour avoir l'air de désapprouver qu'on fit la paix avec des hérétiques. Le zèle des Catholiques ne se laissa pas tromper à cet artifice; et il courut bientôt des libelles, dans lesquels Richelieu étoit appelé *le cardinal de la Rochelle, le patriarche des Athées, le pontife des Calvinistes*. La jalousie qu'on avoit de ce ministre contribuoit beaucoup à ce zèle et à ces injures.

Richelieu avoit alors toute la confiance du roi et de la reine. Tout se faisoit par lui, et il s'affermissoit d'autant plus qu'il cachoit son ambition, ne paroissant point impatient d'obtenir de grâces, ni d'avancer sa famille. Il faisoit assez la cour à la reine-mère pour la ménager, et pas assez pour donner de l'ombrage au roi, auquel il avoit l'adresse de persuader qu'il ne vouloit dépendre d'aucun autre, et pour lequel il montroit beaucoup de complaisance. Dans ces circonstances, il s'éleva un orage contre lui.

Marie de Médicis proposa de marier Gaston, duc d'Anjou, avec l'héritière de Montpensier. Elle sollicitoit vivement ce mariage, et le roi ne s'y prêtoit pas. Comme il n'avoit point d'enfans, et qu'il craignoit de n'en pas avoir, il appréhendoit que son frère n'en eût, et n'attirât dès-lors tous les respects. Le cardinal qui ne vouloit déplaire ni à l'un ni à l'autre, paroissoit n'avoir point d'avis : il se contentoit de montrer les avantages et les inconvéniens. Mais lorsque la reine mère eut enfin déterminé le roi, il se déclara, et pressa la conclusion de ce mariage.

Ce projet partage toute la cour.

Ce dessein partagea toute la cour. Chacun cabala suivant ses intérêts. La maison de Condé ne desiroit pas qu'on se hâtât si fort de marier le frère du roi. Le duc de Vendôme vouloit lui donner sa sœur, et la reine Anne songeoit avec jalousie à une belle-sœur, qui pourroit donner un héritier au trône. La princesse de Condé gagna le maréchal d'Ornano, gouverneur du duc d'Anjou, et ce prince fit voir un éloignement marqué pour ce mariage.

Complot des grands contre Richelieu.

Les grands, croyant avoir trouvé un chef dans le duc d'Anjou, se réunirent pour perdre le cardinal : ils voyoient les desseins de ce ministre, ils vouloient prévenir leur chûte. On parla de le faire chasser, de l'assassiner. On parla même d'enfermer le roi dans un cloître, et de mettre le duc d'Anjou sur le trône. On vouloit au moins que ce duc épousât une princesse étrangère, afin de devenir plus indépendant.

Richelieu, instruit de ces complots, fit arrêter d'Ornano, ses deux frères, Chaudebonne, Modene et Deagent. Les uns furent conduits à Vincennes, les autres à la Bastille. Mais, afin de ne pas donner l'épouvante au reste des conjurés, le roi écrivit à tous les gouverneurs que cette affaire n'auroit pas de suite, parce qu'il savoit que d'Ornano n'avoit pour complices, que les personnes qu'on avoit arrêtées : il s'agissoit d'attirer à la cour le duc de Vendôme, qui étoit alors dans son gouvernement de Bretagne. *Il est éventé.*

Les conjurés ne furent pas rassurés. On commençoit à craindre une fermeté, qui n'étoit pas naturelle au roi ; et on voulut se défaire de celui qui la lui inspiroit. Le dessein fut pris de se saisir du cardinal, lorsqu'il seroit à sa campagne. Le duc d'Anjou *Autre complot qui ne leur réussit pas mieux* devoit même autoriser cette entreprise par sa présence. Mais le bonheur de Richelieu ayant permis qu'une indiscrétion fît éventer ce complot, le roi se hâta d'envoyer trente gendarmes et trente chevaux-légers, pour mettre son ministre en sureté, et la reine-mère lui envoya tous les gentils-hommes qu'elle avoit auprès d'elle.

Richelieu feint de vouloir se retirer, et obtient une garde.

Le cardinal saisit cette occasion pour demander sa retraite, bien assuré de ne pas l'obtenir, et de s'affermir au contraire davantage. Il supplia la reine-mère d'appuyer sa demande auprès du roi. C'étoit encore un moyen d'obtenir plus surement un refus : car cette princesse, qui comptoit sur lui, et qui en avoit besoin, n'avoit garde de consentir à son éloignement. On lui répondit que l'état ne pouvoit se passer de ses services, et qu'on vouloit qu'il eût désormais une garde. Il en eut une. Il fit cependant de nouvelles instances, soit pour montrer que sa démarche avoit été sincère, soit pour se faire rechercher d'autant plus, qu'il paroissoit davantage vouloir s'éloigner. Il donnoit pour prétexte sa mauvaise santé, le besoin de s'absenter souvent de la cour pour prendre du repos, et les calomnies auxquelles il étoit exposé pendant son absence. Il eut une réponse telle qu'il l'avoit prévue, et qu'il la desiroit.

Le roi étoit allé à Blois, où il se proposoit de faire arrêter le duc de Vendôme et le grand-prieur son frère; ce qu'il exécuta. Ces deux princes furent conduits au château d'Amboise. Le cardinal avoit affecté de ne pas suivre la cour, craignant que dans les premiers momens d'un coup d'autorité de cette espèce, sa présence n'excitât encore davantage les murmures des grands. Il s'y rendit bientôt après.

Fin des intrigues occasionnées par le projet du mariage de Gaston.

Le duc d'Anjou, sollicité par sa mère, consentit enfin à se soumettre aux volontés du roi, et à se reconcilier avec Richelieu. Si cette démarche fut d'abord sincère, on lui fit bientôt prendre d'autres sentimens : car il voulut quitter la cour, et fit sonder des gouverneurs pour avoir une retraite. Le comte de Chalais, qui conduisoit cette intrigue, et qui avoit été des autres conspirations, fut arrêté. Alors le prince cessa de résister, et son mariage se fit à Nantes, où le roi étoit allé pour assister aux états de

Bretagne. Mademoiselle de Montpensier lui apporta les principautés de Dombes et de la Roche-sur-Yon, les duchés de Montargis, de Châtellerault et de S. Fargeau. Il eut lui-même pour apanage les duchés d'Orléans et de Chartres, et le comté de Blois. Ayant alors renoncé à ses premiers projets, il découvrit tout ce qu'il savoit des intrigues de Chalais, à qui on fit son procès, et qui eut la tête tranchée. Bien des personnes se trouvèrent impliquées dans toutes ces conspirations. La reine régnante fut elle-même du nombre. On alloit faire le procès à d'Ornano, lorsqu'il mourut : alors toute cette faction fut éteinte : mais on répandit bien des calomnies sur le cardinal.

Assuré de son crédit, Richelieu écarte tout ce qui peut faire obstacle à son ambition.

Le crédit de ce ministre croissoit néanmoins. Il fut fait chef et surintendant de la navigation et du commerce. Il fit supprimer la charge de grand amiral et celle de connétable, parce qu'elles donnoient une autorité, qui pouvoit être un obstacle à ses desseins. Enfin, pour s'autoriser à faire d'autres changemens, il fit tenir aux Thuileries une assemblée de Notables, dont la plupart des députés lui étoient dévoués. Il y fut arrêté, entre autres choses, qu'on diminueroit les pensions et qu'on démoliroit les places fortes de l'intérieur du royaume, parce qu'elles coûtoient beaucoup à l'état, et qu'elles servoient de retraite aux rebelles. C'est ainsi qu'il écartoit peu-à-peu tout ce qui pouvoit faire obstacle à l'autorité qu'il vouloit s'arroger.

La guerre recommença l'année suivante avec les Calvinistes. Mais comme les Anglais y prirent part, il est à propos, pour se rendre raison des événemens, de savoir comment l'Angleterre étoit alors gouvernée.

1627. Les Anglais prennent part à la guerre des Huguenots.

Elisabeth étoit morte en 1603, après avoir fait plier les Anglais sous une autorité absolue, que les circonstances rendoient nécessaire, que sa fermeté fit respecter, et que ses autres vertus firent aimer. Jacques qui lui succéda, crut que la prérogative royale donnoit, par sa nature, une puissance aussi étendue, et que si les peuples avoient quelques priviléges, ils n'en jouissoient que par la faveur des rois. N'imaginant pas seulement qu'on pût lui contester de pareilles maximes, il laissoit voir sans précaution cette façon de penser dans ses

Jacques I s'imaginoit que sa prérogative lui donnoit une autorité sans bornes.

discours particuliers et jusques dans ses harangues au parlement. C'étoit plus simplicité que tyrannie de sa part : car autant il tendoit au despotisme dans la spéculation, autant son caractère l'en écartoit dans la pratique.

Les Anglais, accoutumés à obéir, paroissoient avoir la même idée de la prérogative.

Il n'est pas étonnant qu'un roi d'Angleterre se fût fait cette idée de la monarchie, puisqu'en général le peuple même ne s'en faisoit pas d'autre. Comme l'usage est la règle des jugemens de la multitude, cette opinion s'étoit insensiblement établie sous les rois de la maison de Tudor ; et le règne d'Élisabeth y avoit mis le sceau. Depuis long-temps les parlemens, toujours soumis, paroissoient n'être convoqués que pour imposer des subsides. Ils n'osoient se mêler d'aucune affaire d'état : ils appréhendoient continuellement de toucher à la prérogative, et ils s'en tenoient d'autant plus éloignés, qu'ils n'en appercevoient pas les limites. Les souverains, de leur seule autorité, exigeoient des prêts forcés, des bienveillances ou dons gratuits : ils levoient des droits d'entrée : ils donnoient des priviléges exclusifs : ils punissoient par la prison, comme rebelles, les membres même du parlement, qui n'avoient pas été assez dociles : ils envoyoient leurs ordres à ce corps, ils le menaçoient, ils le châtioient par des réprimandes sévères. Cependant le parlement respectoit, comme partie de la prérogative, tous les droits que le monarque s'arrogeoit ; il osoit à peine faire des remontrances. Vous avez vu l'autorité que la cour de haute commission donnoit à la reine Elisabeth dans les affaires ecclésiastiques. Une autre jurisdiction, qui étoit fort ancienne, ne lui en donnoit pas moins en matière civile. On la nommoit la chambre étoilée. Au dessus de toutes les lois, cette cour n'avoit de règles que la volonté du prince.

L'Angleterre se soumit insensiblement à cette puissance illimitée, parce que, depuis Henri VII, les arts de paix, tous les jours plus cultivés et plus goûtés, ne permettoient pas de reprendre les armes qu'on avoit quittées par épuisement. Les Anglais s'adonnèrent à l'agriculture ; les manufactures s'établirent parmi eux : ils devinrent commerçans, et ils commencèrent à s'appliquer aux sciences.

Et ne contestoient rien.

Ainsi, bien loin de contester l'autorité, dont le monarque étoit en possession, les peuples, sans remonter plus haut, jugeoient qu'il avoit droit d'en jouir, par la seule raison qu'il en jouissoit. On ignoroit trop l'histoire pour combattre les exemples qu'on voyoit, par des exemples plus anciens. Tout paroissoit donc favorable à l'idée que Jacques Ier. se faisoit de sa prérogative. Mais remarquez que ce prince n'a ni argent ni troupes. Toute sa puissance est donc appuyée sur l'opinion. Elle s'évanouira, par conséquent, si le peuple s'éclaire, et si quelque intérêt l'invite à secouer le joug.

Conduite qu'auroient dû tenir les rois d'Angleterre, pour conserver cette puissance, qui n'étoit fondée que sur l'opinion.

Supposons donc qu'une faction soit intéressée à diminuer l'autorité du roi; elle formera d'abord des doutes, et elle acquerra bientôt des lumières qu'elle répandra. Si dans de pareilles conjonctures, le monarque laisse échapper adroitement quelques parties de sa prérogative, il en conservera plus sûrement les autres. En cédant les droits qui effarouchent davantage la liberté, il écartera toute inquiétude; il gagnera la confiance; il obtiendra des subsides; il donnera le temps de s'éteindre aux factions qui s'allument par la résistance, et il pourra recouvrer un jour tout ce qu'il a cédé. Il faut, sur-tout, qu'il paroisse d'autant plus respecter les priviléges du peuple, qu'on s'appliquera davantage à vouloir limiter sa prérogative. Voilà l'histoire de ce que les Stuarts n'ont pas fait.

Jacques et son fils, Charles Ier. ne se contenteront pas de défendre opiniâtrément la prérogative. Plus on voudra la limiter, plus ils voudront l'étendre. Si le parlement refuse des subsides, ils mettront des impôts de leur seule autorité : ils châtieront si on leur résiste, ou si on crie à la tyrannie : en un mot, ils parleront et ils agiront toujours plus en maîtres. Cependant l'opinion, qui faisoit l'appui du trône, passera peu-à-peu : la violence, sans armées, trouvera tous les jours plus de résistance : ce sera une nécessité d'avoir recours au parlement, qu'on projetoit de ne plus convoquer : ce corps se plaindra et refusera des subsides. Il faudra donc revenir à des moyens violens, avec aussi peu de succès que la première fois, pour revenir ensuite au parlement qui sera plus fondé que jamais

Comment une conduite différente la ruinera tout-à-fait.

à se plaindre et à refuser. Ainsi les rois, montrant tour-à-tour de la fermeté et de la foiblesse, éleveront insensiblement un parti contre eux; et enfin ils se verront à la discrétion des sujets armés. Cette conduite, qu'on ne conçoit pas dans un souverain, qui n'a point de troupes, et qui même n'a point de gardes, causera de grandes guerres et d'étranges révolutions.

Après avoir indiqué les causes des principaux événemens des deux premiers règnes de la maison de Stuart, je me dispenserai de m'arrêter sur des détails que vous trouverez parfaitement développés dans la nouvelle histoire d'Angleterre (1).

<small>Combien le fanatisme des Écossais étoit à redouter.</small>

Le gouvernement féodal pénétra en Ecosse pour y devenir plus absurde qu'ailleurs. Il en fut de même du calvinisme. Vous avez vu les troubles qu'il produisit pendant le règne de Marie. Les Ecossais, parce qu'ils étoient ignorans, ont toujours été fort attachés à leurs anciens usages; et par cette même raison, ils ne devoient point changer,

---

(1) Par M. Hume.

ou ils devoient devenir pires. Fanatiques par stupidité, ils devoient se porter aux derniers excès, aussitôt qu'ils seroient persécutés, ou qu'ils s'en croiroient menacés.

Jacques cependant avoit maintenu la paix parmi ces peuples indociles, et son autorité en étoit mieux affermie. Connoissant combien il étoit chancelant sur ce trône, il s'étoit conduit d'après son caractère, plutôt que d'après ses préjugés, et il en avoit montré plus de prudence. Mais en devenant roi d'Angleterre, il crut succéder à toute l'autorité d'Elisabeth; il prit donc pour règle unique, les droits qu'il jugeoit appartenir à la royauté. *Jacques cependant se croit absolu en Écosse, depuis qu'il est roi d'Angleterre.*

Comme il se piquoit d'être théologien, il en fut plus jaloux de sa suprématie. Il se flatta de faire servir la religion à sa puissance, parce qu'il en connoissoit l'influence sur l'esprit humain.

Il y avoit trois sectes principales dans la Grande Bretagne: la religion anglicane, c'est-à-dire, la réforme que Henri VIII avoit introduite. Ceux qui la professent se nomment Épiscopaux, parce qu'ils ont conservé la hiérarchie de l'église. Les deux autres *Trois sectes dans la Grande Bretagne.*

sectes étoient les Calvinistes d'Ecosse et les Puritains d'Angleterre. Ils rejetoient toute hiérarchie, et ne reconnoissoient point d'évêques. On les nomme par cette raison Presbitériens.

<small>Autant les Episcopaux étoient favorables aux prétentions de Jacques, autant les Calvinistes d'Ecosse et les Puritains d'Angleterre, y étoient contraires.</small>

Vous avez vu combien ces deux dernières sectes étoient portées à se soulever contre toute autorité. Les épiscopaux, au contraire, adoptoient toutes les maximes de Jacques et donnoient la même étendue à la prérogative royale. Jacques projeta de l'établir dans ses trois royaumes. Ce dessein demandoit beaucoup de prudence : parce que les moyens violens allumeroient le fanatisme, qui s'éteindroit de lui-même, si on ne le persécutoit pas. Il est, sur-tout, à craindre que ces deux sectes fanatiques ne raisonnent. Car, avec des raisonnemens bons ou mauvais, elles doivent à la longue vaincre une puissance qui n'est fondée qu'en opinion. Si l'opinion perd tous les jours de ses partisans, les raisonnemens en auront tous les jours plus de force. Alors on armera pour les soutenir. Jacques n'ignoroit pas que les presbitériens d'Ecosse, ennemis de la monarchie par inclination, l'étoient encore par principes ; et il connoissoit leur pouvoir sur le peuple. Forcé néanmoins à dissimuler avec eux, il ne les avoit pas persécutés : au contraire, il avoit recherché leur faveur, en paroissant adopter leur doctrine : les puritains qui jugeoient de ses sentimens par sa conduite passée, se félicitèrent en le voyant monter sur le trône d'Angleterre, persuadés qu'ayant été favorables à leurs frères d'Ecosse, il les traiteroit eux-mêmes avec bonté ; ils se hâtèrent de lui présenter un mémoire que sept cent cinquante ecclésiastiques de leur secte avoient signé, et dont beaucoup d'autres appuyoient encore les demandes ; mais Jacques ne croyoit plus devoir dissimuler.

Il ne suffisoit pas de méditer la ruine des puritains d'Angleterre et des presbitériens d'Ecosse, il falloit choisir les moyens. Jacques se flattant de concilier les puritains avec les anglicans, se pressa de convoquer des docteurs des deux partis. Il se crut fait pour les éclairer ; car étant un docteur lui-même, il mettoit toute sa confiance dans l'étude qu'il avoit faite de la théologie : étude au moins inutile à un roi, qui ne doit ap-

Jacques soulève les partis, en croyant les concilier.

prendre la religion qu'en étudiant le catéchisme et l'histoire. Vous compterez peu sur la théologie de Jacques, si vous considérez que depuis Constantin, tous les princes qui se sont crus théologiens, ont fait du mal à l'état et à la religion. En effet, il ne fit que donner de l'importance à des questions frivoles, qui seroient tombées dans l'oubli, s'il les avoit su mépriser. On raisonna, mal à la vérité ; mais il ne falloit pas donner lieu à ces raisonnemens, parce qu'ils attaquoient indirectement la puissance royale. Le grand principe que Jacques répéta souvent, étoit *point d'évéques, point de roi*. C'étoit dire aux puritains: soumettez-vous aux évêques, ou détrônez-moi. Les puritains se plaignirent qu'il y avoit de la partialité dans la dispute ; il y en avoit en effet, parce qu'en pareil cas, il n'est pas possible que la chose soit autrement, puisque ceux qui disputent sont parties. Pour exclure toute partialité, il faudroit n'assembler que des gens neutres, et des gens neutres ne disputeroient pas. Le malheur de ces disputes, c'est que chacun est nécessairement juge et partie.

Il se tint un parlement bientôt après cette

assemblée ecclésiastique. Il étoit naturel, que sous un nouveau règne, ce corps tentât d'acquérir quelque autorité : c'étoit une conjoncture favorable, qu'un roi étranger, qu'on présumoit ignorer une partie des usages. Mais d'un côté, le temps qui avoit confondu tous les droits, ne permettoit pas au parlement de connoître ses privilèges; et de l'autre, l'obéissance dont il s'étoit fait une habitude, lui laissoit à peine la hardiesse de former des prétentions. Cependant le roi parloit, comme un monarque absolu, qui peut demander des conseils, mais qui ne veut pas recevoir la loi. Vous jugez par-là que le parlement dut d'abord être timide et respectueux. Il le fut en effet pendant la plus grande partie du règne de Jacques Ier. Ordinairement il ne paroissoit faire que des remontrances; et lorsqu'il demandoit que le roi cédât quelques parties de sa prérogative, c'étoit moins pour lui contester ses droits, que pour remédier à des abus; et il offroit volontiers des dédommagemens.

Dans cette disposition des esprits, il eût été facile de composer avec le peuple, et de conserver encore la plus grande autorité. On pouvoit se relâcher sur les choses raisonnables, sans montrer de foiblesse, et défendre les autres avec une fermeté qui auroit maintenu la timidité et le respect. Mais il falloit renoncer à tous les principes du despotisme. Jacques n'en étoit pas capable. Quoiqu'il ne voulût pas abuser du pouvoir absolu, son imagination ne souffroit pas qu'on le lui contestât. Il n'a pas été tyran : son fils ne l'a pas été non plus : ils ont usé l'un et l'autre de leur prérogative avec plus de modération, que les princes de la maison de Tudor : les peuples ont été moins foulés sous leur gouvernement que sous celui d'Élisabeth ; mais tous deux ont dit : *je suis absolu* : le parlement a répondu, *vous ne l'êtes pas* ; et cette dispute de pure spéculation, produira des guerres civiles.

Si l'amour seul de la liberté eût animé les Anglais, il n'y auroit rien eu à craindre pour ces deux rois : car ces peuples avoient, si peu d'idée de liberté, qu'ils croyoient avoir été libres sous Élisabeth. A plus forte raison, auroient-ils cru l'être sous un gouvernement plus doux; mais les Puritains, que ce gouvernement persécutoit, ne pouvoient pas se faire la même illusion. Intéressés à limiter la prérogative, ils ouvriront les yeux à leurs concitoyens : ils acquerront tous les jours de nouveaux partisans, leur fanatisme deviendra contagieux, et tiendra lieu d'amour de la liberté.

Lorsque les grands appelèrent les communes au parlement, vous jugez bien qu'ils leur donnèrent d'abord fort peu d'autorité. Ils avoient eu peu de puissance eux-mêmes sous les premiers princes normands. Ils en acquirent ensuite, et principalement sous les Plantagenets. Ils s'épuisèrent dans les guerres civiles des maisons d'Yorck et de Lancastre; et ils se trouvèrent sans forces et sans autorité sous Henri VII, premier roi de la maison de Tudor. Voilà l'époque où la chambre des communes étant plus nombreuse, et contribuant davantage aux charges de l'état, acquit insensiblement assez de puissance pour dominer enfin sur la chambre-haute. Elle accordoit, régloit ou refusoit les subsides; et cela seul lui donnoit un grand poids. Cependant ses

Les communes avoient acquis beaucoup d'autorité.

priviléges, ouvrage du temps, n'étoient point déterminés ; et les rois, profitant de cette confusion, avoient introduit un usage, qui pouvoit les rendre maîtres de cette chambre.

Mais un usage donnoit au roi le pouvoir de changer à son choix les membres de cette chambre.

Lorsque les parlemens étoient prolongés au-delà du terme ordinaire, le chancelier pouvoit appeler de nouveaux membres, pour remplacer ceux qu'il jugeoit incapables de service, ou parce que leurs emplois les appeloient ailleurs, ou parce qu'ils étoient indisposés, ou par d'autres raisons. Élisabeth regardoit cet usage comme une partie de sa prérogative, et à peine a-t-on réclamé quelquefois. Elle pouvoit donc composer la chambre des communes à son gré.

Cet usage est aboli.

Dans le premier parlement que Jacques convoqua, les communes s'élevèrent contre une pareille entreprise du chancelier. Le roi parla d'abord en monarque absolu, les communes insistèrent avec respect. Il examina. Il parut reconnoître que son droit n'étoit pas fondé, et il céda. Les communes constatèrent donc un privilége, qui jusques alors avoit été incertain, et qui étoit bien essentiel pour elles.

Elles tentèrent ensuite inutilement d'abolir des droits d'entrée et d'autres, onéreux au peuple et nuisibles au commerce. Elles refusèrent les subsides, que quelques membres, attachés à la cour, proposoient comme nécessaires aux besoins de l'état; et ce qui chagrina davantage le roi, c'est qu'elles ne voulurent pas consentir à la réunion des deux royaumes : chose qu'il desiroit vivement, et qui étoit avantageuse à l'Angleterre encore plus qu'à l'Écosse. Il ne put s'empêcher de témoigner quelque mécontentement, et de se plaindre de la mauvaise volonté, que l'esprit puritain communiquoit aux communes.

Les communes se refusent à la réunion des deux royaumes.

L'année suivante on découvrit une conspiration, dont on accusa les Catholiques. Les conjurés avoient résolu de faire sauter, avec de la poudre, la salle où le parlement s'assembloit, et d'exterminer tout-à-la-fois les grands, les communes, le roi et la famille royale. Les auteurs de cet horrible complot ayant été saisis, avouèrent leur attentat, et furent punis. Cet évènement fit croire que Jacques étoit haï des Catholiques ; et cette haine étant un mérite aux

1605. Conspiration des poudres. Effet qu'elle produit sur les esprits.

yeux des Anglais, le parlement lui accorda des subsides pour quatre cents mille livres sterlings. Les communes montrèrent du respect, et même de la condescendance: mais elles parurent donner beaucoup d'attention à tout ce qui concernoit la liberté nationale. Elles portèrent quelque atteinte à la jurisdiction ecclésiastique du roi, et elles se refusèrent obstinément à la réunion des deux royaumes.

Les revenus de la couronne ne suffisoient pas aux charges de l'état. Ils n'étoient pas plus grands que sous les règnes précédens; cependant l'argent devenu plus commun, portoit les denrées à un plus haut prix. Le luxe, qui s'introduisoit, jetoit dans de nouvelles dépenses: et Jacques, pour vouloir être généreux, se dérangeoit par des profusions. Il fut donc dans la nécessité d'avoir encore recours au parlement : mais bien loin d'accorder des subsides, les communes firent un bill pour abolir quelques-uns des impôts que le roi levoit, et un autre pour lui ôter le pouvoir de porter aucune loi ecclésiastique sans le consentement des deux chambres. Ces deux bills ne passèrent pas, parce que la chambre-haute, qui étoit dans les intérêts de la cour, les rejeta. Les communes firent ensuite des remontrances contre les procédures de la haute commission. En un mot, elles attaquèrent la prérogative plus vivement qu'elles n'avoient encore fait; et elles parurent vouloir, surtout, porter les derniers coups à la suprématie. Le roi, offensé de ces entreprises, cassa ce parlement, le premier qu'il eût convoqué. Il duroit depuis sept ans.

Quelques années après, il en rassembla un autre, qu'il ne trouva pas plus docile. L'esprit de liberté parut même faire des progrès; car pendant que quelques membres s'échappoient en propos hardis et violens, les communes paroissoient applaudir en silence. Ce parlement ne dura pas : le roi le cassa, et fit mettre en prison les membres qui lui avoient été le plus opposés. Violence autorisée par l'exemple d'Élisabeth, et qu'on blâmoit alors, comme étant contraire à la liberté du parlement et de la nation.

1614. Autre parlement, moins docile que le premier, et que le roi casse encore.

Jacques, préoccupé de son pouvoir absolu, ne se faisoit qu'une idée fort confuse

On n'avoit que des idées confuses de la préro-

Nature royale et des privilèges du parlement. de l'autorité qui devoit appartenir au parlement. Il le convoquoit, il lui faisoit des demandes ; il ne lui refusoit pas, comme Élisabeth, la liberté de délibérer. Il reconnoissoit donc que ce corps pouvoit s'arroger quelque part dans le gouvernement. Dans le fait cependant, il ne lui vouloit accorder aucune influence, et il souffroit impatiemment que le parlement eût une volonté qui contrarioit son pouvoir absolu. Mais le parlement ne souffroit pas moins impatiemment un pouvoir absolu, qui ne lui laissoit aucune liberté. Or les choses ne peuvent pas toujours subsister dans un état aussi contradictoire ; il faut nécessairement qu'il naisse des disputes. Elles seront sanglantes, et il en coûtera beaucoup à l'Angleterre, avant que le parlement et le souverain se soient fait une idée nette de la constitution du gouvernement.

Jacques rend aux états-généraux des places qu'ils avoient cédées en garantie. Lorsqu'Élisabeth donna des secours d'argent aux Provinces-Unies, les États-Généraux lui donnèrent en garantie les villes de la Brille, de Flessingue et le fort de Rammekins. Les garnisons que Jacques tenoit dans ces places, achevoient d'épuiser son revenu modique : elles lui coûtoient plus de trois cent mille livres sterling, depuis son avènement au trône d'Angleterre. Il les remit aux Hollandais pour un peu plus du tiers de la somme qu'ils lui devoient. Il gagnoit à ce marché. Il est vrai qu'il perdoit l'avantage de se rendre redoutable aux États-Généraux, puisqu'il abandonnoit des villes avec lesquelles il pouvoit les tenir dans quelque sujétion. C'étoit peut-être encore un gain : mais les Anglais n'en jugèrent pas ainsi : ils ne virent que de la honte à céder des places, qui les rendoient puissans au-dehors.

Malgré ces contradictions, l'autorité de Jacques se soutenoit encore en Angleterre. Les communes ne s'échappoient pas jusqu'à manquer ouvertement de respect : la chambre-haute embrassoit d'ordinaire ses intérêts : et il jouissoit d'une considération qu'il devoit à ses connoissances, à son esprit et même à ses profusions, que ses courtisans nommoient générosité. Son autorité étoit plus grande en Écosse : elle s'étoit accrue depuis son absence ; car on le craignoit, parce qu'on le jugeoit puissant ; et on l'aimoit, parce qu'il montroit une affection singulière pour ses anciens sujets. Il avoit déjà pris des mesures pour reconcilier les Écossais avec les évêques, pour les préparer à recevoir les rites de l'église anglicane, et pour leur faire reconnoître sa suprématie. Il avoit même créé une cour de haute commission. Si tous les changemens qu'il avoit faits, n'étoient pas agréables à la nation, elle paroissoit au moins les tolérer. Ayant commencé cet ouvrage qu'il avoit si fort à cœur, il voulut y mettre la dernière main.

1617.

Il fit donc un voyage en Écosse, dans le dessein d'y régler en pontife toutes les cérémonies religieuses.

Il change en Écosse les cérémonies religieuses, sans qu'on paroisse lui résister.

Le parlement donna son consentement à toutes les cérémonies qu'il proposa ; mais avec une répugnance, qui ne permettoit pas de compter sur la durée de ces innovations. On pouvoit juger au contraire, que plus le fanatisme étoit d'abord contenu par la force, plus il s'échapperoit ensuite avec violence.

En Angleterre les Puritains le rendent suspect et odieux.

Cependant les puritains regardèrent, comme autant de pas vers l'idolâtrie, ces changemens introduits en Écosse, et les soin du roi pour établir en Angleterre l'église anglicane à l'exclusion de toute autre. On lui fit un crime d'avoir adouci la rigueur des lois contre les catholiques, et de leur donner quelque part à sa confiance et à ses bienfaits : on le soupçonna de vouloir se réunir à l'église romaine ; et ce soupçon, que les puritains affectoient de répandre, étoit seul capable de le rendre odieux. Telle étoit la disposition des esprits lorsqu'un nouveau parlement fut convoqué.

1621.

Dans les temps du gouvernement féodal, le parlement n'étoit qu'une assemblée tumultueuse, où la liberté n'étoit pas connue, et où l'autorité luttoit continuellement contre l'anarchie. Si un prince se faisoit aimer, tous les suffrages étoient pour lui : quelques membres n'auroient osé lui résister; parce qu'après la dissolution du parlement, ils se seroient vus sans protection, livrés à la vengeance du souverain. Quand au contraire, un roi étoit généralement haï ou méprisé, il se trouvoit bientôt abandonné, et il succomboit sous l'audace d'un chef de parti. Enfin lorsque la nation paroissoit se partager, les dissentions ne finissoient plus qu'après des guerres longues et sanglantes.

Avant Henri VII, le gouvernement de l'Angleterre tendoit à l'anarchie.

Il seroit inutile d'entreprendre de déterminer quels pouvoient être dans ces temps, les droits du parlement et ceux du monarque. La force régloit tout, et les usages varioient au gré des hasards. Chercher des lois dans ces siècles barbares, c'est supposer que les peuples avoient quelques idées exactes d'administration ; qu'ils s'assembloient, parce qu'ils vouloient le bien public; qu'ils le cherchoient, parce qu'ils avoient assez de lumières pour le trouver ou pour en approcher; et qu'enfin ils étoient capables de se proposer un but, et de se conduire avec quelque méthode.

La monarchie s'affermit sous ce prince, et les Anglais se familiarisent avec l'idée d'une autorité absolue et sans bornes.

Or le défaut de lois est la principale cause des révolutions de l'Angleterre jusqu'à l'avénement de la maison de Tudor. Alors l'anarchie cessa par l'affoiblissement des grands et par la lassitude des peuples. La monarchie, qui trouva tous les jours moins d'obstacles, s'établit peu-à-peu; et les choses vinrent au point qu'on se familiarisa avec les idées d'un pouvoir absolu d'une part, et de l'autre d'une soumission entière. C'est le dernier période de la monarchie. Elle s'y est élevée sous Élisabeth : par conséquent, il faut qu'après cette reine elle commence à tomber.

Si sous Jacques I⁽ʳ⁾. le parlement eût été composé de barons puissans, il eût soutenu ses prétentions par les armes, et l'anarchie eût recommencé. Mais les communes ne pouvoient armer: accoutumées d'ailleurs au respect et à l'obéissance, elles ne formoient pas encore le projet d'une révolte: elles ne prévoyoient pas même les troubles qu'elles préparoient. Elles furent donc obligées de raisonner, lorsqu'elles voulurent revendiquer des droits et limiter la prérogative royale. Or voilà l'époque, où la nation anglaise commence à se faire des idées d'administration.

Sous Jacques, les communes commencent à raisonner sur cette autorité.

Les jurisconultes raisonnèrent suivant leur usage, d'après des exemples. Ils en trouvèrent sous les derniers règnes : ils en trouvèrent dans d'autres monarchies de l'Europe : ils en trouvèrent dans le bas-empire, etc., et concluant le droit du fait, ils ne virent plus de bornes dans la prérogative royale. Le clergé anglican tira la même conséquence. Il avoit pour principe, que les rois sont l'image de Dieu; et que, comme

Les jurisconsultes, le clergé et les courtisans, la défendoient par de mauvais raisonnemens.

David, ils tiennent immédiatement de lui toute leur puissance. Enfin les courtisans, par flatterie et par intérêt, grossirent ce parti, parce qu'il falloit que le roi pût tout, afin qu'il pût donner davantage.

Les Puritains l'attaquent par des raisonnemens aussi mauvais.

Les Puritains, voulant opposer des exemples à des exemples, fouillèrent dans des temps d'anarchie; et ils en trouvèrent qui ne prouvoient pas plus que ceux qu'on avoit remarqués dans des temps de despotisme. Ils triomphoient sur-tout, lorsqu'ils remontoient aux peuples libres de l'antiquité. Jusques-là on raisonnoit assez mal de part et d'autre: mais si on ne prouvoit pas, on persuadoit, et on faisoit des partisans.

Quelles idées on se fera à ce sujet.

Il n'est pas naturel qu'on ne fasse jamais que des raisonnemens, qui ne concluent rien. On considéra donc que le gouvernement, par sa constitution, avoit un roi et un parlement, qui devoient concourir l'un et l'autre au bien public. Or, si le parlement est dans la servitude, il n'est plus rien, et la monarchie pourra devenir arbitraire, ou même tyrannique. Ce principe conduit à chercher quelle est l'autorité nécessaire à ce corps, pour empêcher ou prévenir les abus du pouvoir absolu. Cette autorité connue détermine les priviléges du parlement et du peuple; et ces priviléges une fois fixés, renferment la prérogative royale dans certaines limites. Ce sont à-peu-près là les idées qu'on se fera parmi beaucoup de mauvais raisonnemens et beaucoup de sang répandu.

Il se formoit donc deux partis, auxquels on donnera dans la suite les noms de Torys, parti de la cour, et de Whigs, parti de la patrie. On les voit commencer dans le parlement qui s'assembla en 1621. *Par des complaisances forcées Jacques en hardit les communes, et voit commencer le parti des Whigs, opposé à celui des Torys.*

Cependant les communes montrèrent d'abord du respect et de la soumission. Elles se hâtèrent d'accorder des subsides : elles ne permirent pas de parler des matières, qui avoient aigri le roi contre le dernier parlement : elles voulurent laisser tomber dans l'oubli l'emprisonnement des membres, et elles se contentèrent de faire des remontrances sur quelques abus. Le roi y mit ordre, après les avoir remerciées de les lui avoit fait connoître.

Enhardies par cette condescendance, et se regardant comme les protectrices du peuple, elles prêtèrent l'oreille à toutes les plaintes; et recherchèrent jusqu'aux désordres les plus légers. De la sorte elles entroient insensiblement dans toutes les parties de l'administration. Jacques, qui vit ses prérogatives attaquées de toutes parts, suspendit les assemblées jusqu'à l'hiver suivant. En attendant, il se rendit populaire, et remédia à la plupart des choses dont on se plaignoit. Tant de complaisance n'appaisa pas les communes, que la séparation de l'assemblée avoit offensées. Comme elles n'ignoroient pas la persuasion où il étoit de son pouvoir absolu, elles ne lui tenoient point compte d'une condescendance forcée; et elles jugeoient que plus il les ménageoit, plus il falloit le mettre dans la nécessité de les ménager encore.

<small>1612.
Sujet de mécontentement qu'il donne aux communes.</small>

L'année précédente l'électeur Palatin, gendre du roi d'Angleterre, avoit été dépouillé de ses états par l'empereur. A cette nouvelle, tous les Anglais auroient voulu prendre les armes, pour rétablir un prince protestant. Cette entreprise eût été fort dispendieuse et sans espérance de succès. Cependant ils blâmoient hautement l'inaction de Jacques. Ils avoient encore un autre grief contre lui : c'est qu'il négocioit le mariage du prince de Galles avec l'Infante d'Espagne. Enfin, il avoit fait arrêter deux membres de la chambre basse. Les mécontentemens éclatèrent à l'ouverture de la nouvelle assemblée.

Les communes firent des remontrances sur l'accroissement de la maison d'Autriche, sur les progrès des Catholiques en Angleterre, sur l'indulgence du roi pour eux, et sur le mariage de son fils avec l'Infante ; le suppliant de prendre la défense de l'électeur Palatin, de tourner ses armes contre l'Espagne, de marier son fils avec une princesse protestante, et de sévir contre les Catholiques.

Elles font des remontrances.

Jacques, offensé de cette démarche, qui étoit sans exemple, défendit à la chambre de prendre connoissance des choses de cette espèce; menaça de châtier tout membre qui auroit l'insolence de les mettre en délibération. Les communes repliquèrent, quoiqu'avec un ton respectueux, qu'elles avoient droit d'entrer, par leurs conseils, dans toutes les affaires du gouvernement, et que, si quel-

Jacques, qui en est offensé, raisonne, menace, et casse le parlement.

qu'un des membres abusoit de cette liberté, il n'appartenoit qu'à la chambre de le punir : à quoi le roi répartit que, dans les points qui concernoient ses prérogatives, le parlement ne devoit donner des avis, que quand il lui plaisoit d'en demander ; que les priviléges des communes étoient des grâces des rois ses prédécesseurs, et qu'il ne les leur conserveroit qu'autant qu'elles se contiendroient dans les bornes du devoir. Les communes protestèrent, en soutenant tout ce qu'elles avoient avancé. Le roi se fit apporter leurs registres, arracha lui-même la protestation, et congédia le parlement.

On raisonne dans tout le royaume sur cet événement; et chacun devient Whig ou Tory.

Cet événement devint le sujet de toutes les conversations. Tout le monde raisonna sur les prérogatives royales et sur les priviléges du peuple. Les deux partis qui s'étoient formés dans le parlement, se répandirent, et partagèrent tout le royaume. Le roi défendit à ses sujets de parler des affaires d'état : et ils en parlèrent un peu plus.

Élèves que Jacques formoit.

Jacques s'attachoit quelquefois à des jeunes gens, si simples et si ignorans, qu'il y avoit tout à créer dans leur ame comme dans leur fortune. Il devenoit leur précepteur; et lorsqu'il leur apprenoit des élémens de grammaire, il pensoit, avec une sorte de complaisance, qu'il alloit former des ministres profonds dans l'art de gouverner. Malheureusement les progrès du disciple ne pouvoient pas répondre aux progrès de la confiance du maître. Les pénitences étoient rares, les bienfaits s'accumuloient, et l'élève tournoit fort mal. Robert Carre, sur qui le roi fit le premier essai de sa méthode, fut fait chevalier, vicomte de Rochester, comte de Sommerset, reçut l'ordre de la Jarretière, fut admis au conseil privé, eut la principale direction des affaires d'état, et devint un monstre. Cette éducation fut l'ouvrage de peu d'années.

Après ce premier essai, Jacques en fit un second sur Georges Villiers. Il le créa successivement et rapidement vicomte, comte, marquis et duc de Buckingham, chevalier de la Jarretière, grand-écuyer, gouverneur des cinq ports, président de la cour du banc du roi, grand-maître de Westminster, connétable de Windsor et grand-amiral d'Angleterre : mais en le chargeant d'honneurs, il le rendit présomptueux, téméraire, insolent, et lui laissa cependant toute son ignorance et toute son incapacité.

Buckingham conduit en Espagne Charles, qui épouse ensuite Henriette, sœur de Louis XIII.

La négociation pour le mariage du prince de Galles, réussisoit au gré du roi, lorsque Buckingham, abusant de l'empire qu'il avoit sur son précepteur, le fit consentir à une démarche romanesque, prise dans l'esprit de l'ancienne chevalerie. Il emmena le prince Charles en Espagne, persuadé que cette galanterie inattendue seroit tout-à-fait du goût des Espagnols, et que l'Infante seroit tout-à-coup éprise à la vue du brave aventurier à qui l'impatience de l'amour n'avoit pas permis d'attendre au-delà des mers. Tout réussit d'abord : la modestie du prince Charles, sa douceur et sa confiance, enchantèrent les Espagnols. Mais Buckingham se rendit si méprisable et si odieux, que la négociation fut bientôt rompue. Il s'occupa même à dessein des moyens de rompre ce mariage; parce qu'il prévit que l'Infante, devenue reine d'Angleterre, ne lui seroit pas favorable: et Charles, peu après son retour, épousa Henriette, sœur de Louis XIII.

La rupture avec l'Espagne paroissoit devoir rendre les communes moins difficiles ; et Jacques avoit besoin de subsides, parce qu'il avoit donné des secours d'argent à l'électeur Palatin. Il convoqua donc un parlement. Bien loin de soutenir ses prérogatives avec hauteur, il demanda des conseils sur la conduite qu'il devoit tenir avec l'Espagne. Il eut même l'imprudence d'offrir, que les sommes qui lui seroient accordées fussent délivrées à des commissaires du parlement, qui seroient chargés d'en faire l'emploi. Les communes lui accordèrent près de trois cent mille livres sterling. Elles firent ensuite passer un bill contre les monopoles ; et par cet acte, elles supposoient que chaque particulier avoit une entière liberté de disposer de ses actions, pourvu qu'elles ne fissent tort à personne ; et que ni les prérogatives royales, ni le pouvoir d'aucun magistrat, en un mot, nulle autre autorité que celle des lois ne pouvoit donner atteinte à ce droit. Cette loi sera le fondement de la liberté. Vous voyez que les communes entreprennent davantage, à mesure que le roi mollit.

Un nouveau parlement que le roi veut gagner par des complaisances, fait un bill qui sera le fondement de la liberté.

Intrigues de Buckingham, qui fait déclarer la guerre à l'Espagne.

Jacques fut encore entraîné malgré lui dans une démarche, qu'il n'approuvoit pas, et qui en effet n'étoit pas prudente. Buckingham, voulant se venger du mépris des Espagnols, fit des cabales dans le parlement. Après s'être attaché les Puritains, en favorisant des projets qui tendoient à l'abolition de l'épiscopat, il engagea les communes à proposer la guerre contre l'Espagne, et à lever des troupes pour reconquérir les états du Palatin. Il entraîna même le prince de Galles dans ses vues.

Expédition mal concertée. Mort de Jacques.

Jacques ne put résister à une ligue aussi puissante. Six mille hommes furent levés pour servir en Hollande sous les ordres du comte Maurice; et douze mille furent embarqués pour la conquête du Palatinat. Comme on avoit compté trop légèrement que la France accorderoit le passage aux troupes anglaises, elles firent voile vers Calais, où le gouverneur ne les reçut pas, parce qu'il n'avoit point d'ordre. Obligées de prendre une autre route, elles arrivèrent sur les côtes de Zélande : mais elles n'y étoient pas attendues, et les états-généraux faute de provisions, faisoient difficulté de les recevoir. Dans cet intervalle, elles furent attaquées d'un mal contagieux qui en fit périr la moitié, et le reste regagna l'Angleterre. Jacques survécut peu à cette expédition mal concertée. Il mourut après vingt-deux ans de règne sur l'Angleterre, et dans la cinquante-neuvième année de son âge.

1625.

Charles Ier. avoit vu que, plus son père vouloit étendre la prérogative royale, plus les communes faisoient d'efforts pour la limiter. Il semble donc qu'on devroit attendre de lui une conduite différente. Mais l'éducation lui avoit donné les même idées : la flatterie les entretenoit, et le clergé anglican les lui représentoit comme autant de vérités reconnues. Il étoit si convaincu de la plénitude de sa puissance, que, bien loin de prévoir une conspiration, il n'imaginoit pas seulement qu'elle fût possible. Cependant il auroit pu remarquer que la nation commençoit à former des doutes, et cela seul demandoit beaucoup de précaution. Il falloit ou beaucoup de soldats pour convaincre, ou beaucoup de prudence pour

Charles I, dans les mêmes préjugés que son père n'imagine pas qu'on puisse résister à son pouvoir absolu.

empêcher de raisonner. Il manqua de l'un et de l'autre.

<small>Il demande avec confiance les subsides nécessaires, pour soutenir la guerre contre l'Espagne.</small>

Persuadé qu'il étoit agréable au peuple, parce qu'il avoit conseillé la guerre contre l'Espagne, et en effet il avoit paru lui être cher, il convoqua le parlement, dans l'espérance d'obtenir de gros subsides. La circonstance paroissoit favorable, puisque c'étoit la guerre de la nation, et que les revenus de la couronne ne suffisoient seulement pas au courant des dépenses.

<small>Mais les communes veulent profiter d'une circonstance qui le mettoit dans la dépendance du parlement.</small>

Mais il étoit difficile que les Anglais, alors peu accoutumés à porter des taxes, voulussent donner assez pour soutenir une entreprise aussi dispendieuse. D'ailleurs la secte des Puritains avoit, depuis quelque temps, fait de nouveaux progrès. Ennemie de la monarchie, elle vouloit humilier le monarque. Enfin il avoit dans les communes des membres capables de se faire un plan, et de le suivre. Un pouvoir sans bornes les choquoit. Bien loin d'entrer dans les besoins du prince, ils le voyoient avec joie engagé dans une guerre, qui le mettoit plus que jamais dans la dépendance du parlement; et ils projetoient de n'accorder des subsides, qu'en échange de quelques parties de la prérogative.

Charles n'obtint que cent douze mille livres sterling. C'étoit se moquer cruellement que de lui offrir une somme aussi modique dans la circonstance où il se trouvoit. Il en fut d'autant plus étonné, que comptant sur d'autres preuves de l'amour de ses sujets, il s'étoit défendu toute démarche qui auroit pu être prise pour une marque de défiance : il fallut renoncer à tant de délicatesse. Il entra donc dans le détail de ses revenus, de ses dettes, de ses alliances, des opérations qu'il méditoit, et il conclut qu'il ne pouvoit soutenir la guerre à moins de sept cent mille livres sterling. Les communes furent inexorables. Elles n'avoient garde de céder : car elles venoient de faire une découverte, qui les irritoit contre Buckingham et contre Charles.

Il n'obtient que 112000 livres sterling.

Dans la négociation du mariage de Charles avec Henriette, ce ministre avoit promis des vaisseaux à Louis XIII, pour être employés contre la Rochelle. L'escadre étoit partie : mais lorsque les matelots conurent où on les menoit, ils refusèrent d'o-

Il casse le parlement lorsque les communes désapprouvoient les secours qu'il avoit voulu donner à Louis XIII contre les Huguenots.

béir, et le commandant lui-même déclara qu'il aimoit mieux se faire pendre en Angleterre, que de combattre contre ses freres les protestans de France. Les communes applaudirent à cette désobéissance religieuse, et s'abandonnant à leur fanatisme, elles faisoient des plaintes et des demandes, lorsque Charles cassa le parlement.

<small>Autre parlement, plus hardi que les précédens. Il est encore cassé, et on écrit de part et d'autre pour se justifier.
1626.</small>

Un emprunt, qui fit murmurer, ne suppléa pas au refus des communes. A peine put-il suffire à mettre en mer une flotte, qui revint sans succès, et qui fit murmurer encore. Cependant le roi, sans ressource, fut contraint de convoquer un nouveau parlement.

Les communes promirent une somme double de la précédente. Mais c'étoit peu pour les entreprises qu'on méditoit, et il y avoit encore une circonstance désagréable : c'est que le bill pour le paiement des subsides ne devoit passer en loi qu'à la fin de la session. Ainsi Charles se voyoit obligé de satisfaire les communes sur leurs demandes, ou de renoncer aux subsides.

Leur première démarche fut d'accuser de haute trahison le duc de Buckingham. Le roi, persuadé que sa faveur faisoit tout le crime de ce ministre, leur ordonna de cesser cette poursuite; et les menaça, si elles ne terminoient l'article des subsides, de prendre d'autre mesures. C'étoit leur faire entendre qu'il leveroit des impôts sans leur aveu; et les communes comprirent qu'il vouloit leur en faire la peur. Cependant, bien loin de s'effrayer, elle commencèrent à faire des recherches sur différentes parties de l'administration. Charles se hâta de rompre le parlement : on voulut ensuite se justifier des deux côtés, et on répandit des écrits dans le public. Ainsi l'imprudence du roi invita tout le royaume à prendre part dans des disputes qu'il falloit étouffer.

N'ayant plus pour ressource que des moyens violens qui soulevoient la nation, et embarrassé dans la guerre d'Espagne, sans espérance de succès, Charles prit encore les armes contre la France. On attribue cette guerre à Buckinhgam. On prétend que lorsqu'il vint à Paris pour conduire la princesse Henriette en Angleterre, il se jeta dans des intrigues qui occasionnèrent son ressentiment contre la France. Il semble

Charles déclare la guerre à la France.
1627.

que, si ce ministre eût voyagé davantage, il auroit armé son maître contre toutes les puissances de l'Europe.

<small>Buckingham paroît à la vue de la Rochelle, et invite les Rochellois à la révolte.</small>

Contre un article formel du traité de mariage, on chassa tous les Français qui étoient auprès de la reine d'Angleterre: les armateurs anglais enlevèrent plusieurs navires aux marchands de France; et, à la sollicitation particulière de Soubise, on équipa une flotte qui portoit aux Rochellois, à leur insu, sept à huit mille hommes de troupes réglées. Buckingham, qui ne connoissoit le service militaire ni sur terre ni sur mer, prit le commandement de ces forces. Il parut à la vue de la Rochelle, qui ne l'attendoit pas; et il offrit aux habitans de les soutenir dans une révolte à laquelle ils n'étoient pas encore résolus. Ainsi ses mesures avoient été si mal prises, que la première difficulté fut de faire agréer des secours qu'on n'avoit pas demandés.

<small>Il est forcé à se retirer lorsque la Rochelle est assiégée par Louis XIII.</small>

Au lieu de s'établir d'abord dans l'île d'Oleron, dont il pouvoit facilement se rendre maître, il débarqua dnas celle de Ré, qui étoit bien fortifiée et défendue par une bonne garnison. Son irrésolution donna le temps à Thoiras de se fournir des provisions qui lui manquoient; et il fit tant de fautes, que, quoique la France pût à peine ramasser quelques bateaux et quelques chaloupes pour porter des secours dans l'île, il fut forcé de renoncer à ses desseins, et fit une retraite qui pouvoit passer pour une vraie déroute. Cependant les Rochellois, qui avoient enfin pris les armes à la sollicitation des Anglais, se voyoient assiégés par Louis XIII.

Charles avoit exigé des prêts forcés, des bienveillances et d'autres taxes arbitraires. La résistance avoit été punie par la prison; et on avoit commis toutes ces violences pour soutenir deux guerres qui déshonoroient l'Angleterre, et qui ruinoient le commerce. On gémissoit, sur-tout, de se voir sacrifié aux caprices de Buckingham, et les esprits se soulevoient contre l'usage que le roi prétendoit faire de sa prérogative. Cependant les sommes levées, ou extorquées étoient dissipées, et le mécontentement général ne permettoit pas de recourir aux mêmes moyens. Dans des circonstances aussi critiques, le roi voulut se persuader que les

Après avoir usé de violence pour lever des impôts arbitraires, Charles convoque un parlement.

besoins de l'état feroient oublier les injures passées; et qu'ayant éprouvé les fâcheux effets de l'obstination, les communes montreroient plus de complaisance. Il convoqua donc le parlement. Mais comment pouvoit-on compter sur des complaisances ? Il auroit fallu choisir une bonne fois entre l'autorité absolue et l'autorité limitée par les priviléges de la nation: car le passage alternatif de l'une à l'autre, n'étoit propre qu'à faire connoître l'impuissance du despotisme, et enhardissoit par conséquent les communes.

Le nouveau parlement se conduit avec plus de prudence que le roi.

Les membres de la chambre-basse représentoient les bourgs et les comtés qui avoient été vexés par des impositions arbitraires. Au ressentiment des provinces ils joignoient encore le leur: car plusieurs avoient été jetés dans les prisons. Cependant les communes montrèrent d'abord de la modération et du respect. On voit qu'elles étoient conduites par des hommes sages, qui, sans se trop hâter et sans se désister, suivoient un plan qu'ils s'étoient fait.

Le roi ne faisoit pas voir la même prudence. La convocation du parlement paroissoit un aveu tacite de son impuisance à lever des impôts sans le consentement de cette assemblée ; et cependant il menaçoit de se passer de ce consentement, si elle refusoit de contribuer aux besoins de l'état. Par cette contradiction de son langage avec sa conduite, il laissoit voir tout-à-la-fois et sa foiblesse et ses prétentions, et il avertissoit de prendre des mesures contre le pouvoir qu'il vouloit s'arroger. On se proposa donc d'assurer la liberté, en faisant une nouvelle loi.

Ceux qui conduisoient cette entreprise, affectèrent autant de décence que de fermeté, afin d'ôter au roi tout prétexte de désapprouver leur démarche. Ils parurent, sur-tout, respecter la prérogative. Ils ne vouloient pas empiéter sur les droits du trône, en faisant de nouvelles lois : ils vouloient seulement conserver les droits de la nation, en réclamant des lois anciennes, qui pouvoient être tombées dans l'oubli par abus, mais qui ne pouvoient jamais être abrogées. Le titre même de *pétition* ou *requête de droit* qu'ils donnèrent à leur acte, annonçoit ce dessein, et faisoit connoître que la loi qu'ils proposoient, n'étoit qu'une con-

Pétition de droit qui assure la liberté des citoyens.

firmation de l'ancienne constitution, sans aucun préjudice de la prérogative, et sans aucun projet d'acquérir de nouvelles libertés. Tous les articles qu'elles renfermoient étoient des lois, qui avoient été faites et reconnues sous d'autres régnes.

<small>Charles est forcé à confirmer ce bill.</small> Malgré tous les efforts de Charles pour éluder la pétition de droit, le bill ayant été arrêté par les communes, fut envoyé, et il n'y manquoit plus que le consentement du roi, pour lui donner force de loi. Il falloit, ou le rejeter courageusement, ou le confirmer sans montrer de répugnance. Charles eut recours à l'artifice; et au lieu d'employer la forme ordinaire, il se servit de termes vagues, qui ne l'obligeoient à rien.

Les communes, offensées de cette mauvaise foi, firent tomber leur indignation sur un docteur, et le condamnèrent à une prison, à une amende et à d'autres peines, pour avoir dit dans un sermon, que si la propriété des biens réside ordinairement dans le sujet, elle passe néanmoins toute entière au monarque, lorsque les conjonctures exigent des subsides; que l'aveu du parlement n'est pas nécessaire pour l'imposition des taxes ; et que la loi divine oblige à la soumission pour toutes les demandes même irrégulières, que le souverain peut faire.

L'humeur, aigrie par ce premier acte de vengeance, voulut s'assouvir sur Buckingham. Le roi défendit toute poursuite à ce sujet : on n'y eut point d'égard, et pour écarter l'orage prêt à fondre sur la tête de son ministre, Charles fut obligé de se rendre au parlement et de confirmer le bill, en prononçant la formule usitée. La chambre retentit d'acclamations, qui se répétèrent dans tous le royaume. Les principaux articles de cette loi portoient que personne ne pourroit être forcé d'accorder aucun don, prêt, bienveillance, taxe ou autres charges semblables, sans le consentement du parlement, ni être emprisonné ou autrement molesté pour cause de refus.

Pour montrer leur contentement, les communes passèrent alors le bill des subsides qu'elles avoient déjà dressé, mais qu'elles avoient suspendu à dessein. Cependant un consentement arraché leur laissoit un reste d'humeur, et bientôt elles revin-

<small>En reconnoissance, les communes lui accordent des subsides.</small>

rent encore au ministre qu'elles haïssoient: alors le roi rompit toutes ces délibérations, en prorogeant le parlement.

Les subsides furent prodigués inutilement pour secourir la Rochelle. Une première flotte alla et revint sans avoir rien entrepris. Une seconde étoit prête à mettre à la voile sous les ordres de Buckingham, lorsque ce ministre fut assassiné par un fanatique, qui crut servir la patrie; et le comte de Lindessey ayant eu le commandement de la flotte, arriva pour être témoin de la prise de la Rochelle.

Le cardinal de Richelieu, considérant que cette ville étoit l'asyle des mécontens, jugea que le roi pourroit être mal servi, si on l'assiégeoit dans les formes : car il y avoit dans l'armée bien des grands, qui ne desiroient pas la ruine des Huguenots. Il résolut donc de prendre cette place par famine ; mais s'il étoit facile de la bloquer du côté de terre étoit-il possible d'en fermer le port aux Anglais ? avoit-on assez de vaisseaux ? et quand on en auroit eu davantage, des coups de vent ne pouvoient-ils pas favoriser l'entrée et la sortie, sans qu'on pût l'empêcher? Il osa donc tenter de jeter une digue de plus de sept cents toises de long, d'un côté à l'autre du canal qui communique dans le port. L'ouvrage réussit, et fut assez solide pour résister à la violence des flots et des plus fortes marées.

Les Rochellois se rendirent après avoir souffert une famine, qui fit périr plus de quinze mille personnes. Le roi leur accorda l'exercice de leur religion. On démolit les fortifications de leur ville ; celles de plusieurs autres places furent encore rasées, et cet événement, qui fut la ruine des Huguenots, avança celle des grands du royaume.

1628.

Charles montra plus de modération, depuis qu'il cessoit d'être poussé par le violent caractère de Buckingham : mais les communes devinrent plus entreprenantes que jamais. Attentives à tirer des conséquences de la pétition de droit, elles faisoient des recherches sur tous les impôts que le roi levoit à l'exemple de ses prédécesseurs; et elles alloient peu-à-peu le dépouiller de la plus grande partie de ses revenus, lorsqu'il cassa le parlement, bien résolu de n'en

Charles casse le parlement, qui tendoit à le dépouiller de ses revenus. Il fait la paix avec la France et avec l'Espagne.

1616.

plus convoquer, s'il ne voyoit la nation mieux disposée à son égard. Alors il fit la paix avec la France et avec l'Espagne : la raison le lui conseilloit, et son impuissance lui en faisoit une nécessité.

LIVRE QUATORZIEME.

CHAPITRE PREMIER.

Exposition préliminaire à la guerre qui fut terminée par le traité de Westphalie.

Voici, Monseigneur, une époque où il est nécessaire de porter en même temps votre vue sur toutes les parties de l'Europe. Je voudrois pouvoir vous donner le coup-d'œil de Richelieu : car la scène est bien vaste pour vos yeux et pour les miens. C'est une guerre où toutes les puissances de l'Europe sont armées. La religion, l'ambition, la politique, mille intérêts en un mot, les divisent, les unissent et les font mouvoir. Les incidens naissent continuellement les uns des autres. Ils sont préparés, et tout-à-la-

<small>Scène compliquée qui se prépare.</small>

fois inattendus. L'intrigue se renoue à chaque instant, et le dénouement s'éloigne, au moment qu'on croit y toucher.

<small>Quels en sont les acteurs.</small>

Les acteurs qui paroissent d'abord sur la scène, sont les plus grands capitaines. La fortune, rarement capricieuse avec eux, les suit : elle passe et repasse d'un parti dans un autre, toujours fidelle aux généraux les plus habiles. Cependant les puissances changent insensiblement de vues, abandonnant ou formant des prétentions, suivant les craintes ou les espérances, qui naissent des revers ou des succès : mais l'objet général de l'Europe reste toujours le même, et l'action en quelque sorte paroît une.

De grands négociateurs surviennent, et les négociations se mêlent avec les armes. Toutes les cours intriguent. De nouveaux mouvemens agitent toutes les puissances. Les intérêts se rapprochent et se séparent tour-à-tour. Les vues se croisent de mille manières. On desire, on projette, on espère, on craint, on se rassure. Cependant la politique déploie peu-à-peu toutes ses ressources, et la paix est enfin rendue à l'Europe.

<small>Il faut com-</small>

Ce tableau est aussi instructif qu'il est

vaste et curieux. Quelles leçons ne vous donneroit pas un Polybe, qui vous feroit l'histoire de ces guerres ; et un Tacite qui fouilleroit dans le sein de la politique, pour vous montrer tous les ressorts qu'elle a fait jouer (1)! Mais, Monseigneur, vous savez que l'exposition est la partie essentielle d'une bonne tragédie. Quand elle est bien faite, l'action se développe d'elle-même, et avance sans obstacle jusqu'au dénouement. C'est donc par une exposition que je vais commencer. Je ferai ensuite l'esquisse des scènes principales ; et ce sera assez pour moi, si je puis vous préparer à faire un jour, avec fruit, l'étude de cette partie de l'histoire. Obligé de remonter au-delà du seizième siècle, je passerai rapidement sur les choses que j'ai déjà dites, et je me contenterai de vous les rappeler.

commencer par une exposition générale.

---

(1) Le père Bougeant n'est pas un Tacite : cependant son ouvrage, dont je me suis beaucoup servi, est bon, à quelques endroits près, qui sentent la robe que ce jésuite portoit. Par exemple, il dit dès le commencement : *Plusieurs princes que de prétendues exactions de la cour de Rome irritoient depuis long-temps*..... prétendues !

<small>L'ambition des Papes avoit troublé l'Europe.</small> L'ambition exorbitante des papes, enhardie par l'aveuglement des peuples, avoit troublé l'Europe pendant plusieurs siècles. Le grand schisme ouvrit enfin les yeux, lorsqu'on vit ces pontifes, qui s'excommunioient, mendier la protection des princes qu'ils avoient voulu voir à leurs pieds. On osa mettre en question leurs prétentions et leurs droits : l'église s'assembla pour les juger : et s'ils ne se soumirent pas, ils purent prévoir leur décadence, puisqu'on pensoit à leur résister.

<small>D'où les sectes luthériennes.</small> Comme les disputes naissent des passions plus que de l'amour du vrai, on va d'une extrémité à l'autre; et on est long-temps avant de saisir le milieu, où la vérité se trouve. Ainsi naquit le luthéranisme et toutes les sectes qu'il a produites.

L'Europe commençoit à s'éclairer. Si personne n'en savoit encore assez pour démontrer son sentiment, chacun en savoit assez au moins pour combattre celui des autres. Foibles, lorsqu'il falloit se défendre, tous les partis étoient forts, lorsqu'ils osoient attaquer; mais malheureusement pour Rome, elle ne pouvoit combattre sans perdre.

On cultivoit les lettres. Les papes, ces L'imprimerie rendoit les erreurs contagieuses. grands politiques, formoient des bibliothèques, protégeoient les arts, accueilloient les savans; et l'imprimerie, inventée depuis plus d'un demi-siècle, répandoit les connoissances et plus encore les opinions et les disputes. Les erreurs en étoient donc plus contagieuses.

A peine Luther écrit, que toute l'Europe Progrès rapides du luthéranisme. raisonne. L'opinion, ce fondement de la puissance usurpée des papes, s'ébranle. L'intérêt tient lieu d'argumens. Les peuples se partagent, et l'église perd des provinces entières.

Le luthéranisme, par ses progrès rapides, se dérobe aux feux de l'inquisition, et se défend contre les armées que les indulgences ou l'ambition font marcher. Des villes, des princes, des rois, des nations entières l'embrassent. Ici, les peuples veulent se soustraire aux souverains qui les oppriment : là, les souverains eux-mêmes veulent s'affermir par la ruine d'un clergé, dont ils redoutent la puissance. Par-tout enfin, on veut secouer le joug de la cour de Rome, et s'enrichir des dépouilles des ecclésiastiques. Ainsi le luthéranisme s'établit presque en même temps en Suède sous Gustave Wasa, en Danemarck et en Norwège sous Frédéric I*er*.; dans les états d'Albert de Brandebourg, grand-maître de l'ordre Teutonique; dans ceux de Frédéric, électeur de Saxe, de Philippe landgrave de Hesse-Cassel, des ducs de Poméranie, de Lunebourg, de Mecklenbourg, des princes d'Anhalt, des comtes de Mansfeld, dans plusieurs villes impériales et dans une partie des cantons suisses.

<small>Charles-Quint croyoit que l'hérésie lui préparoit des conquêtes.</small>

Charles-Quint, qui voit commencer l'orage, le laisse grossir à dessein. Il semble attendre que l'hérésie se répande encore et prépare de plus grandes conquêtes aux armes qu'il doit prendre sous le prétexte de la religion : mais les princes protestans ont fait une ligue à Smalcalde. Cependant l'empereur, partagé entre ses desseins comme entre ses états, ne sait faire ni suivre aucun plan. Il combat, il négocie, il commande, il mollit, et l'hérésie fait tous les jours de nouveaux progrès.

<small>Première cause de jalousie entre la maison d'Au-</small>

Les Anglais avoient été chassés de France vers le milieu du quinzième siècle ; et le royaume, affermi au dedans, n'avoit point d'ennemis redoutables au dehors, lorsque Louis XI monta sur le trône. Il accrut sa puissance, en abaissant les grands, et en acquérant de nouvelles provinces. Mais le mariage de Marie, héritière des ducs de Bourgogne, porte à Maximilien des droits qui seront une source de guerres entre la maison d'Autriche et la maison de France.

Il semble que la rivalité commence entre ces deux maisons, lorsque Charles VIII alarme l'Italie par des projets mal concertés, la trouble et la laisse. Bientôt on voit sous Louis XII que ces deux maisons ne savent pas ce qu'elles doivent être l'une à l'autre. Elles croient former des ligues, lorsqu'elles mêlent confusément les puissances. Elles ignorent leurs vrais intérêts, et elles ne connoissent ni la politique ni l'art de négocier.

Le règne de François Ier. est l'époque de leur rivalité : rivalité de courage, d'ambition et d'imprudence. Ou elles manquent de vues, ou elles ne savent pas préparer les moyens : elles ne montrent que de l'inquiétude : et si l'empereur passe pour politique, parce qu'il étoit faux et dissimulé; le roi de France, en cela plus estimable, étoit bien éloigné de l'être. Son courage fut du moins un grand obstacle à l'ambition de Charles-Quint.

Henri VIII étoit entre elles dans une position, dont il ne savoit pas tirer avantage.

Henri VIII gouvernoit alors l'Angleterre en maître absolu. Recherché par François Ier. et par Charles-Quint, il étoit dans la position la plus avantageuse pour tenir la balance entre ces deux princes; et il eût joui en Europe de la considération la plus grande, si, jugeant mieux de ses intérêts, il eût su rapporter toutes ses démarches à un but déterminé. Mais l'autorité absolue, qui lui permit de se conduire dans ses états au gré de ses passions, le rendit d'autant plus capricieux que son caractère étoit plus mêlé de qualités contraires. Il pouvoit être un grand roi, et il fut théologien, hérétique, pontife, défenseur de la foi. Il laissa du moins ce dernier titre à son successeur, et c'est la seul chose qu'il ait acquise à la couronne d'Angleterre.

On sentoit qu'il falloit tenir la balance entre elles.

Tout le fruit de la politique de ces temps-là a été de connoître qu'il falloit tenir la balance entre la France et l'Autriche: mais

ceux qui étoient assez puissans, comme
Henri VIII, ne la savoient pas manier; et
ceux qui étoient trop foibles, comme le
pape, la laissoient continuellement échapper. On se conduira moins mal dans la suite.
Pendant que chacune de ces deux puissances tentera de s'élever sur les ruines de sa
rivale, l'intérêt général de l'Europe donnera des alliés à la plus foible. Mais il arrivera quelquefois que, jugeant mal du moment de leur élévation et de celui de leur
déclin, on chargera trop le bassin qu'on
avoit jugé trop vide. La puissance qu'on
craignoit, cessera donc d'être à redouter :
cependant on la redoutera par habitude,
et on sera long-temps avant de s'appercevoir que sa rivale est devenue plus redoutable. Cette méprise causera des guerres qui
épuiseront l'Europe, et cependant aucune
puissance n'en retirera d'avantages.

Elisabeth est la premiere tête couronnée
qui ait connu la politique. Ferme au dedans, prudente au dehors, elle ne fait point
de démarches inconsidérées. Elle sait choisir ses alliés; elle les soutient sans se compromettre ; elle a de grands succès avec de

Élisabeth est la première qui ait connu la politique.

petits moyens : et son royaume devient florissant, pendant que toute l'Europe s'épuise.

<small>Les Provinces-Unies avoient secoué le joug de l'Espagne, et se gouvernoient avec défiance.</small>

Les Provinces-Unies secouent des fers, qu'elles ne paroissent pas devoir jamais briser. La haine de la domination espagnole les arme : leur unique vue est de s'y soustraire. D'ailleurs, sans objet fixe, elles se conduisent encore au hasard. Cependant le courage les soutient : les succès leur font des alliés : de nouvelles circonstances leur donnent de nouvelles vues : tous leurs efforts tendent vers un but mieux déterminé. Mais le gouvernement qui s'achève parmi les alarmes d'une guerre de quarante ans, se ressent de cette inquiétude qui faisoit toujours craindre pour la liberté : cependant elles sont libres. Ces provinces, autrefois pauvres, et dont une partie étoit noyée dans les eaux, vous les avez vu traiter, comme puissance indépendante, avec le roi d'Espagne : vous les verrez encore s'accroître, jusqu'à pouvoir altérer ou maintenir l'équilibre de l'Europe. La défiance, qu'on remarque dans sa politique, est un défaut dont les républiques se garantissent difficilement, tant qu'elles ont des ennemis qu'elles redoutent : comme aussi elles s'endorment dans une sécurité dangereuse, aussitôt qu'elles cessent de craindre.

C'est la franchise éclairée, ferme et généreuse de Henri IV, qui porta la politique à sa perfection. La politique de Philippe II ne fut qu'ambition, orgueil, ignorance, bigoterie, hypocrisie, fausseté. Ses successeurs l'adoptèrent, et achevèrent la ruine de leur monarchie. *Henri IV avoit porté la politique à sa perfection.*

Charles-Quint avoit tenté de détruire les Protestans par les Catholiques, dans l'espérance de changer le gouvernement de l'empire en une monarchie, et il vouloit exécuter ce projet, dans un temps où François Ier et Henri II pouvoient donner des secours aux Protestans, comme en effet ils leur en donnèrent. Tous ces grands désseins s'évanouirent. Il se vit à chaque diète forcé de céder des avantages qui, sans satisfaire entièrement ses ennemis, les autorisoient à demander encore, et leur faisoient tous les jours craindre moins ses refus. Cependant il se crut maître, lorsque la victoire et la mauvaise foi eurent mis dans ses fers l'électeur de Saxe et le landgrave *Celle de Charles-Quint avoit produit un effet contraire à celui qu'il en avoit attendu.*

de Hesse. En effet tout s'humilia devant lui : mais sa puissance ne fit que passer. Échappé au duc Maurice par une fuite précipitée, il traite à Passaw d'égal à égal, avec ceux qu'il avoit crus ses sujets, et quelque temps après la diète d'Ausbourg, conclut la paix de religion, traité par lequel les Protestans furent confirmés dans le libre exercice du luthéranisme. Par ce traité, les Catholiques obtinrent que les bénéficiers, qui renonceroient à la communion de l'église, seroient privés de tous leurs bénéfices. Cet article qu'on nomma *le réservat ecclésiastique*, étant mal observé, sera une des causes de la guerre.

<small>Ferdinand I se déclara pour la tolérance.</small>

Il semble que toute la politique de Charles-Quint fût passée en Espagne avec Philippe II. Ferdinand I suivit d'autres principes. Quoique les protestans ne pussent plus recevoir aucun secours, il ne songea point à les inquiéter; et la religion permit à l'Allemagne de goûter la paix, lorsqu'elle déchiroit cruellement la France. Ce prince fit quelques tentatives pour engager les Luthériens à reconnoître le concile de Trente : il les abandonna bientôt, voyant des obstacles qu'il n'étoit pas possible de vaincre. Il travailloit cependant à réunir les deux religions, lorsqu'il mourut en 1564.

Maximilien II, son fils, entreprit d'exécuter le même projet. Dans cette vue, il pressa le saint siége de permettre le mariage des prêtres. Pie V le menaça de ses anathêmes, s'il se mêloit davantage des affaires de religion. Il ne s'en mêla plus que pour accorder aux Protestans d'Autriche le libre exercice du luthéranisme. Cette conduite modérée de Ferdinand et de Maximilien, les a rendus fort suspects : car c'est l'usage de soupçonner d'hérésie les princes qui ne persécutent pas les hérétiques. Maximilien mourut en 1576, et eut pour successeur à l'empire Rodolphe II, son fils aîné.

Ainsi que Maximilien II.

Les Protestans se plaignoient de la chambre impériale, du conseil aulique et des désordres que commettoient les troupes espagnoles : ils montroient de l'inquiétude aux moindres mouvemens que les Catholiques pouvoient faire : ils renouveloient souvent leur ligue : en un mot, leur mécontentement croissoit et se manifestoit tous les jours davantage, lorsque la succession

La mort de Henri IV avoit rompu les mesures prises pour l'abaissement de la maison d'Autriche.

du duc de Clèves acheva de le faire éclater, et menaça l'Allemagne d'une guerre générale. Mais la mort de Henri IV rompit les mesures du parti qui s'étoit formé contre la maison d'Autriche : les Protestans et les Catholiques parurent se craindre réciproquement, et les hostilités cessèrent après la prise de Juliers.

<small>Mais il restoit deux partis, l'union évangélique et la ligue catholique.</small>

L'Allemagne cependant resta divisée en deux partis. Le premier, qu'on nommoit *l'union évangélique*, avoit pour chef l'électeur Palatin, et réunissoit presque tous les princes protestans et la plupart des villes impériales. Le duc de Bavière fut le chef du second, qu'on nomma la *ligue catholique*, et auquel le pape et le roi d'Espagne se joignirent. L'électeur de Saxe et le landgrave de Hesse-Darmstadt le fortifièrent encore ; le premier, parce qu'il étoit jaloux de l'électeur Palatin, et que Rodolphe lui faisoit espérer les duchés de Clèves et de Juliers ; le second avoit aussi des raisons particulières pour ménager l'empereur. L'électeur de Brandebourg resta neutre.

<small>Rodolphe II a voit été dépouillé par Mathias.</small>

Cependant ces troubles n'étoient pas les seuls : car la Hongrie, la Bohême et l'Autriche se soulevoient contre Rodolphe ; et son frère, l'archiduc Mathias, le même que nous avons vu passer dans les Pays-Bas, lui enlevoit ces provinces, et lui laissoit à peine de quoi subsister.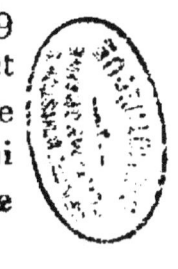

Rodolphe étant mort en 1612, les électeurs, après quelques mois d'interrègne, donnèrent encore l'empire à Mathias. Ce prince étoit monté sur les trônes de Hongrie et de Bohême, parce qu'il avoit paru protéger les Protestans contre son frère. Cessant de dissimuler aussitôt qu'il fut empereur, il recueillit bientôt les fruits de sa fausseté : car, lorsqu'il demanda des secours contre les Turcs ou contre le prince de Transilvanie, qui faisoit des irruptions fréquentes dans la Hongrie, les Protestans les lui firent refuser, et ne répondirent que par des plaintes sur les entreprises du conseil aulique, et sur la partialité de la chambre impériale, où les Catholiques étoient en plus grand nombre qu'eux. *Qui soulève les Protestans.*

Cependant, n'ayant point d'enfans, il songe à se nommer un successeur. Il choisit, à la recommandation de l'Espagne, Ferdinand, fils de Charles, duc de Stirie *La Bohême se révolte contre Mathias.*

et petit-fils de Ferdinand I, et il le fait successivement couronner roi de Bohême et roi de Hongrie. Mais les troubles commencent dans le premier de ces deux royaumes. Les protestans se soulèvent : le comte de la Tour est à leur tête : la Moravie, la Silésie et la haute-Autriche se joignent aux Bohémiens ; et l'union envoie à leur secours le comte de Mansfeld avec un corps de troupes. Cette révolte, qui éclata l'année 1618, fut le commencement d'une guerre à laquelle toute l'Europe prendra part, et qui durera trente ans.

Les duchés de Clèves et de Juliers avoient déjà armé l'union évangélique et la ligue catholique.

La guerre avoit déjà commencé dans un coin de l'Allemagne. L'électeur de Brandebourg et le duc de Neubourg étoient convenus de gouverner conjointement les duchés de Clèves et de Juliers : mais cet accord ne dura pas long-temps, et bientôt leurs hostilités engagèrent d'autres puissances dans leur querelle. Les Provinces-Unies, qui se joignirent à l'union évangélique, se déclarèrent pour l'électeur de Brandebourg ; voulant se saisir des places fortes des duchés de Clèves et de Juliers, afin d'élever de ce côté-là une barriere contre la maison d'Autriche. Mais le duc de Neubourg s'assura les secours de l'Espagne et de la ligue catholique, en rentrant dans la communion de l'église. Alors le marquis de Spinola d'un côté à la tête des troupes espagnoles, et de l'autre le prince d'Orange avec les forces de la république, se saisirent de plusieurs places. Les deux princes se virent donc dépouillés par les puissances, dont ils avoient imploré la protection.

Cependant les troubles de Bohême attiroient la principale attention : car, les Protestans ayant armé pour les rebelles, les Catholiques armèrent pour l'empereur. Mathias eût vraisemblablement dissipé cette révolte, s'il se fût hâté d'assembler toutes ses troupes : il se contenta d'exhorter, de menacer, et il donna le temps au comte de la Tour de se mettre en état de défense. Lorsque ses armées marchèrent sous les ordres du comte de Dompierre et du comte de Bucquoi, les ennemis étoient maîtres des principales places, et pouvoient tenir la campagne. La Tour fit même une irruption dans l'Autriche ; et portant ses armes jusqu'à neuf milles de Vienne, il y

Mathias meurt, et ne laisse presque que des titres à Ferdinand II.

répandit la terreur. Telle étoit la situation des choses en 1619, lorsque Mathias mourut.

Il sembloit que Ferdinand ne succédât qu'à des titres: car l'esprit de révolte s'étoit répandu dans tous les états héréditaires. La Bohême, la Silésie, la Moravie, la Lusace, la Hongrie et l'Autriche étoient à conquérir, du moins à peu de choses près. Dans cette position, Ferdinand brigua l'empire, et l'obtint malgré l'électeur Palatin qui n'osa pas s'y opposer ouvertement. Tout lui fut favorable. L'état de foiblesse où on le voyoit, le faisoit peu redouter: la cour de Rome et Philippe III intriguoient pour lui; et la France, incapable alors de connoître ses vrais intérêts, s'occupoit uniquement des querelles du duc de Luines avec Marie de Médicis, ou du raccommodement de cette reine avec Louis XIII.

Alors les électeurs s'étoient rendus les législateurs de l'empire.

Vous vous souvenez que les électeurs prescrivirent une capitulation à Charles-Quint, afin de mettre quelques bornes à la puissance qui menaçoit le corps germanique. Ils ont aussi soumis à la même capitulation les empereurs suivans, et même quelquefois ils y ont ajouté de nouveaux articles, afin de lier davantage le chef de l'empire. La capitulation de Maximilien II renferma quelques articles de plus que celle de Charles-Quint. On en inséra encore quelques-uns dans celle de Mathias: et on en ajouta un plus grand nombre à celle de Ferdinand II. Par-là, les électeurs étoient devenus les législateurs de l'empire; ils n'oublioient pas d'acquérir, lorsqu'ils le pouvoient, quelques nouvelles prérogatives. Dans la suite, toutes les puissances de l'Europe contribueront à former le droit public du corps germanique.

Vous voyez que Ferdinand II, déjà affoibli par la révolte des états héréditaires, l'est encore par les nouvelles lois qu'on lui a prescrites: mais, quand il aura soumis les rebelles, il ne se mettra plus en peine de sa capitulation.

CHAPITRE II.

État des principales puissances au commencement de la guerre.

<small>La puissance du luthéranisme et l'avénement de Charles-Quint, sont une époque où commence un nouvel ordre de choses.</small>

Si on veut remonter de cause en cause jusqu'au premier principe des guerres du dix-septième siècle, il faut, comme je viens de faire, reprendre les choses au commencement du seizième : car la naissance du luthéranisme et l'avénement de Charles-Quint à l'empire sont une époque où commence une nouvelle révolution. Les principaux événemens qui la précèdent, doivent être connus pour la faire connoître: d'ailleurs ils cessent d'avoir une influence sensible sur ceux qui la suivent. L'état où se trouve alors l'Europe, est un nouveau germe qui vient de se former après un long chaos, et qui va se développer pour produire un nouvel ordre de choses.

A cette époque, les différentes parties de l'Europe commencent à se combiner. Il semble qu'elles cherchent chacune à se mettre à leur place; et que, prenant peu-à-peu de plus justes proportions, elles tendent à former un seul tout. Mais elles ont éprouvé de terribles convulsions, elles en éprouveront encore; et après de violentes secousses, elles conserveront une inquiétude qui les agitera sans qu'elles sachent pourquoi, et qui ne leur permettra le repos que par intervalles.

Puisque la guerre, qui vient de s'allumer dans la Bohême, embrâsera toute l'Allemagne, vous prévoyez que l'incendie s'étendra encore plus loin. Il est donc nécessaire de connoître quel étoit au commencement du dix-septième siècle, l'état des puissances voisines de l'empire.

DES ROYAUMES DU NORD.

L'époque pour les royaumes de Suède et de Danemarck est la révolution arrivée en 1523, lorsque Gustave Wasa et Frédéric I dépouillèrent Christian II. Nous avons déjà vu qu'ils établirent le luthéranisme, afin de s'enrichir des biens du clergé, dont ils redoutoient la puissance.

<small>Gustave Wasa avoit toujours conservé l'alliance de Frédéric I er de Christian III.</small>

Gustave vécut jusqu'en 1560; et Christian III, ayant succédé en 1535 à Frédéric, son père, mourut en 1559. Dans tout cet intervalle, les rois de Suède et de Danemarck veillèrent à leur défense réciproque, parce qu'il étoit de leur intérêt de se soutenir contre Christian II, qui demandoit des secours à Charles-Quint son beau-frère, et contre la république de Lubeck qui prétendoit à l'empire du nord. D'ailleurs Gustave et Christian III, quoique tous deux braves et bons capitaines, préférèrent le bonheur des peuples à la gloire des armes.

<small>Éric XIV, son fils aîné, perdit la couronne.</small>

Gustave avoit été lui-même son ministre et son général. Éric XIV, son fils, ne fut qu'un furieux, qui, se livrant à des flatteurs, et se laissant gouverner par un scélérat, commit des cruautés, souleva les peuples, et fut détrôné par son frère Jean III.

<small>Jean III, qui avoit détrôné son frère, troubla la Suède;</small>

Jean fut un prince foible, soupçonneux et dissimulé. Il voulut rétablir la religion catholique, parce que c'étoit celle de sa femme, et, se flattant d'y parvenir en faisant adopter peu-à-peu de nouveaux articles, il fit dresser un formulaire qui ne contenta pas les Protestans, et que le pape Grégoire XIII désapprouva. Il employa la violence pour le faire recevoir : il causa des troubles dans son royaume : sa femme mourut : il épousa une protestante ; et paroissant alors changer de sentiment, il cessa de protéger les Catholiques. Mais il vouloit toujours qu'on reçût son formulaire.

En Danemarck, Frédéric II avoit succédé à son père, Christian III. Pendant son règne, les deux royaumes se firent la guerre : mais je n'entrerai à ce sujet dans aucun détail. Pour vous faire juger de quel côté furent les avantages, il suffit de vous dire que Frédéric avoit les qualités qui font les bons capitaines et les bons rois. Il mourut en 1588, laissant la couronne à Christian IV son fils, dont nous aurons occasion de parler. *Et eut la guerre avec Frédéric II, fils de Christian III et père de Christian IV.*

Jean III, roi de Suède, vivoit encore, et son fils, Sigismond, venoit d'être élu roi de Pologne. Les disputes de religion continuoient encore, parce que Jean les entretenoit. Ce prince mourut en 1592. *Sigismond son fils fut élu roi de Pologne.*

Mais les états de Suède donnèrent la couronne au duc Charles son frère.

Sigismond, déjà roi de Pologne, fut encore roi de Suède. Il en eut le titre au moins: mais le duc Charles, son oncle et frère de Jean, eut toute l'autorité, et quelques années après, il enleva jusqu'au titre. Les états lui donnèrent la couronne de Suède en 1604. Ils craignoient que Sigismond ne voulût rétablir la religion catholique, dans laquelle il avoit été élevé. D'ailleurs, avant que ce prince partît pour la Pologne, ils lui avoient prescrit une capitulation pour la sûreté de leur priviléges; et ils lui avoient déclaré que, s'il n'en remplissoit pas tous les articles, ils se tenoient déliés du serment de fidélité.

Et l'assurèrent à Gustave-Adolphe, fils de Charles.

Charles IX s'éleva sur le trône en dissimulant son ambition, en maniant les esprits avec adresse, et sur-tout, en ne précipitant point ses démarches. Il mourut en 1611, et laissa pour fils et pour successeur un héros, Gustave-Adolphe. Les états, en donnant la couronne à Charles, l'avoient assurée à son fils.

Les royaumes du nord étoient électifs.

Les royaumes de Suède et de Danemarck étoient électifs. De tous temps les états s'étoient conservé une grande partie de l'autorité souveraine, et ne laissoient au roi qu'un pouvoir limité. Ils le choisissoient d'ordinaire dans la famille qui occupoit le trône ; ils avoient même quelque égard au droit d'aînesse : mais ils se croyoient autorisés à lui faire rendre compte de sa conduite, et à le déposer lorsqu'il ne respectoit pas les priviléges de la nation. Cette forme de gouvernement entretenoit cet esprit de liberté ou de licence, que donne au peuple le pouvoir de choisir ses maîtres.

C'est du Danemarck que sont sortis les Cimbres et les Teutons. La Suède est l'ancienne Scandinavie, la patrie des Goths, qui, donnant leur nom à plusieurs autres peuples, se répandirent dans l'empire d'occident. La Norwège a principalement produit les peuplades qui, depuis le neuvième siècle, ont fait des irruptions si fréquentes, et se sont établies en France, en Angleterre, en Allemagne et en Italie. L'histoire de ces peuples n'offre qu'une longue suite de guerres. Sobres, robustes, accoutumés à la fatigue, ils sont naturellement soldats ; ils ne connoissent que la gloire des armes ; et le plus grand roi est pour eux le général qui les conduit à des conquêtes. *Peuplades qui en sont sorties.*

Tel étoit Gustave-Adolphe. Sous ce prince par conséquent, la Suède, déjà féconde en soldats, doit produire encore de grands capitaines.

Des Provinces-Unies.

<small>Les provinces Unies sont une association de plusieurs républiques indépendantes.</small> Ces provinces sont la Gueldre, la Hollande, la Zélande, Utrecht, la Frise, l'Over-Issel et Groningue.

Par l'union d'Utrecht, conclue en 1579, ces provinces forment moins une seule république, qu'une association de plusieurs républiques, qui conservent chacune sa souveraineté. Jalouses de leurs anciens usages, si elles se sont unies pour l'intérêt commun, elles ont voulu, dans tout le reste, être indépendantes les unes des autres. Chacune assemble ses états particuliers, fait ses lois, dispose de ses finances, est seul juge en matière de religion, et se gouverne. Elles ne peuvent se contraindre mutuellement sur aucune de ces choses.

Bien plus : il y a encore la même indépendance entre toutes les villes qui ont droit de députer aux états de leur province, et chacune se gouverne par les lois qu'elle se fait. Voilà par conséquent bien des républiques souveraines.

Ce gouvernement a sans doute des défauts. Mais les circonstances où les provinces se sont unies, ne leur ont pas permis de choisir un plan plus régulier. Si on eût entrepris de ne former qu'une seule souveraineté, chaque province et chaque ville auroient cru perdre dans la révolution ; et dès-lors, la jalousie et la méfiance les auroient mis hors d'état de se défendre contre l'Espagne.

Mais, parce que l'indépendance dont chaque ville est jalouse, seroit aussi par elle-même un obstacle à la réunion des forces et un principe continuel de divisions, il y a dans chaque province un conseil toujours subsistant, qui, veillant aux intérêts de toutes les villes, sert de lien à leur confédération. C'est ce conseil qui propose aux états-provinciaux les matières sur lesquelles il est à propos de délibérer.

Il y a dans chaque province un conseil toujours subsistant.

Les affaires générales, qui intéressent toutes les provinces, sont traitées et arrêtées dans les états-généraux, qui sont composés

Les états généraux sont composés des députés des sept provinces.

des députés des états particuliers. Ainsi les états-généraux ne sont pas souverains : ils ne sont que le corps des députés de sept souverains confédérés. Il en est de même des états-provinciaux. La souveraineté réside toujours dans les villes ; et leurs députés aux états ne sont que leurs ministres. Depuis la fin du seizième siècle, les états-généraux sont toujours assemblés à la Haye. Auparavant ils ne s'assembloient que par intervalles, et lorsqu'ils étoient convoqués par le conseil d'état, qui veilloit alors aux intérêts des sept provinces.

Chaque province y peut envoyer autant de députés qu'elle en veut entretenir ; et l'assemblée est ordinairement composée d'environ cinquante personnes : mais il n'y a jamais que sept voix ; parce que le nombre des suffrages est comme celui des provinces, et non pas comme celui des députés.

Les députés ne peuvent rien prendre sur eux, et l'unanimité est nécessaire en affaires majeures.

Les députés ne peuvent rien prendre sur eux : il faut que chacun se renferme dans les instructions qu'il a reçues. Ce qui borne encore l'autorité des états-généraux, c'est qu'ils ne peuvent ni faire la paix, ni déclarer la guerre ni contracter des alliances, ni lever des troupes, ni mettre des impositions, ni faire des lois, ni rien changer aux anciens réglemens sans le consentement unanime des sept provinces.

Si sur quelques-uns de ces articles, les députés n'ont pas d'instructions, les états-généraux ne peuvent rien décider qu'après avoir reçu les ordres des provinces. Il faut même encore, avant de pouvoir arrêter quelque chose, que les états particuliers soient assemblés dans chacune, et que l'unanimité des suffrages concoure à la même résolution. Enfin, dans ces assemblées particulières, comme dans l'assemblée générale, les députés ne peuvent opiner que conformément à leurs instructions; et s'il survient quelque difficulté qui n'ait pas été prévue, tout est suspendu, jusqu'à ce qu'ils aient pris les ordres de leur souverain. Il prennent les ordres des états-provinciaux, où l'unanimité est encore une condition essentielle.

Au reste, le consentement unanime n'est nécessaire que dans les affaires majeures dont je viens de parler. Les autres se décident à la pluralité des suffrages.

En temps de guerre, les états généraux et le conseil d'état, envoient des députés à Députés préposés à l'armée.

l'armée; et le général ne peut, sans leur consentement ni livrer une bataille, ni former un siége, ni faire aucune entreprise considérable.

Combien ce gouvernement ralentit les opérations de toutes ces républiques.

Il y a, sans compter les corps de la noblesse, cinquante-six villes, dont le consentement est nécessaire en affaires majeures. On délibère d'abord dans les états particuliers : le résultat des délibérations est ensuite communiqué aux villes et aux nobles : et ceux-ci, après avoir débattu séparément la question proposée, envoient leurs ordres aux états de la province, qui les font passer aux états-généraux. Ce n'est qu'après ce long circuit qu'on parvient à prendre une résolution. Vous voyez par-là combien toutes ces petites républiques craignent de perdre leur liberté ; et vous voyez aussi, qu'en voulant prendre trop de précautions pour la conserver, elles ne tendent qu'à s'embarrasser mutuellement. Il semble qu'elles aient cherché à se mettre des entraves. En effet cette forme de gouvernement ralentit toutes les opérations. Elle peut même arrêter tout-à-fait le mouvement : car, si une puissance ennemie s'assure d'un suffrage, elle mettra la république hors d'état d'agir.

L'union de ces provinces et de ces villes n'auroit pas subsisté long-temps, si elles n'avoient trouvé dans le stathoudérat un principe qui leur a donné de l'activité, et qui les a fait mouvoir de concert malgré elles.

Le stathoudérat a paré à cet inconvénient.

Le stathouder commande toutes les forces de terre et de mer. Il dispose de tous les emplois militaires. Il préside dans toutes les cours de justice. Les sentences y sont rendues en son nom. Il nomme les magistrats des villes sur la présentation qu'elles lui font d'un certain nombre de sujets. Il donne audience aux ministres étrangers. Il est chargé de l'exécution des décrets que portent les états-provinciaux. Enfin il est l'arbitre des différends qui surviennent entre les provinces, entre les villes et les autres membres de l'état; or un arbitre qui commande les armées, est proprement un juge sans appel.

Puissance du stathouder.

Cette puissance illimitée a été le salut des Provinces-Unies, parce qu'elle a été confiée successivement à Guillaume et à Maurice de Nassau. Il falloit les talens de

Cette puissance a sauvé la république, et peut lui être funeste.

ces deux grands hommes, et il falloit encore qu'ils fussent moins ambitieux que citoyens, ou que du moins, cachant leur ambition, les coups d'autorité même qu'ils se permettoient, ne laissassent pas soupçonner qu'ils pensoient à la souveraineté. Heureusement ils étoient trop éclairés pour songer à devenir les tyrans de leur patrie, et sur-tout pour y aspirer ouvertement. Ils ont vu qu'en formant un pareil projet, ils serviroient l'Espagne sans en tirer aucun avantage : car il est bien évident qu'ils n'auroient fait que mettre la division dans la république, qui, encore mal affermie, avoit bien de la peine à se défendre contre l'ennemi commun. L'usage le plus prudent qu'ils pouvoient faire de leur autorité, étoit donc de maintenir l'union, de ne faire qu'un corps de tous ces membres mal assortis, et de les faire agir de concert. C'est ainsi que dans ces premiers temps le stathouder, n'ayant d'autres intérêts que ceux des Provinces-Unies, en est devenu le lien et le principal ressort. Mais si les circonstances changent, la république se trouvera entre l'anarchie, qui peut naître des différentes vues d'une multitude de souverains, et le despotisme dont elle sera menacée, si le stathoudérat perpétuel tombe dans une famille ambitieuse.

Vous trouverez ailleurs de plus grands détails sur le gouvernement des Provinces-Unies : mais ce que je viens de dire vous le fait assez connoître pour l'objet que je me propose. Il nous reste seulement à voir ce qui s'y est passé depuis la trêve de 1609.

Ces peuples, qui s'étoient si fort soulevés contre l'inquisition, jouissoient à peine de la paix, que la religion suscita des disputes, et fit couler le sang. La controverse avoit pour objet la prédestination, la grâce et la liberté : grandes questions, agitées depuis long-temps, et sur lesquelles les sentimens paroissent se multiplier d'autant plus qu'on s'entend moins.

A peine les Provinces-Unies goûtent la paix qu'elles sont troublées par des disputes de religion.

Dieu a tout prévu, il a tout arrêté, il a destiné chaque chose à sa fin. Or on demande s'il prédestine à la vie éternelle, parce qu'il a prévu les actions méritoires; ou si, faisant abstraction de ce qu'il prévoit, il prédestine gratuitement, et par la seule raison qu'il le veut. Pour résoudre cette

On agitoit des questions sur des choses dont nous ne pouvons pas même parler.

question, il faudroit pouvoir nous faire une idée de la pensée de Dieu. Car si nous jugeons comment il pense, en considérant comment nous pensons nous-mêmes, nous serons des aveugles qui parlent des couleurs. Les théologiens veulent toujours faire raisonner Dieu, et cependant il est certain que Dieu ne raisonne pas, puisqu'il ne peut pas aller d'une idée à une autre. Parce qu'ils font des abstractions, ils veulent lui en faire faire, comme s'il étoit possible à Dieu de ne pas tout voir à-la-fois, et qu'abstraire ne fût pas en nous une imperfection. Les jugemens divins sont justes : voilà ce que nous savons : mais nous ne pouvons pas comprendre comment ils se forment. Pouvons-nous dire même qu'ils se forment? Pouvons-nous dire que Dieu juge, lui qui n'a pas besoin de comparer les choses pour les connoître? Voilà certainement des expressions bien impropres. Nous ne pouvons donc pas seulement parler de ces choses, et c'est précisément pourquoi nous en disputons davantage.

Une autre question aussi difficile que la prédestination, c'est de savoir comment la grâce agit, et comment elle se concilie avec la liberté. Or on pourroit encore demander aux théologiens de se faire des idées, ou de se taire s'ils n'en ont pas, et de s'en tenir au dogme. Mais il veulent disputer.

En 1608 Arminius, professeur dans l'université de Leyde, enseigna publiquement que la grâce est de telle nature que, non seulement nous pouvons résister, mais que même nous résistons souvent; et que Dieu ne nous a prédestinés ou réprouvés, que parce qu'il a prévu si nous serions dociles ou rebelles à sa grâce.

Arminius dit que nous pouvons résister à la grâce.

Comme cette doctrine étoit contraire à celle de Calvin, Gomar, autre professeur, la dénonça au synode de Roterdam, et soutint que Dieu a prédestiné les uns à la vie éternelle et les autres à la mort éternelle, sans avoir égard à leurs actions; et que la grâce, donnée aux élus, est si puissante qu'ils n'y peuvent pas résister.

Gomar le dénonce au synode de Roterdam.

Arminius, jugeant que les magistrats lui seroient plus favorables, présenta une requête aux états de Hollande, pour demander que le grand-conseil prît connoissance de cette dispute. La requête fut admise : le

Arminius prend pour juge le grand conseil.

grand conseil jugea que toutes ces questions étoient bien obscures, et les disputes continuèrent.

Les deux partis disputent en présence des états de Hollande.

Peu de temps après, en 1611, les états de Hollande ordonnèrent aux Arminiens et aux Gomaristes de comparoître devant eux; et après les avoir entendus disputer, sans y rien comprendre, ils les invitèrent à se tolérer mutuellement. Il ne falloit donc pas les faire disputer sur un aussi grand théâtre: que ne les laissoit-on dans leurs écoles.

Ils se calomnient.

Les deux partis s'échauffèrent, comme on auroit pu le prévoir : ils se calomnièrent, ils se reprochèrent des sentimens qu'ils n'avoient pas. Pour se justifier, les Arminiens firent des remontrances aux états de Hollande, et les Gomaristes des contre-remontrances. Mais tout ce que cela produisit, c'est qu'on donna aux uns le nom de remontrans et aux autres celui de contre-remontrans.

Les états de Hollande ordonnent la tolérance.

Plus les disputes s'allumoient, plus les états s'en occupoient; et elles s'allumoient encore davantage. Ils demandèrent aux théologiens comment il seroit possible de les faire finir. Les remontrans proposèrent la tolérance, parce qu'ils étoient les plus foibles; et les contre-remontrans un synode national, parce qu'ils savoient qu'ils y seroient les plus forts. Les états de Hollande ordonnèrent la tolérance: c'étoit se déclarer pour les Arminiens.

Alors une nouvelle dispute s'élève, et on demande : si c'est aux magistrats, ou aux ecclésiastiques, à se porter pour juges dans les controverses de religion. Cette question anime encore plus les deux partis. Les Arminiens ont pour eux les états; les Comaristes ont le peuple. Ils s'excommunient réciproquement : ils s'enlèvent les églises avec violence; et les séditions commencent avec le schisme. Pour ajouter encore au désordre, Dordrech, Amsterdam et quelques autres villes désapprouvoient les états de leur province, et favorisoient les contre-remontrans.

Les deux partis s'excommunient et les séditions commencent.

Les états de Hollande ayant, en 1617, ordonné aux magistrats de lever des troupes pour réprimer les séditieux, le comte Maurice regarda cette résolution comme une entreprise sur ses droits. Il condamna tout

Les états de Hollande sont pour les Arminiens ou Remontrans, et le stathouder Maurice est pour les Comaristes ou contre-remontrans.

ce que les états avoient fait jusqu'alors : il se déclara publiquement pour les Gomaristes : et il défendit aux soldats nouvellement levés d'obéir aux magistrats. Voilà donc une dispute de religion, qui produit deux factions dans la république. Il est à craindre que le stathouder, devenant chef de parti, ne fasse sentir aux provinces, qu'elles ne sont pas aussi souveraines qu'elles le pensent. Dans une affaire purement politique, il n'eût osé agir, ni parler en maître. Il est plus hardi, lorsqu'il s'élève une dispute sur la religion, parce qu'il sait bien que le fanatisme lui fera des partisans ; et que son ambition, qu'il voilera d'un faux zèle, passera pour amour de la vérité.

Maurice prince d'Orange, médite la perte de Barnevelt. Barnevelt étoit depuis près de quarante ans grand-pensionnaire de Hollande. Cette place lui donnoit beaucoup de crédit dans les états : il en étoit l'ame en quelque sorte, et il méritoit de l'être par ses lumières autant que par son amour pour la patrie. Si les princes de Nassau avoient servi la république par leurs armes, il ne l'avoit pas moins servie par ses conseils.

Le comte Maurice jura la perte de ce

grand homme qu'il regarda comme l'auteur des résolutions qui avoient été prises. Il lui devoit le Stathoudérat : mais son ame ingrate ne pardonnoit pas à Barnevelt d'avoir fait conclure la trève de 1609, et peut-être encore d'être un obstacle à son ambition.

Les états-généraux qui lui étoient dévoués, convoquèrent un synode national. En vain plusieurs provinces protestèrent contre cette convocation. Les états firent plus : ils ordonnèrent aux magistrats de casser les nouvelles milices. On n'eut aucun égard à ces ordres, parce qu'en effet, les états-généraux s'arrogeoient une autorité qu'ils n'avoient pas; et qui étoit contraire aux priviléges des états particuliers. Maurice, traitant cette désobéissance de rebellion, arma et marcha contre les villes. Il se montra par-tout en souverain, chassant les remontrans, cassant les soldats, emprisonnant les magistrats, les déposant ou les banissant.

Il arma.

Cette première démarche n'étoit qu'une essai de son pouvoir. Ne trouvant point de résistance, il fit arrêter Barnevelt et deux autres citoyens zélés, amis du grand-pen-

Il fait arrêter Barnevelt et deux autres pensionnaires.

sionnaire. C'étoient le savant Grotius pensionnaire de Roterdam, et Hoogerbetz pensionnaire de Leyde. Il s'étoit fait autoriser par un décret des états-généraux, ou plutôt de quelques personnes qui en avoient pris le nom. Aucun de ces magistrats vendus n'avoit même osé signer le placard qui fut affiché.

Il fait condamner les remontrans dans le synode de Dordrech.

Cependant le synode national s'ouvrit à Dordrech au mois de novembre 1618. Les remontrans récusèrent un tribunal où leurs parties étoient leurs juges ; et on remarque qu'ils se servirent précisément des mêmes raisons, dont les Protestans s'étoient servis contre le concile de Trente : c'est qu'en effet il n'en avoient pas d'autres. Il furent condamnés. On déposa leurs ministres : on confisqua les biens de plusieurs ; on en mit en prison ; on en bannit.

Barnevelt a la tête tranchée.

Le prince d'Orange, c'est ainsi qu'on nommoit alors le comte Maurice, voulut enfin assouvir sa vengeance sur les trois pensionnaires. Leur emprisonnement étoit un attentat contre la souveraineté des états de Hollande. Cette province les réclama : elle représenta que, s'ils étoient coupables, elle pouvoit seule les juger : et elle protesta contre tout ce qui pourroit être fait. Les états-généraux, sans être arrêtés par ses oppositions, nommèrent vingt-six commissaires pour faire les procès aux criminels prétendus. Barnevelt, âgé de quatre-vingt-dix ans, eut la tête tranchée à la Haye, en 1619. Ce fut la récompense des services qu'il avoit rendus à la république et au prince d'Orange même. Le cruel duc d'Albe n'avoit rien fait de plus odieux, ni de plus inique. Grotius et Hoogerbetz furent condamnés à une prison perpétuelle : environ dix-huit mois après, le premier s'échappa de sa prison par l'adresse de sa femme, et se retira en France.

La trève de 1609 étant expirée en 1621, la guerre qui recommença dans les Pays-Bas, fit cesser les disputes de religion. Le prince d'Orange eut à se défendre contre un grand capitaine, Spinola, général des troupes d'Espagne : ce n'étoit pas une conjoncture favorable pour usurper sur la souveraineté des provinces.

C'est sur le commerce qu'est principalement fondée la puissance des Provinces- Les villes de Flandre avoient été florissantes *par le commerce.*Unies. Lorsque les républiques d'Italie faisoient celui du midi, les villes anséatiques, situées sur la mer baltique, ou sur les rivières qui s'y rendent, faisoient seules celui du nord. Les villes de Flandres s'enrichissoient alors par leurs manufactures. Au commencement du quinzième siècle, l'art de saler le hareng pour le conserver, ayant été découvert, elles s'adonnèrent à cette pêche, et la navigation, qu'elles cultivèrent, les rendit tous les jours plus commerçantes.

Les Pays-Bas furent très-florissans sous les ducs de Bourgogne. Ils le furent encore davantage pendant la plus grande partie du règne de Charles-Quint, parce qu'ils devinrent l'asyle de ceux que cet empereur persécutoit en Allemagne, Henri II en France, et Marie en Angleterre. Anvers étoit alors un des grands magasins de l'Europe.

Les Provinces-Unies étoient devenues l'asyle de ceux qui fuyoient la persécution. Le despotisme, qui fit perdre sept provinces à Philippe II, ruina les dix qu'ils avoit conservées. Les artisans et les commerçans, qui portent les richesses par-tout où ils trouvent la liberté, se réfugièrent dans des marais, qui jusqu'alors n'avoient été habités que par de misérables pêcheurs. Les guerres civiles de France, et les troubles qui recommencèrent après la mort de Henri IV, contribuèrent encore à peupler davantage cette république naissante ; et vous verrez que le dix-septième siècle ne sera pas moins favorable à sa population : car elle fera seule le commerce, pendant que l'Angleterre, la France et l'Allemagne seront le théâtre d'une longue guerre.

Dès les commencemens, les habitans se trouvèrent en trop grand nombre pour un pays peu étendu, et naturellement peu fertile. Le sol ne suffisoit pas à leur subsistance, et cependant il falloit fournir aux frais d'une guerre dispendieuse. L'industrie, leur unique ressource, suppléa à tout. Leur commerce, qui s'étoit établi pendant la guerre même, s'accrut pendant la paix. En 1621 il s'étendoit dans le nord, dans la mer Méditerranée, dans les Indes orientales, en un mot, dans tout le vieux monde, excepté la Chine. Les Hollandais commençoient même à commercer en Amérique. Alors ils étoient puissans, parce qu'ils étoient sobres, libres et industrieux. Cependant vous ju-

L'industrie les avoit rendues puissantes.

gerez qu'ils ne pouvoient pas être encore bien riches, si vous considérez les dépenses immenses qu'ils ont dû faire pour affermir la république : mais la sobriété et l'industrie sont un Pérou qui les enrichira nécessairement.

DE LA FRANCE.

<small>Sous quel point de vue il faut considérer la France.</small> Lorsque les entreprises excèdent les forces, on fait de vains efforts; ou si on réussit, on s'épuise avec des succès. Or les forces d'un état ne consistent pas seulement dans l'étendue des terres et dans le nombre des habitans; mais bien plus dans la culture des terres et dans l'industrie des habitans. La puissance ou la foiblesse est donc principalement dans le gouvernement, suivant que dirigeant bien ou mal toutes les forces, il les augmente ou les diminue.

Un prince n'est pas puissant, parce qu'il peut mettre tous les jours de nouvelles impositions, car cette méthode aura nécessairement un terme dans la pauvreté des peuples. Afin d'augmenter les revenus du souverain, il faut donc commencer par augmenter ceux des sujets ; c'est-à-dire, qu'il faut faire fleurir l'agriculture, les arts et le commerce. C'est sous ce point de vue qu'il nous reste à considérer la France depuis la mort de Henri IV. Pour juger de ce qu'elle peut entreprendre au-dehors, il faut savoir quelles étoient ses forces au-dedans.

Or, depuis 1610 jusqu'en 1629, l'agriculture, les arts et le commerce ont dépéri, bien loin de faire des progrès. Néanmoins, sans acquérir de nouvelles forces, le royaume est devenu plus puissant au-dehors, lorsque les factions des grands et des Huguenots ont cessé de le diviser. Mais il seroit difficile de se faire une idée de l'épuisement où il avoit été réduit par les dissipations de Marie de Médicis, et par la mauvaise administration des finances.

Les dissipations de Marie de Médicis, et le désordre des finances avoient ruiné le royaume.

Toutes les pensions avoient été triplées, et cette générosité ne se borna pas aux princes et aux grands de la cour, elle se répandit encore dans les provinces sur les gentils-hommes les plus qualifiés. Cette augmentation de dépense fut pour l'état une nouvelle charge de quatre millions : somme considérable, puisque les revenus du roi ne passoient pas vingt-six, desquels encore il en falloit retrancher six d'anciennes charges. Il ne lui en restoit donc plus que seize ; et cependant vingt suffisoient à peine à la dépense courante.

On avoit cru s'assurer de l'obéissance par des bienfaits, et dans sept ans il y eut trois guerres civiles. Alors les dépenses de l'état montèrent tout-à coup de vingt millions à cinquante. On ne sait pas ce que ces troubles coûtèrent aux peuples : mais on sait que les rebelles levèrent des tailles et des subsides pour faire subsister leurs armées ; qu'ils obtinrent à différentes reprises près de dix-sept millions de gratifications extraordinaires, que Concini en retira onze ou douze du trésor public, pour lui ou pour sa femme, et qu'il créa plusieurs offices à son profit. Ajoutons à cela le dégât que les troupes faisoient dans les campagnes.

A la mort de Concini, c'est-à-dire, en 1617, l'augmentation des impôts avoit porté les revenus à trente un millions : mais en même temps on avoit augmenté de plus de trois les charges qui étoient déjà de dix au commencement du régne de Louis XIII. Le roi n'avoit donc que dix-huit millions de rente et dépensoit au-delà.

Un ministre aussi avide que Concini, n'étoit pas capable d'arrêter l'avidité des autres. Si les directeurs des finances ne pillèrent pas, ils n'eurent pas le courage d'empêcher de piller. Tous les trafics en usage avant Sulli recommencèrent; et la Galigaï vendoit sa protection à qui en avoit besoin. Quelques gens d'affaires étant poursuivis pour leurs malversations, elle s'engagea par contrat public à les faire déclarer innocens, moyennant trois cent mille livres.

Les finances restèrent dans ce désordre jusqu'en 1626, qu'elles furent confiées au marquis d'Effiat. Ce surintendant joignoit les lumières à l'intégrité : mais les malheurs des temps ne lui permirent pas de faire tout le bien dont il étoit capable. Il comparoit les trésoriers à la sèche, qui trouble l'eau pour tromper les yeux des pêcheurs ; et il leur reprochoit d'avoir tout brouillé, au point qu'il n'étoit plus possible de se faire une idée de la dépense, ni même de la recette.

Les nouveaux offices, qu'on véroit à l'exemple de François I, y avoient contribué.

Depuis que François Ier, imagina de créer de nouveaux offices, cette méthode a paru si commode qu'elle a été la grande ressource des surintendans. Il n'y en a pas de plus ruineuse.

On n'achète pas des offices pour le seul honneur de les posséder : on en veut retirer à-peu-près l'intérêt de son argent. Le roi est donc obligé, pour se procurer un secours passager, d'aliéner à perpétuité une partie de ses revenus. Il faut qu'il assigne les gages des officiers sur les tailles, sur les gabelles ou sur d'autres impôts.

Il vend des offices, parce que les revenus ne suffisent pas à la dépense : l'année d'après ils suffiroient encore moins, s'il ne remplaçoit pas les fonds aliénés, en augmentant les impositions. Le peuple en payera donc une taille plus forte.

Mais ces officiers sont exemptés de la taille. Ce qu'ils ne paient plus, il faut donc que le peuple le paie. Accroissement d'impôts.

Ce n'est pas tout : il est nécessaire d'attribuer des fonctions à ces offices. Or ces fonctions ont des droits que le peuple paie encore. En les multipliant, on met donc charges sur charges, et cependant le roi n'en retire pas tout le secours momentané qu'il en attendoit. Supposons qu'il en crée pour trente millions, il ne peut pas les vendre lui-même en détail : il les vendra donc à une compagnie de financiers, qui lui en donnera vingt-cinq, ou moins encore. Je pourrois ajouter à ces réflexions que les officiers qui sont utiles, ont été trop multipliés; et que ceux qui sont inutiles, ont encore l'inconvénient de mettre des entraves à l'industrie : mais ces détails nous meneroient trop loin. Il suffit de remarquer qu'en créant continuellement de nouveaux offices, on aliène continuellement les revenus de l'état, et qu'il doit arriver un temps, où on ne pourra pas remplacer les aliénations, parce que le peuple ne pourra pas porter une augmentation d'impôts.

Sous Louis XIII cependant, ces créations d'offices étoient l'unique ressource des surintendans. Les effets de cette mauvaise administration ne tardèrent pas à se faire sentir : on le voit par le compte que le marquis d'Effiat rendit de l'état des finances à l'assemblée des notables en 1626. Le roi ne retiroit plus rien de ses domaines : de dix-neuf millions de tailles qu'on levoit sur les peuples, il n'en venoit que six au trésor de l'épargne : tout le reste se trouvoit aliéné. La ferme générale des gabelles étoit de sept millions quatre cent mille livres, en rabattant les frais des fermiers qui revenoient à deux millions; et de ces sept millions quatre cent mille livres, il y en avoit six millions trois cent mille livres d'aliénés, de sorte qu'il ne restoit au roi que onze cent mille livres qu'on venoit d'engager encore. La perte étoit à-peu-près la même sur tous les autres revenus de l'état.

Abus dans la recette et dans la dépense.

Ce qui contribuoit encore à la ruine du royaume, c'est la multitude de personnes qu'on employoit pour la recette et pour la dépense. Les tailles passoient par les mains de vingt-deux mille collecteurs, qui les portoient à cent soixante receveurs particuliers, d'où elles passoient à vingt-un receveurs généraux pour les voiturer à l'épargne.

L'argent étoit-il tiré de l'épargne pour être employé à sa destination? Il n'y arrivoit pas, ou du moins des millions se réduisoient à peu de chose; parce que les trésoriers et les autres officiers, par les mains de qui on les faisoit passer, prélevoient des gages, des taxations, des droits, des ports et des voitures. Les revenus des rois sont grands comme le Rhin, et se perdent de même.

Quand le marquis d'Effiat fut chargé des finances au commencement de Juin 1626, il voulut savoir quelle étoit la recette sur laquelle il pouvoit compter pendant le reste de l'année, et quelles étoient les dépenses auxquelles il seroit obligé de faire face. Je trouvai, dit-il, toute la recette faite, et toute la dépense à faire : c'est qu'on avoit dissipé d'avance tout les revenus de 1626, et même une partie de ceux de 1627. Cependant le roi devoit vingt-deux millions de paie aux troupes, trois millions de gratifications, et plus de deux millions de pensions et d'appointemens. Il s'en falloit donc de vingt-sept à vingt-huit millions, qu'il eût quelque chose, et il falloit fournir au

Les revenus se trouvoient dissipés d'avance.

courant sans rien recevoir de dix à douze mois.

Cependant la guerre de la Valteline et le siége de la Rochelle, coûtaient encore plusieurs millions.

La guerre de la Valteline continuoit, et celle des huguenots, qui recommença en 1627, fut un nouveau surcroît de dépenses. Le siége de la Rochelle coûta seul quarante millions. Les armées néanmoins ne manquèrent jamais de rien. Le bon ordre du surintendant fut la ressource de l'état. Il gagna la confiance, et il rétablit si bien le crédit, que les financiers lui prêtèrent à dix pour cent, quoique jusqu'alors ils eussent toujours retiré vingt ou vingt-cinq pour cent de leurs avances. Mais ce ministre, qui mourut en 1632, ne put pas corriger les abus: c'étoit assez, dans les conjonctures où il se trouvoit, d'en suspendre les progrès.

Augmentation des impositions, des charges et de la recette dans l'espace de 30 ans.

Enfin pour anticiper sur l'avenir comme les surintendans, je mettrai ici l'état des revenus de l'année 1639 ; celui des charges et celui de la recette au trésor de l'épargne.
Revenus .... 80,210,185.
Charges .... 46,819,665.
Parties de l'épargne ..... 33,390,520.

En comparant cet état à celui de 1609,

on trouve que, dans l'espace de trente ans, les impositions ont été augmentées de cinquante-quatre millions, les charges de quarante et la recette seulement de treize. Les abus s'étoient accrus depuis la mort du marquis d'Effiat, et le royaume s'épuisoit tous les jours davantage. Mais les temps n'étoient pas favorables à une réforme.

DE L'ESPAGNE.

JE veux qu'un jour, disoit Henri IV, mes paysans puissent mettre la poule au pot tous les dimanches. C'étoit-là un des desirs de ce père du peuple; et je ne doute pas qu'avec le temps, ce desir n'eût été un desein exécuté.

Quelles sont les vraies circonstances d'un état.

Représentez-vous donc, Monseigneur, un royaume peuplé de laboureurs aisés : il se peuplera tous les jours davantage. Car plus le paysan peut nourrir d'enfans, moins il craint d'en avoir : au contraire plus il en a, plus il se trouve riche, parce qu'ils font valoir son champ. D'ailleurs sa famille ne souffrant pas de la misère, en sera plus saine et plus féconde. La poule au pot tous les dimanches doit donc augmenter la population.

Une grande population fera fleurir l'agriculture. Toutes les campagnes seront cultivées, et le seront bien, parce qu'elles seront habitées par des paysans à leur aise.

A mesure que les terres seront mieux cultivées, les denrées seront plus abondantes. Le royaume, déjà riche par lui-même, s'enrichira encore par l'échange de son superflu, et le commerce croîtra tous les jours.

Lorsque le travail fait l'aisance d'un peuple nombreux, tout le monde travaille à l'envi; l'industrie naît de l'émulation, tous les arts fleurissent.

Voilà donc, dans le royaume, une grande population, une grande culture, un grand commerce, une grande industrie. Ce sont là les vraies richesses d'un état.

Vous demanderez peut-être, quels seront les revenus du souverain : immenses, Monseigneur, sans fouler le peuple. Plus les sujets seront riches, plus ils pourront donner. Il suffira seulement de mettre les impôts, de manière qu'ils ne nuisent ni à l'agriculture ni à la consommation. C'est l'unique règle à suivre : si on ne s'en écarte pas, les impôts ne seront point onéreux.

Dans un royaume qui seroit aussi florissant, une grande quantité d'argent ne seroit pas un avantage, mais bien plutôt un embarras. En effet, à quoi sert l'argent ? A rendre les échanges plus faciles. Or il ne les rend plus faciles, qu'autant qu'il circule plus facilement. Lycurgue ne donna qu'une monnoie de fer aux Spartiates, parce qu'il vouloit qu'ils fussent pauvres, et nous qui voulons être riches, nous voudrions que l'argent fût commun comme le fer. Si cependant nous en avions cent fois moins, nous ne porterions qu'un écu où nous sommes obligés d'en porter aujourd'hui cent. Moins d'argent rendroit donc le commerce plus facile, et nous enrichiroit par conséquent ; comme plus d'argent détruiroit tout le commerce, et nous rendroit aussi pauvres que les Spartiates. L'Espagne a été gouvernée sur d'autres principes : voyons le fruit qu'elle en a retiré.

Lorsque les Espagnols se sont vus en

de l'Amérique n'enrichissent l'Espagne que pour un moment. possession des trésors du nouveau monde, ils ont eu la simplicité de se croire devenus riches : mais il ne le furent qu'un moment.

Les denrées se balancent naturellement avec la quantité de l'argent, et se mettent à-peu-près au niveau : en sorte que s'il est rare, avec peu l'on achète beaucoup; et s'il est commun, avec beaucoup on achète peu. Or il étoit rare par-tout, lorsque les Espagnols se trouvèrent tout-à-coup des millions. Ils parurent donc d'abord assez riches, pour acheter, en quelque sorte, l'Europe entière. Mais, à mesure qu'ils versoient l'argent au dehors, ils faisoient hausser par-tout le prix des denrées; et il falloit qu'elles devinssent enfin aussi chères pour eux que pour les autres peuples. Cette révolution fut hâtée par les entreprises de Charles-Quint et de Philippe son fils; car elles leur firent certainement répandre plus de deux mille millions (1). Aussi le prix des denrées paroît-il

---

(1) Philippe II dit, dans son testament, que ses desseins lui ont coûté plus de six cents millions de ducats en dépenses extraordinaires. Ce testament est

avoir quadruplé dans l'espace environ d'un siècle.

Les trésors du nouveau monde, transportés en Espagne, accrurent le luxe. Ils firent encore un plus grand mal, ils ruinèrent l'industrie. La raison en est simple. Puisque l'argent y étoit plus commun qu'ailleurs, tout y étoit à plus haut prix. On achetoit donc par préférence de l'étranger. Les artisans, par conséquent, ne pouvoient plus vivre de leurs métiers; ils sortoient du royaume, et les manufactures tomboient. *Ils y passent pour ruiner l'industrie.*

L'or et l'argent ne faisoient donc que passer en Espagne. En effet, on a remarqué qu'il y étoit entré plus de quatre mille millions depuis la découverte de l'Amérique en 1492 jusqu'en 1595; et cependant il n'y restoit pas deux cent millions, en y com- *Ils n'y restent pas.*

---

dans les mémoires de Sulli. Je ne sais cependant si c'est une pièce bien authentique. Mais je ne crois pas hasarder, en disant que Charles-Quint et Philippe II ont dépensé deux mille millions, somme qui est bien au-dessous de six cent millions de ducats. Il faut remarquer que Charles-Quint est parvenu à l'empire en 1519, et que Philippe II n'est mort qu'en 1598.

prenant la vaisselle, et tout ce qui étoit fait avec de l'or ou avec de l'argent.

A la fin du seizième siècle, le royaume d'Espagne étoit donc un des moins riches. Il est vrai qu'il y arrivoit toujours de nouveaux trésors : mais ils continuoient aussi toujours à en sortir; parce que l'argent va nécessairement où sont les vraies richesses, c'est-à-dire, les choses qui se consomment et se reproduisent pour se consommer encore. Il devoit même sortir d'une année à l'autre en plus grande abondance : car, à mesure que les Espagnols le rendoient plus commun, ils faisoient eux-mêmes renchérir les denrées. En effet, quoique depuis 1595, il soit arrivé en Espagne chaque année l'une dans l'autre, au moins douze à quinze millions, il n'y en restoit pas cent en 1724, et encore, pour les trouver, falloit-il compter toutes les richesses des églises (1).

État de l'Espagne au commencement du dix-septième siècle.

Voici donc l'état de l'Espagne au commencement du dix-septième siècle. Les peuples étoient pauvres, parce qu'il n'y avoit

---

(1) Théorie et pratique du commerce et de la marine de D. Geronymo de Ustariz. C. 3.

plus ni commerce ni manufacture, et que l'agriculture dépérissoit. Cependant on continuoit de mettre les mêmes impôts, parce qu'on les avoit toujours mis: le recouvrement se faisoit avec d'autant plus de violence, qu'il étoit plus difficile de faire payer; et la misère croissoit tous les jours. On voyoit dans les campagnes quantité de paysans qui, sans vêtemens, sans lits, exposés à toutes les injures de l'air, n'avoient, pour toute nourriture, que de l'eau et de mauvais pain.

Ceux qui avoient encore quelque industrie, et qui pouvoient gagner quelque chose, portoient seuls tout le poids des impositions, et se dégoûtoient insensiblement d'un travail dont on leur enlevoit tous les profits. La mendicité devenoit un état. On trouvoit doux de vivre aux dépens du public, et de n'avoir rien à faire, ni rien à payer. Enfin, les moines invitoient à la fainéantise, en distribuant de la soupe à tous les gueux. La misère dépeuploit insensiblement les campagnes : car les familles pauvres s'éteignoient, et d'autres s'appauvrissoient pour s'éteindre encore.

Pendant que le gouvernement permettoit à peine de vivre, l'inquisition ôtoit le pouvoir de penser. Ceux qui avoient encore une ame sortoient du royaume pour échapper à cette double tyrannie. Les inquisiteurs soulevoient ceux qui étoient restés, et le roi les chassoit de ses états. En 1610, Philippe III bannit plus de neuf cent mille Morisques, et on employa les moyens les plus violens pour exécuter ses ordres.

Tout contribuoit donc à dépeupler l'Espagne : cependant les impôts qu'on s'obstinoit à vouloir toujours lever sur le même pied, augmentoient encore la misère et la dépopulation.

Si on vouloit sortir dans l'espérance de vivre et de penser ailleurs, des ordonnances le défendoient ; mais elles ne donnoient pas de pain. Les Espagnols s'échappoient donc. Ils alloient sur-tout en Amérique, où ils croyoient trouver de l'or, et la plupart trouvoient leur tombeau dans un pays, où le climat n'étoit pas fait pour eux, et où leurs pères avoient égorgé tous les habitans.

C'est ainsi que les Indes occidentales, sans enrichir l'Europe, ont appauvri l'Espagne; parce qu'elles ont ruiné l'agriculture, les manufactures et le commerce, et qu'elles ont encore contribué à la dépopulation, par les nombreuses colonies qui s'y sont transportées.

Des nations entières chassées par Ferdinand le Catholique et par Philippe III, des colonies fréquentes envoyées en Amérique, et des millions d'hommes que Philippe II a fait périr pour donner la liberté aux Provinces-Unies, sont de grandes pertes qu'un bon gouvernement auroit pu réparer, parce qu'après quelques générations, un pays se repeuple quand il est bien gouverné : mais le mal étoit sans remède. En effet, lorsque les peuples ont une fois perdu toute émulation et toute industrie, ils se font une habitude de leur ignorance et de leur misère; alors rien ne les encourage : les pertes qu'a faites l'état ne se réparent plus; au contraire, tout s'oppose aux progrès de la population; et il semble que le pays se repeupleroit plus facilement, s'il étoit réduit à un seul homme et à une seule femme. Les choses en étoient donc au point que la multitude des familles paroissoit un obstacle à la population.

Combien il est difficile à cette monarchie de se relever.

Vous voyez que Philippe II et Philippe III pensoient bien différemment de Henri IV : ils sembloient ne pas vouloir que leurs paysans eussent du pain. Vous conclurez sans doute que, malgré les trésors de l'Amérique, ces deux rois devoient être bien pauvres. Vous aurez raison. Je veux cependant vous en donner une preuve, qui levera tous les doutes, et qui vous fera voir que jusqu'ici je n'ai rien exagéré. Ce sont les états-généraux d'Espagne, tenus en 1719. Les cahiers en furent imprimés. On y voit que tous les revenus de la couronne étoient aliénés, que le labourage étoit déserté, que l'industrie étoit anéantie, que la maison du roi ne subsistoit qu'au moyen de six millions quatre cent milles livres qu'on levoit sur le clergé, et qu'il ne restoit pas la plus petite somme pour les dépenses du gouvernement.

DE L'ALLEMAGNE.

<small>Les lois de l'empire étoient sans force.</small> Jusqu'au seizième siècle, l'empire d'Allemagne se ressent des vices du gouvernement féodal. La bulle d'or et d'autres réglemens ne sont que des monumens qui prou-

vent combien il étoit difficile de remédier aux désordres. Que pouvoient les lois contre des princes toujours armés, lorsqu'elles n'étoient pas protégées par une puissance capable de les faire respecter ?

Mille intérêts divisoient l'Allemagne, et la remuoient confusément ; lorsque, à la naissance du luthéranisme, deux religions ennemies parurent faire oublier tout autre intérêt. Alors deux partis se forment : ils ont l'un et l'autre un but mieux déterminé; et ils commencent à concerter leurs desseins.

Deux religions ennemies agitoient au corps germanique qui vera mieux déterminées.

Charles-Quint étoit assez puissant pour faire régner les lois, s'il eût voulu régner par elles. Mais il se flatte de dominer en ruinant les deux partis : en effet, il est un moment le despote de l'empire.

Charles-Quint avoit de la haine réciproque.

Les deux religions n'en deviennent que plus ennemies. Les Catholiques, qui sont en plus grand nombre dans la chambre impériale, saisissent toutes les occasions d'humilier les Protestans, qui, de leur côté forment des ligues, et sont toujours au moment de prendre les armes.

Mais les Protestans se divisent eux-mêmes. Fidelles à la confession d'Ausbourg, leur haine est égale contre les Calvinistes et contre les Catholiques. Cependant l'électeur Palatin, pour se faire un parti en France, avoit embrassé le Calvinisme. Ainsi, l'union évangélique étoit formée de deux sectes ennemies. La mésintelligence affoiblira donc ses forces.

L'union évangélique étoit formée de deux sectes ennemies.

Jean-George, électeur de Saxe, joignoit à peu de talens une ame mercenaire. L'intérêt momentané, qui le régloit, le rendoit incertain dans ses démarches. Il en faisoit trop ou pas assez. Moins fait pour fortifier le parti qu'il embrassoit, que pour affoiblir le parti contraire, il n'étoit propre qu'à faire durer les troubles. Tel étoit l'état de l'Allemagne, lorque Ferdinand II parvint à l'empire.

L'électeur de Saxe étoit peu fait pour fortifier le parti auquel il s'attachoit.

Vous connoissez suffisamment les vices généraux du corps germanique. Quant à ceux qui sont particuliers aux différentes parties, ils demanderoient des recherches que je n'ai pas faites; et je n'imagine pas que nous y trouvassions des choses bien nécessaires à savoir, pour rendre raison des guerres et des négociations. Il faut seulement

Les peuples de l'empire étoient aussi foulés que les autres.

remarquer que les princes d'Allemagne étant moins puissans que les rois de France ou d'Espagne, les abus du gouvernement étoient aussi moins grands chez eux. En général, le souverain d'un grand état se permet d'autant plus qu'il peut davantage : il n'imagine pas que ses ressources puissent jamais s'épuiser ; et il est tenté d'abuser de son autorité, parce qu'il trouve peu de résistance dans un peuple accoutumé à une plus grande dépendance. Au contraire, le souverain d'un petit état est obligé de se conduire avec plus de prudence ou plus de timidité. S'il veut se livrer à toutes ses fantaisies, il s'apperçoit bientôt que les ressources vont lui manquer ; et il sent le besoin de ménager des sujets qui peuvent se soulever plus facilement, et auxquels un voisin pourroit donner des secours.

Le corps germanique a une lenteur et une pesanteur, qui se communiquent naturellement à toutes ses parties. Les peuples s'en sont fait une habitude, que le climat entretient ; et le physique y contribue, comme le moral. Forts et robustes, ils sont bons soldats et bons laboureurs : *Mais ils étoient pauvres, parce qu'ils avoient peu d'industrie.*

mais ils sont peu propres aux arts, qui ne fleurissent guère que dans les grandes capitales. Le gouvernement ne permet pas à l'industrie de prendre un grand essor, et le commerce se fait difficilement dans un pays où il faut à tout moment passer d'une domination dans une autre. L'or et l'argent sont donc rares en Allemagne. Vous voyez que l'Europe étoit bien pauvre dans un temps où toutes les puissances alloient prendre les armes, et où l'argent étoit le nerf de la guerre. Les calamités en seront plus grandes et plus longues.

OBJETS

Des principales puissances de l'Europe.

Ambition de la m⸺ d ou d'Au- triche. PHILIPPE II prit peu de part aux affaires de l'Allemagne. Occupé à troubler le reste de l'Europe, il abandonna son oncle Ferdinand, à qui vraisemblablement il ne pardonnoit pas de n'avoir pas voulu lui céder l'empire. D'ailleurs il ne pouvoit guère faire entrer dans ses vues la modération de Ferdinand, celle de Maximilien II, et l'incapacité de Rodolphe II : mais lorsque Ferdinand II parvint à l'empire, les deux branches de la maison d'Autriche s'étoient déjà unies, et elles fondoient sur leur union le succès des projets qu'elles méditoient. Cet empereur vouloit, comme Charles-Quint, élever une monarchie, en ruinant les Protestans et les Catholiques, les uns par les autres ; et le conseil de Madrid concouroit à ses vues, dans l'espérance de recouvrer les Pays-Bas, et de faire encore d'autres conquêtes.

Les Provinces-Unies vouloient acquérir de nouvelles places, afin de couvrir leurs frontières. La France ambitionnoit d'étendre sa domination jusqu'au Rhin, jusqu'aux Pyrénées et dans les Pays-Bas. Le roi de Danemarck, celui de Suède et tous les princes d'Allemagne eurent chacun différens desseins, suivant les conjonctures. Mais le projet général de toute l'Europe fut enfin de diminuer la puissance de la maison d'Autriche, et d'assurer la liberté et les priviléges du corps germanique.

L'Europe veut l'humilier.

CHAPITRE III.

De la guerre de l'empire jusqu'à l'année 1635.

<small>1616. Frédéric V, électeur palatin accepte la couronne de Bohême.</small> Les états de Bohême offrirent la couronne à Frédéric V, électeur Palatin. Comme il étoit chef de l'union évangélique, gendre du roi d'Angleterre et neveu du comte Maurice, ils crurent trouver en lui un prince assez puissant pour les défendre contre l'empereur. Il auroit pu lui-même juger mieux de ses forces, et compter moins sur des titres, qui trompoient un peuple ignorant. Il parut d'abord hésiter : bientôt l'ambition le rassura, et il accepta malgré les remontrances du roi d'Angleterre, du prince d'Orange et de tous les électeurs. Ces remontrances néanmoins ne paroissoient pas promettre de grands secours.

<small>Le prince</small> Alors Betlem Gabor, prince de Tran-

silvanie, allié des états de Bohême, venoit de faire une irruption dans les états héréditaires. Il étoit maître de la haute Hongrie, il menaçoit la basse et l'Autriche même.

de Transilvanie faisoit une diversion en sa faveur.

Ces premiers mouvemens, qui ébranloient toute l'Allemagne, commençoient à donner une impulsion aux princes de l'union et à ceux de la ligue. Cependant Ferdinand faisoit ses préparatifs. Sigismond, roi de Pologne, l'électeur de Saxe, et Maximilien duc de Bavière, armoient pour lui. Le pape lui avoit accordé de grandes sommes sur le clergé : l'Espagne lui promettoit onze mille hommes pour la guerre d'Autriche et de Bohême, et s'engageoit à faire une diversion dans le Palatinat. Quoique son parti fût déjà beaucoup plus fort, il demanda encore des secours à la France.

Ferdinand II avoit pour lui le roi de Pologne, l'électeur de Saxe et le duc de Bavière.

Le duc de Luines, qui gouvernoit alors Louis XIII, envoya des ambassadeurs en Allemagne, pour ménager un accommodement entre les deux partis. Ils se rendirent à Ulm, où les princes protestans étoient assemblés, et où le duc de Bavière envoya ses députés. Cette ambassade valut des ar-

Frédéric est abandonné par l'union évangélique.

mées à Ferdinand : car on conclut un traité, par lequel l'union et la ligue promirent de poser les armes, et de laisser Ferdinand et Frédéric terminer leur querelle avec leurs propres forces. Or les princes protestans licencièrent en conséquence leurs troupes : mais le duc de Bavière et les autres princes du même parti, continuèrent de donner des secours à l'empereur. C'est ainsi que la France, alors foible, négocioit pour l'agrandissement de la maison d'Autriche.

<small>Il perd la bataille de Prague et la Bohême.</small> Pendant que le nord de la Bohême étoit menacé par l'électeur de Saxe, l'armée impériale, composée de cinquante mille hommes, entroit dans ce royaume par le côté méridional. Le duc de Bavière et le comte de Bucquoi la commandoient en chefs, et avoient sous eux les comtes de Tilly et Walstein : noms qui deviendront célèbres.

Frédéric n'avoit que trente mille hommes. Avec de pareilles forces il ne pouvoit pas défendre ses frontières, et l'intérieur du royaume lui donnoit d'autres soins et d'autres inquiétudes. Un peuple qui se révolte, n'est jamais aussi puissant qu'on l'imagine. Jouet des ambitieux, qui entretiennent les troubles, il se divise en factions : il se conduit au hasard, toujours mécontent du chef qu'il a choisi, et toujours incertain du parti qu'il doit prendre. De pareilles conjonctures demandoient que Frédéric eût eu de grands talens. Il n'en avoit point. Il aliéna les Luthériens par une préférence marquée pour le calvinisme. Il se rendit méprisable, en abandonnant les affaires à ses généraux, tandis qu'il se livroit lui-même aux plaisirs, ou même à la crapule. Il ne monta donc sur le trône que pour en descendre; et il s'enfuit après avoir perdu la bataille de Prague. L'année suivante, Betlem Gabor fit la paix. *1620.*

Ferdinand avoit reconquis les états héréditaires. Il pouvoit donner la paix à l'empire : il voulut encore le conquérir, ou se rendre assez puissant pour le gouverner en monarque. Croyant déjà l'être, il proscrit l'électeur palatin, et ceux qui l'ont soutenu, et le déclare déchu de ses états et de la dignité électorale. On demandoit de quel droit, sans consulter les électeurs, il portoit de son chef une pareille sentence, et si un prince mérite d'être mis au ban de *Ferdinand met Frédéric au ban de l'empire.* *1621.*

l'empire pour un démêlé avec la maison d'Autriche ; car enfin Frédéric n'étoit coupable qu'envers le roi de Bohême : il ne l'étoit point envers l'empire, ni même envers Ferdinand, comme empereur. Mais Spinola exécutoit cette sentence de proscription dans le bas Palatinat : il s'en rendoit maître, tandis que les princes de l'union fatiguoient leurs troupes, qu'ils ne savoient pas conduire ; et que, se faisant des reproches les uns aux autres, ils abandonnoient le pays après l'avoir ruiné.

Mansfeld, qui défendoit le haut Palatinat, feint de traiter avec les impériaux et leur échappe.

Le haut Palatinat étoit défendu par le comte de Mansfeld : grand capitaine, plein de courage, de ressources et d'activité, il étoit endurci au travail, aux veilles, au froid, à la faim. Il faisoit la guerre avec avantage contre une armée supérieure, commandée par le duc de Bavière et le comte de Tilly. Mais les villes ayant prêté serment de fidélité à l'empereur, il se vit sans secours, sans vivres, sans retraite, dans un pays devenu tout-à-coup ennemi. Il feignit de vouloir traiter ; et il donna une si grande sécurité aux Impériaux, qu'il en obtint de l'argent et des vivres, et il leur échappa.

Il porta ses armes dans le bas Palatinat, mettant à contribution et pillant tous les lieux par où il passoit : car il n'avoit pas d'autre paie à donner à ses troupes. Spinola étoit alors en Flandre, où la guerre venoit de recommencer entre l'Espagne et les Provinces-Unies.

Frédéric, qui s'étoit retiré à la Haye, reparoît et vient rejoindre Mansfeld. Christian, duc de Brunswick et le marquis de Bade-Durlach arment pour sa défense, et sont défaits l'un après l'autre par Tilly : mais Mansfeld met en déroute l'armée de l'archiduc Léopold. Cependant Frédéric, forcé de céder, se retire dans la basse Alsace avec Mansfeld et le duc Christian, et les impériaux achèvent la conquête du Palatinat.

1622. Les impériaux achevoient la conquête du Palatinat.

Alors les rois d'Angleterre et de Danemarck, qui négocioient pour l'électeur, lui conseillèrent de congédier ces deux généraux sur la promesse que Ferdinand leur avoit faite, de le rétablir à cette condition ; Frédéric, trop crédule, fut sans armées comme sans états.

Frédéric congédie Mansfeld et le duc de Brunswick.

Vous verrez dans l'histoire les ravages *Les provinces*

de l'empire sont dévastées. que faisoient cinq ou six armées, mal payées, qui parcouroient l'Allemagne pour s'enlever tour-à-tour les mêmes provinces. On n'imagine pas les horreurs que commettoient les troupes du duc de Brunswick, enhardies par l'impunité et par l'exemple de leur chef.

Mansfeld et le duc de Brunswick menacent la Champagne. Il prit sa route par la Lorraine avec Mansfeld. Ces deux capitaines avoient alors dix mille hommes de pied, huit mille chevaux, quatorze pièces d'artillerie, et point d'argent. Ils marchoient sans trop savoir où ils alloient, paroissant n'avoir d'autre dessein que de changer de lieu pour subsister par le pillage. Cette horde, conduite par un grand capitaine et par un brigand, car Brunswick n'étoit rien autre, répandoit au loin une épouvante générale. Elle menaçoit la Champagne, elle pouvoit errer librement dans la France qui lui étoit ouverte, et le duc de Bouillon invitoit Mansfeld à marcher au secours des huguenots, qui occupoient alors, dans le bas Languedoc, Louis XIII avec toutes ses forces.

Mansfeld préfère le service des états-géné- Toutes les puissances vouloient acquérir un général aussi habile que Mansfeld. L'empereur, l'Espagne et la république de Venise lui faisoient des offres à l'envi, pendant que la cour de France négocioit pour le gagner, ou pour l'éloigner de ses frontières. Ainsi ce capitaine, qui n'avoit ni feu ni lieu, se faisoit tout-à-la fois redouter et rechercher. Au reste, il paroit que son dessein étoit d'entrer au service des états-généraux ; et il feignoit de goûter les propositions du maréchal de Bouillon, afin de forcer Louis XIII à lui donner de quoi payer ses troupes et les mener en Hollande.

raux aux offres des autres puissances.

Le duc de Nevers, qui s'étoit rendu dans son gouvernement de Champagne, lui envoya un gentilhomme nommé Montereau, et lui fit offrir de servir dans les armées du roi, ou de se contenter de l'argent dont il pouvoit avoir besoin pour se rendre dans les Provinces - Unies. Mansfeld suspendit sa marche : mais pendant que la négociation traînoit, on fortifioit les garnisons, on ramassoit des troupes, et son armée diminuoit de jour en jour par les maladies et par la désertion. Il fut donc obligé de se retirer, après avoir reçu beaucoup moins d'argent qu'on ne lui en avoit promis, si même on

Il joint le prince d'Orange, et fait lever le siége de Berg-op-zoom.

lui en donna. Il fit une longue marche au travers d'un pays ennemi : il s'ouvrit un passage en livrant bataille à D. Gonzales, qui vint au-devant de lui à Fleurus dans le comté de Namur : et ayant joint ses forces à celles du prince d'Orange, il fit lever le siége de Berg-op-zoom, que Spinola poussoit vivement. Cependant les Hollandais ne s'accommodant point de la licence de ses troupes, il repassa bientôt en Allemagne.

<small>L'union évangélique ne subsistoit plus. Le duc de Brunswick avoit été défait, et Mansfeld étoit hors d'état de rien entreprendre.

1623.</small>

L'union évangelique ne subsistoit plus. Cette ligue, qui avoit paru formidable, s'étoit dissipée par la mésintelligence des chefs. Mansfeld et Christian de Brunswick continuoient seuls la guerre, pour le Palatin; ou plutôt ils la continuoient, parce qu'ils n'avoient pas d'autres moyens de faire subsister leurs troupes. Ils ravageoient ensemble la Frise et la Westphalie, lorsque les états de la basse Saxe, ayant pris les armes, invitèrent Christian à prendre le commandement de leurs troupes. Mais bientôt intimidés à l'approche de l'armée impériale, ils congédièrent ce général. Forcé à se retirer, il traversa la Westphalie, où il fut entièrement défait par Tilly, et il perdit plus de huit mille hommes. Alors, n'étant plus en état de tenir la campagne, il s'enfuit dans les Provinces-Unies avec le reste de ses troupes. Cette perte réduisit Mansfeld à se cantonner dans la Frise, et peu après, à se retirer aussi en Hollande.

L'empereur ne trouvoit donc plus d'opposition à ses ordres absolus. Il venoit de tenir la diète de Ratisbonne, où il avoit déclaré qu'étant maître de disposer des états et des dignités de Frédéric, il les transportoit à Maximilien duc de Bavière. Cette diète n'étoit pas générale. Ferdinand n'y avoit appelé que les électeurs et quelques princes dévoués à ses volontés. Les électeurs de Saxe et de Brandebourg qui commençoient à être mécontens, refusèrent même de s'y rendre. Cependant Maximilien fut solennellement investi de la dignité électorale, malgré les vaines représentations des princes protestans.

1623.
Ferdinand II ne trouvant plus d'obstacles, donne le Palatinat à Maximilien de Bavière.

Ferdinand s'applaudissoit d'avoir mis un sujet éternel de division dans la maison Palatine, dont celle de Bavière étoit une branche. Il regardoit ce coup comme un raffinement de politique, sur le grand prin-

Ferdinand croyoit assurer sa puissance en semant des divisions;

cipe, qu'il faut diviser pour commander. Cependant s'il eût réfléchi sur les circonstances où il se trouvoit, il auroit pu voir que ce n'étoit pas le principe qu'il devoit suivre. Il n'étoit point prudent de semer de nouveaux sujets de division dans un temps où les principales puissances de l'Europe prenoient part à tous les mouvemens de l'empire : car c'étoit les inviter à prendre la défense du parti qu'il vouloit opprimer.

Et se hâte trop de la montrer.

Ferdinand, ainsi que Charles-Quint, se hâta trop de montrer sa toute-puissance. Qu'avoit-il besoin d'agir en maître, puisqu'il l'étoit? Il devoit, au contraire, paroître ignorer l'autorité qu'il avoit acquise, et penser qu'elle n'étoit pas encore assez affermie pour braver des princes, qui pouvoient former une nouvelle ligue. L'exemple de Charles-Quint eût été une leçon pour lui, s'il eût étudié l'histoire pour prendre des leçons.

1624.
Ligue qui se forme contre lui.

Plus les princes de l'empire paroissoient asservis, plus la puissance de Ferdinand donnoit d'ombrage à toute l'Europe. Le Danemarck, les Provinces-Unies, la France, l'Angleterre, la Savoie et la république de Venise, connurent qu'il étoit temps de se réunir, et on forma le projet d'une ligue générale, dont l'objet étoit l'abaissement de la maison d'Autriche, le rétablissement du Palatin et la restitution de la Valteline. Si vous vous rappelez quel étoit alors l'état de l'Europe, vous jugerez que cette union n'étoit pas encore bien redoutable.

Le cardinal de Richelieu venoit d'entrer dans le ministère. L'épuisement de la France, les factions des grands et les guerres des Huguenots, ne lui permettoient pas de faire encore de grandes entreprises au-dehors. Il borna ses vues à la restitution de la Valteline. C'étoit un objet important, qui préparoit à de nouveaux succès, et qui étoit plus proportionné aux efforts qu'il pouvoit faire. {Richelieu se borna à faire restituer la Valteline aux Grisons.}

En 1620, les Valtelins s'étoient révoltés contre les Grisons, dont ils étoient les sujets; et le duc de Féria, gouverneur de Milan, feignant de leur donner des secours, les avoit fait passer sous la domination espagnole : divers forts qu'il avoit fait construire, le rendoient maître du pays. La maison d'Autriche s'assuroit par-là une communication libre entre l'Italie et les pays héréditaires, et les deux branches pouvoient facilement réunir leurs forces pour assujettir l'Allemagne et l'Italie.

Cette usurpation sur les Grisons, alarma la république de Venise, la Savoie et la France. Louis XIII négocia. En 1621, le maréchal de Bassompierre conclut à Madrid un traité par lequel Philippe IV, fils et successeur de Philippe III, qui venoit de mourir, promit de retirer toutes les troupes qu'il avoit dans la Valteline, et de raser tous les forts que Féria avoit fait construire. Il n'en fit rien. Cette conduite devoit certainement dégoûter de négocier avec l'Espagne. On entama néanmoins une nouvelle négociation à Rome, croyant que le pape pourroit porter Philippe à remplir ses engagemens : mais, après être convenu que les forts seroient remis à sa sainteté pour être rasés, et après qu'elle eut envoyé sur les lieux un commissaire, auquel elle parut donner des ordres à cet effet, on fut fort étonné de voir qu'elle conservoit la Valteline pour les Espagnols.

Richelieu, qui n'approuvoit pas qu'on

employât les négociations, lorsqu'on pouvoit agir par la voie des armes, fit une ligue avec la république de Venise et le duc de Savoie. Le marquis de Cœuvres leva des troupes en Suisse, entra dans la Valteline à la tête de dix mille hommes, et s'en rendit maître. Cette affaire fut enfin terminée en 1626, par un traité qui contenta les Valtelins et les Grisons. Mais les Hollandais, qui venoient de perdre Breda, auroient voulu que la France eût continué de faire une diversion en Italie : les troubles que causoient les Huguenots, ne le permettoient pas.

Valteline fut enlevée aux Espagnols.

Une nouvelle ligue se forme contre l'empereur. Dès l'année 1623, lorsque le Palatinat fut conféré au duc de Bavière, Christian IV, roi de Danemarck, qui avoit des griefs particuliers, forma le dessein de prendre les armes pour la défense de la religion protestante et pour le rétablissement de l'électeur palatin. Il étoit brave, actif, entreprenant : mais plus soldat que capitaine, il ne savoit pas profiter de ses avantages, ni des fautes de ses ennemis. C'est ce dont on avoit déjà pu s'appercevoir

1625. Christian IV forme une ligue contre l'empereur.

dans une guerre qu'il avoit faite à la Suède, et dans laquelle il avoit eu contre Charles IX, des succès qu'il ne soutint pas contre Gustave-Adolphe.

Trop foible par lui-même, il fit naître des troubles dans la basse-Saxe ; et comme il étoit membre de ce cercle, en qualité de duc de Holstein, il fut déclaré général de toutes les troupes. Il s'allia encore de la Hollande, de l'Angleterre et de la France, qui lui promirent des secours d'hommes et d'argent. Pour peu qu'il eût pris la précaution d'étudier l'état de ces puissances, il auroit vu qu'il hasardoit beaucoup de compter alors sur tout ce qu'elles lui promettoient. Vous voyez qu'il n'étoit pas grand politique. Il avoit cependant de l'esprit, des connoissances, des dispositions heureuses pour tout, et cultivées de bonne heure par des hommes célèbres, qu'on avoit fait venir de France, d'Angleterre et des Pays-Bas. Mais, Monseigneur, il faut tant de choses pour faire un grand prince ! Ce fut à l'occasion de cette guerre que Jacques Ier. fit embarquer ces quinze mille hommes, qui virent le port de Calais et les côtes de Zélande.

Mansfeld fut un des généraux du roi de Danemarck : mais ce prince eut toujours à combattre contre des forces supérieures, et contre Tilly et Walstein, deux grands capitaines. Après beaucoup de mauvais succès et bien des pertes, il se crut encore heureux de trouver ses ennemis disposés à un accommodement. La paix étoit à desirer pour l'empereur, qui vouloit employer ses forces en Italie, où commençoit une nouvelle guerre; pour toute l'Allemagne, qui souffroit impatiemment les désordres des troupes impériales; pour Walstein, qui ne savoit plus comment contenir dans la discipline, des soldats à qui la licence servoit souvent de paie; et qui d'ailleurs croyoit que le roi de Danemarck pouvoit contribuer à le maintenir dans le duché de Mecklenbourg, que l'empereur lui avoit donné. Toutes ces circonstances procurèrent à ce prince des conditions plus avantageuses, qu'il ne devoit espérer dans le mauvais état de ses affaires. Mansfeld et le duc de Brunswick moururent la seconde année de cette guerre.

Après de mauvais succès, les circonstances lui procurent des conditions de paix plus avantageuses, qu'il ne doit voit espérer.

1629.

La succession de Vincent II, dernier duc *Alors la maison d'Autriche* de Mantoue, étoit la cause de la guerre d'Italie. Le duc de Nevers, que Vincent avoit déclaré son héritier, et dont le fils avoit épousé sa nièce, joignoit à ces titres celui d'être encore plus proche parent ; et il avoit pris possession de Mantoue au commencement de 1628. La maison d'Autriche, ne voulant point en Italie d'un prince dévoué à la cour de France, soutenoit les droits du duc de Guastalle, qui étoit aussi de la maison de Gonzague, et les prétentions que le duc de Savoie formoit sur le Montferrat.

vouloit enlever Mantoue au duc de Nevers.

La guerre des Huguenots n'avoit pas permis à la France de donner des secours au duc de Nevers : mais aussitôt après la prise de la Rochelle, le cardinal tourna tous ses soins de ce côté-là. Ce fut à cette occasion qu'il aliéna la reine mère, avec laquelle il avoit paru vivre jusqu'alors dans la plus grande intelligence. Cette princesse ne pouvoit approuver une guerre qui rompoit l'alliance qu'elle s'applaudissoit d'avoir faite avec l'Espagne ; et d'ailleurs elle croyoit qu'on devoit sacrifier toute raison d'état à la haine qu'elle portoit au duc de Nevers.

Le cardinal vouloit, malgré Marie de Médicis, le maintenir dans la possession de ce duché.

Richelieu n'étoit plus cet évêque de Luçon, qui avoit donné des louanges au double mariage : c'étoit un ministre éclairé et affermi par ses derniers succès. Il ne pensoit pas qu'il fallût abandonner le duc de Nevers, pour contribuer à l'agrandissement du roi d'Espagne. Il résolut donc la guerre. A la fin de février, Louis XIII partit de Grenoble avec lui pour passer les Alpes. Il força le pas de Suse, fit lever aux Espagnols le siége de Casal, et obligea le duc de Savoie à entrer dans une ligue, qui s'engageoit à maintenir le duc de Mantoue dans la possession de ses états. Les autres puissances étoient la république de Venise et le pape. Dès le mois de mai, le roi reparut dans le Languedoc à la tête de ses troupes, et acheva de dompter les Huguenots. Il faut convenir que s'il n'étoit pas capable de prendre des résolutions par lui-même, son courage secondoit au besoin l'activité du cardinal.

Cependant on apprit que l'empereur faisoit marcher une armée en Italie, que les Espagnols avoient repris les armes, et que le duc de Savoie étoit d'intelligence avec eux. Il falloit donc repasser les Alpes. Le cardinal, chargé du soin de cette guerre, partit de Paris au mois de décembre, avec le titre *de lieutenant-général représentant la personne du roi.* Louis XIII retarda son départ, parce qu'il travailloit à faire revenir le duc d'Orléans, qui s'étoit retiré en Lorraine, mécontent de ce qu'on ne lui donnoit pas tous les gouvernemens qu'il demandoit. Il partit aussitôt que ce prince fut de retour.

<small>1630. Mazarini négocie la paix, et la fait.</small>

Cette campagne mit fin à la guerre. Le duc de Mantoue fut reconnu, les Espagnols et les Impériaux évacuèrent toutes les places, et Ferdinand promit de donner l'investiture. Le traité, qui fut conclu, fut sur-tout l'ouvrage de l'adresse de Mazarini, que le pape avoit chargé de cette négociation.

<small>Richelieu dissipe une intrigue qui se tramoit contre lui.</small>

Le roi ne put pas passer en Italie, parce qu'une maladie dangereuse dont il fut attaqué, lorsqu'il faisoit la conquête de la Savoie, l'obligea de se faire transporter à Lyon. Les deux reines, qui étoient auprès de lui, saisirent les momens où il s'attendrissoit pour elles, et lui firent promettre de renvoyer le cardinal, aussitôt que l'affaire de Mantoue seroit finie. Mais dès que ce ministre eut vu le roi, il recouvra tout son crédit, et n'en fut même que plus puissant. Marie de Médicis, arrêtée à Compiègne pour avoir conspiré contre le cardinal, entraîna dans sa disgrace tous ceux qui lui étoient attachés. Le maréchal de Marillac eut la tête tranchée, le duc de Guise fut obligé de sortir du royaume, et le maréchal de Bassompierre fut mis à la bastille. On prétend qu'ils subirent chacun la peine qu'ils avoient projeté de faire souffrir au cardinal. Quelque temps après, la reine mère s'échappa de sa prison, pour se retirer à Bruxelles. Elle n'eut plus la permission de revenir en France. Elle manqua souvent du nécessaire, et mourut dans l'indigence en 1642.

Louis XIII n'aimoit pas le cardinal. Il lui avoit à la vérité de grandes obligations, il le sentoit : mais ce motif eût peut-être été foible contre les cris d'une mère, s'il n'eût pas connu l'impuissance où il étoit de remplacer ce ministre. Il ne pouvoit pas prendre sur lui de s'en rapporter au choix de Marie

Combien il étoit nécessaire à Louis XIII.

de Médicis: l'expérience du passé ne lui permettoit pas d'avoir tant de confiance pour elle; et il ne voyoit que de l'incapacité dans ceux qu'elle lui proposoit, quand il les comparoit à Richelieu, toujours plein de ressources. Cependant la France venoit de s'engager dans une ligue contre Ferdinand. Une pareille entreprise contre un prince devenu si puissant, pouvoit avoir les suites les plus funestes, si elle n'étoit pas conduite par celui qui avoit le secret de la négociation; et qui ayant médité les avantages et les inconvéniens, connoissoit seul les moyens de réussir, ou pouvoit seul, par son génie, parer aux accidens qu'on n'avoit pas prévus. Ainsi le cardinal assuroit son autorité sur le besoin qu'on avoit de lui : les grands restoient abattus, quand ils pensoient à la reine mère, qui étoit bannie, à qui on refusoit le nécessaire, et dont les partisans étoient traités en criminels d'état; et le roi, lui-même dans la dépendance, s'y trouvoit tous les jours engagé de plus en plus par la suite des événemens.

Édit de restitution donné par Ferdinand. Depuis la paix faite avec le Danemarck, Ferdinand, plus puissant que n'avoit jamais été Charles-Quint, ne trouvoit plus à ses ordres absolus que de foibles oppositions qu'il méprisoit. La paix se négocioit encore, et le traité n'étoit pas signé, lorsqu'il publia un édit, par lequel il ordonnoit aux Protestans de restituer tous les biens ecclésiastiques qu'ils s'étoient appropriés depuis la transaction de Passaw de 1552, condamnant au ban de l'empire ceux qui désobéiroient, et permettant aux princes catholiques de chasser de leurs terres tous les Protestans. Il fondoit la justice de cet édit sur ce que plusieurs laïcs avoient usurpé des évêchés, des abbayes, des monastères; et sur ce que, contre un article que j'ai rapporté du traité de Passaw, les Catholiques, qui avoient embrassé le luthéranisme, n'avoient pas abandonné les biens ecclésiastiques qu'ils possédoient.

Cependant l'empereur ne pouvoit pas, de sa seule autorité, déposséder des princes. Une pareille sentence devoit être portée par une diète générale; et on lui reprochoit encore qu'en prenant le prétexte de la religion, il n'oublioit pas les intérêts de sa famille: *Tous les Protestans obéissent, excepté les électeurs de Saxe et de Brandebourg.*

en effet, il avoit fait nommer son fils l'archiduc Léopold à l'archevêché de Magdebourg, au préjudice du fils de l'électeur de Saxe, qui étoit pourvu du titre de coadjuteur. Mais ce n'étoient là que des plaintes. Des commissaires portèrent les ordres impériaux; et tous les Protestans obéirent; excepté les électeurs de Saxe et de Brandebourg.

<small>Ferdinand se conduit en despote.</small>

Ferdinand imposoit des taxes à volonté sur les états de l'empire. En moins de quatre ans, le seul margraviat de Brandebourg avoit payé plus de soixante millions. Ses troupes, qui montoient à plus de cent soixante mille hommes, étoient dispersées dans toute l'Allemagne. Elles l'épuisoient par des exactions infinies : et Walstein, qui en autorisoit la licence, disoit hautement qu'il falloit mettre les électeurs sur le pied des grands d'Espagne, et réduire les évêques à n'être que les chapelains de la cour impériale.

<small>Mais la diète de Ratisbonne, qui le force à licencier une partie de ses troupes et à déposer Walstein, celui</small>

Ce despotisme ouvroit les yeux aux catholiques même. On murmuroit; et les plaintes, qui n'osoient encore s'élever contre l'empereur, tomboient sans ménagement sur les troupes et sur Walstein. Telle étoit la situation des choses, lorsque la diète fut assemblée à Ratisbonne. Avant de répondre aux demandes de Ferdinand, on exigea de lui le licenciement d'une partie des armées, et sur-tout la déposition de Walstein. Il se soumit à ces conditions, dans l'espérance d'obtenir plus facilement ce qu'il demandoit. Il se trompa. Le sacrifice de Walstein rendit la diète plus hardie. Elle commençoit d'ailleurs à avoir des mouvemens qui pouvoient amener une révolution; et les ambassadeurs de France l'invitoient à des refus. L'empereur ne put ni faire élire roi des Romains son fils Ferdinand, ni obtenir des secours contre le duc de Mantoue, contre les Hollandais et contre le roi de Suède, qui venoit de commencer la guerre. Cependant si ces assemblées paroissoient mettre quelques limites à son pouvoir, il pouvoit tout, lorsqu'elles s'étoient séparées.

accorde aucune de ses demandes.

1630.

L'électeur de Saxe, à qui les Protestans reprochoient depuis long-temps de trahir la cause commune, sentit qu'il devenoit en effet la victime du parti qu'il avoit suivi. L'édit de restitution tendoit à le dépouiller

Les Protestans assemblés à Leipsick, demandent l'abolition de l'édit de restitution et la liberté des princes de l'empire.

lui-même de plusieurs terres, et il le voyoit déjà exécuté sur son fils, auquel on enlevoit l'archevêché de Magdebourg. Il convoqua donc une assemblée générale à Leipsick, où tous les Protestans convinrent de demander, les armes à la main, l'abolition de l'édit et la liberté des princes de l'empire.

1631.

Mais ils avoient besoin de trouver des secours dans les puissances étrangères.

Cette nouvelle ligue ne paroissoit pas bien effrayante. L'électeur, qui en étoit le chef, pouvoit difficilement gagner la confiance d'un parti, qu'il avoit jusqu'alors sacrifié à ses intérêts et qu'il pouvoit sacrifier encore; et l'empereur, qui se flatta de semer la division parmi des chefs méfians et jaloux, s'applaudit d'avoir un prétexte pour achever d'abattre les protestans. L'empire paroissoit donc subjugué; mais Richelieu gouvernoit la France, qui commençoit à pouvoir agir au-dehors; et nous avons laissé un héros en Suède.

Gustave-Adolphe faisoit fleurir ses états.

Après avoir fait la paix avec le Danemarck, Gustave-Adolphe voulant remédier aux désordres qu'une longue suite de troubles avoit causés, convoqua les états, et fit des lois pour assurer la tranquillité publique, pour protéger le commerce, et pour faire fleurir tout ce qui contribue à la prospérité d'un royaume. La Suède lui doit en partie ses meilleurs réglemens.

Dans le même temps qu'il montroit à ses sujets les talens d'un roi pacifique, ses ennemis éprouvoient ce que peut le courage d'un général éclairé. Il étoit alors en guerre avec les Moscovites. Cependant l'épuisement de ses finances lui faisant desirer la paix, il la négocioit à la tête de ses armées. Ses succès la lui procurèrent en 1617, et elle fut glorieuse. La Russie ne conserva rien sur la mer Baltique.

Il avoit fait une paix glorieuse avec la Russie.

Sigismond, roi de Pologne, ne pouvoit renoncer à la couronne de Suède. Il y avoit alors une trêve entre les deux royaumes : elle étoit prête d'expirer ; et Gustave demandoit qu'elle fût renouvelée. Ce fut inutilement. Il eut donc recours aux armes. La guerre recommença en 1620, et la même année le roi de Pologne fut obligé de demander lui-même une nouvelle trêve de deux ans. Elle lui fut accordée, et on convint que, pendant cet intervalle, on travailleroit à la paix.

Et force à une trêve Sigismond, roi de Pologne.

Sgismond ayant rejeté tout accommodement, Gustave porta ses armes dans la Livonie, dans la Lithuanie et dans la Prusse, par-tout vainqueur sans cesser néanmoins de négocier et d'offrir la paix. Le roi de Pologne la refusoit, parce qu'il comptoit sur des secours que Ferdinand lui promettoit, et qui n'arrivoient pas. Il en reçut enfin en 1629, et la guerre continuoit depuis 1625. Son armée, alors bien supérieure, fut battue près de Stum, et il fallut accepter une trêve de six ans.

Sollicité à déclarer la guerre à Ferdinand il avoit plusieurs motifs pour s'y déterminer.

Cette trêve avoit été l'ouvrage des ministres de France, d'Angleterre, de Hollande et de Brandebourg. Toutes ces puissances, qui fondoient sur Gustave l'abaissement de la maison d'Autriche, vouloient l'engager à déclarer la guerre à l'empereur. Il en avoit déjà sans doute formé le projet : car il ne voyoit pas sans inquiétude ou sans jalousie, que la domination de Ferdinand commençoit à menacer la mer Baltique. Il avoit plusieurs griefs, qui pouvoient lui servir de prétexte : d'ailleurs la gloire de rendre la liberté à l'empire, ou peut-être l'ambition de le conquérir, étoient des motifs assez puissans pour le déterminer.

A l'intrépidité avec laquelle Gustave-Adolphe cherchoit le danger, on eût cru qu'il n'étoit que soldat; mais si sa valeur l'exposoit trop lui-même, sa prudence veilloit toujours pour ses troupes. Rien n'étoit hasardé, tous les mouvemens étoient médités, toutes les mesures étoient prises d'avance, et jusqu'aux accidens, tout paroissoit prévu. Il semble que cette sagesse auroit dû ralentir ses opérations; et cependant elle donnoit plus d'essor à l'activité qu'elle régloit. Au génie, ce héros joignoit toutes les qualités du corps. Infatigable dans les travaux, il les partageoit avec le soldat, ainsi que les dangers. Il commandoit à la tête de ses armées, comme il donnoit des lois à son peuple assemblé, c'est-à-dire, en inspirant la confiance, l'amour et le respect. Aussi ses troupes affrontoient les périls avec l'intrépidité de leur chef, observant cependant une exacte discipline, et ne commettant jamais de violences. Les Allemands étoient tout étonnés, en voyant Gustave conduire ses armées dans l'empire, comme un roi qui ménage ses provinces et ses sujets, tandis que les armées impériales paroissoient

Caractère de ce héros, que Ferdinand osoit mépriser.

toujours marcher dans des pays ennemis. Tel est le héros qui menaçoit Ferdinand, et que cet empereur, dans la prospérité qui l'aveugloit, osoit mépriser.

Il prend ses mesures pour surmonter les difficultés qu'il prévoit.

Le roi de Suède connoissoit toute la difficulté de son entreprise. Il savoit qu'il alloit combattre des troupes aguerries, enhardies par une longue suite de succès, et commandées par de grands généraux. Elles étoient encore bien supérieures en nombre à toutes celles qu'il pouvoit armer : mais un grand capitaine compte toujours le nombre pour peu de chose. Les autres considérations étoient celles qui demandoient sur-tout de la prudence; et il ne négligea aucune des mesures qui lui pouvoient assurer des succès. Il prit à son service les troupes que les rois de Danemarck et de Pologne venoient de licencier; il en fit lever d'autres en Angleterre, en Hollande et dans l'empire, et il négocia avec toutes les puissances, qui s'intéressoient à la liberté germanique.

Il commence la guerre avec quinze mille hommes.

Connoissant le vœu général de l'Europe, il ne douta pas qu'il ne fît bientôt des alliés : il savoit aussi que la crainte, qu'inspiroit la maison d'Autriche, pouvoit empêcher plusieurs princes de se déclarer pour lui. Afin donc de hâter ses négociations, il jugea devoir se rendre formidable lui-même; et il commença la guerre, quoiqu'il n'eût encore que quinze mille hommes.

Au mois de juin il s'assura de l'île de Ruden, lorsqu'un de ses lieutenans venoit de s'emparer de celle de Rugen. Il entra dans l'embouchure de l'Oder, il débarqua dans l'île d'Usedom, et se saisit ensuite de celle de Wollin et de la ville de Camin, que les Impériaux lui abandonnèrent. Comme il avoit déjà la ville de Stralsund, il se trouvoit maître de l'embouchure de l'Oder; et il commençoit à s'ouvrir l'Allemagne, en se conservant une communication avec la Suède. Alors il fit alliance avec le duc de Poméranie, qui reçut garnison dans Stetin, place importante, qui, étant plus avancée dans les terres, facilitoit de nouvelles conquêtes.

1630. Succès de sa première campagne.

Au bruit de ces premiers succès, la ville de Magdebourg, qui ne vouloit point pour archevêque l'archiduc Léopold, se mit sous la protection du roi de Suède. Bientôt après Gustave rétablit dans Mecklenbourg les princes que l'empereur avoit dépouillés, lorsqu'il donna ce duché à Walstein ; et il les mit en état de chasser entièrement les Impériaux l'année suivante. Voulant attirer les protestans dans son parti, il n'oublia pas de publier qu'il n'avoit pris les armes que pour la défense de la religion et de l'empire ; et il se conduisit comme s'ils étoient ses alliés, quoiqu'ils ne se fussent pas encore déclarés pour lui. Enfin il poussa les armées de l'empereur jusqu'à Francfort sur l'Oder, et se rendit maître de la Poméranie. Tels furent les succès de sa première campagne, pendant que Ferdinand essuyoit des refus à la diète de Ratisbonne, et se voyoit contraint de donner la paix à l'Italie pour rassembler toutes ses forces en Allemagne.

<small>1631. Il a besoin de quelque action d'éclat, pour enhardir les ennemis de Ferdinand à s'unir à lui.</small> Gustave jugeoit bien qu'il ne pourroit pas porter seul le poids de la guerre contre tout l'empire. Il s'agissoit d'armer les uns contre les autres les membres déjà divisés. Il avoit compté sur les princes mécontens : mais si tous faisoient des vœux pour lui, la plupart n'osoient se déclarer encore. L'incertitude des événemens les arrêtoit. Un député qu'il avoit envoyé à l'assemblée de Leipsick pour

conclure une alliance avec les Protestans, ne lui avoit rapporté que les réponses vagues de gens qui flottent entre le desir et la crainte. D'ailleurs l'électeur de Saxe conseilloit aux Protestans de rester neutres, dans l'espérance de donner la loi lorsque les deux partis se seroient ruinés. Gustave sentit donc qu'il avoit besoin de quelque action d'éclat pour forcer de s'unir à lui ceux-mêmes qui desiroient l'humiliation de Ferdinand. Sa situation vous rappelle celle d'Annibal après le passage des Alpes.

Richelieu, jugeant que le moment étoit venu d'abattre la puissance de la maison d'Autriche, fit alliance avec le roi de Suède. Le traité fut conclu au mois de janvier. On s'y proposoit de faire cesser l'oppression des états de l'empire, de rendre aux Protestans leurs anciens priviléges, et de rétablir la liberté du commerce dans l'Océan et dans la mer Baltique. Pour cela Louis XIII promit de payer tous les ans douze cent mille livres à Gustave, qui s'engageoit à entretenir en Allemagne une armée de trente-six mille hommes.

Le cardinal regardoit avec raison cette

guerre comme purement politique. Le préjugé général ne l'envisageoit pas de même, et la religion sembloit faire un reproche à la France de s'allier avec un prince protestant contre l'empereur. Afin d'écarter de pareils scrupules, il fut arrêté que Gustave accorderoit la neutralité aux princes catholiques, pourvu qu'ils voulussent aussi la garder eux-mêmes, et qu'il ne feroit aucun changement à la religion dans les villes dont il se rendroit maître. Cet article étoit d'autant plus adroit, qu'il pouvoit enlever à l'empereur les secours des princes qui craindroient pour leurs états ; ou du moins si les catholiques s'obstinoient à le défendre, on ne pouvoit pas reprocher au cardinal de les avoir voulu sacrifier aux protestans. Voilà la négociation qui rendit Richelieu nécessaire, dans le temps que Marie de Médicis se flattoit de le perdre.

lité aux princes catholiques, et s'engageoit à ne rien changer à la religion.

L'empereur s'étoit imaginé que le défaut d'argent feroit repasser la mer aux Suédois : cette alliance lui donna d'autres pensées. En effet, Gustave paya ses troupes, en leva de nouvelles, et ouvrit la campagne par la prise de plusieurs places.

Au commencement de la campagne, Gustave s'ouvre la Silésie.

Il étoit temps d'opposer à ce prince un des meilleurs généraux. Tilly, qui prit alors le commandement de l'armée, commença par le siége de Neu-Brandebourg, où la fortune le servit si bien, qu'il s'en rendit maître lorsqu'il songeoit à se retirer. Mais Gustave emporta d'assaut Francfort sur l'Oder, quoique la garnison fût de sept mille hommes; et bientôt après Landsberg capitula. Cependant il avoit marché avec moins de troupes qu'il n'y en avoit dans la place. Alors la Silésie lui étoit ouverte.

Pour empêcher, par une diversion, les Suédois d'entrer dans cette province, Tilly mit le siége devant Magdebourg. Il importoit à l'électeur de Saxe de conserver à son fils cet archevêché, et néanmoins il n'osoit encore se déclarer ouvertement. Cependant Gustave ne pouvoit, sans imprudence, marcher contre Tilly ; et laisser derrière lui l'électeur de Brandebourg, qui pouvoit lui couper la retraite. Il négocia avec ce prince; et ayant chassé tous les Impériaux de ses états : il l'obligea de recevoir garnison suédoise : mais, pendant cette négociation, Magdebourg succomba. Cette ville, une

Tilly prend et ruine Magdebourg.

des plus belles d'Allemagne, fut ruinée par le fer et par le feu : il n'en resta presque que les cendres. Trente mille habitans de tout sexe et de tout âge y perdirent la vie, et Tilly en devint odieux aux Catholiques mêmes. Cette perte pouvoit faire tort à la réputation de Gustave. Il se justifia en rejetant la faute sur les électeurs de Saxe et de Brandebourg : bientôt ses armes le justifieront encore mieux.

Ferdinand, pour forcer les Protestans à prendre les armes pour lui, porte la guerre dans leurs états.

Les princes de la ligue de Leipsick, toujours irrésolus, observoient encore, sans oser se déclarer. Le cercle de Franconie, les villes de Suabe et le duc de Wirtemberg s'étoient soumis aux armées de l'empereur, parce que l'éloignement où ils étoient des Suédois, ne permettoit pas d'en recevoir des secours. Mais Ferdinand n'étoit pas sans inquiétude, lorsqu'il considéroit que cette soumission n'étoit pas volontaire, et que les chefs de la confédération affectoient toujours la neutralité. Il craignoit qu'ils ne prissent ouvertement le parti du roi de Suède, ou qu'ils ne s'y laissassent engager, en apparence malgré eux, comme l'électeur de Brandebourg. Il voulut donc les forcer à renoncer à leur union, et à prendre les armes pour lui. Or le moyen qu'il employa est tout-à-fait extraordinaire : car il ordonna à Tilly de porter la guerre dans leurs états. Il étoit cependant facile de prévoir qu'il les forçoit à devenir ses ennemis, dès que lui-même il déclaroit être le leur.

Le landgrave de Hesse se joignit le premier au roi de Suède, à qui le duc de Saxe demanda bientôt des secours. Tilly s'étoit emparé de Leipsick, et faisoit le dégât dans les campagnes. C'étoit la fin de ses exploits, et l'abaissement de la maison d'Autriche alloit commencer.

Gustave, fortifié de plusieurs alliés, m rche contre Tilly.

Jusqu'alors, Gustave s'étoit conduit avec beaucoup de circonspection. Sa prudence modéroit son courage ; et malgré les progrès qu'il avoit faits, souvent il paroissoit n'être que sur la défensive. Alors maître, en quelque sorte, du Brandebourg, comme il l'étoit déjà de la Poméranie, appelé dans la Saxe, et fortifié des troupes de plusieurs alliés, il ne regardoit plus l'armée impériale que comme une foible digue, qu'il alloit rompre pour se répandre dans le cœur de l'Allemagne, et jusques dans les états héréditaires. Il marcha contre Tilly.

Bataille de Leipsick. 1631. Ce général pouvoit attendre l'ennemi dans ses retranchemens. Il balança d'abord: enfin entraîné, comme malgré lui, par Pappenheim et d'autres officiers pleins de confiance, il avança dans une grande plaine, à un mille de Leipsick. Arrivé le premier, il se ménagea les avantages du lieu, du soleil, du vent, de la poussière. Il pâlit cependant à l'approche des troupes suédoises, qui s'avançoient avec l'intrépidité de Gustave.

Les deux armées étoient chacune à-peu-près de quarante mille hommes de troupes toutes aguerries, excepté celles de l'électeur de Saxe, qui n'étoit pas trop aguerri lui-même. Le roi de Suède commandoit son aîle droite avec Banier; Gustave Horn commandoit le corps de bataille, et l'électeur l'aîle gauche, composée de ses troupes. Tilly qui étoit au centre de son armée, avoit donné ses deux aîles aux comtes de Furstemberg et de Pappenheim.

Le roi de Suède ayant fait un mouvement vers sa gauche, pour n'avoir pas la poussière et la fumée dans les yeux, Tilly, qui vouloit conserver son avantage, s'étendit sur la droite, et se sépara de sa gauche; qui resta dégarnie. Gustave, saisissant ce moment, tomba sur cette aîle, et la dissipa. C'est Pappenheim qui la commandoit.

Dans le même temps, Tilly, paroissant d'abord marcher au corps de bataille des Suédois, tourna tout-à-coup et tomba sur les Saxons qui ne résistèrent pas. L'électeur s'enfuit jugeant que tout étoit perdu, parce que l'aîle qu'il commandoit avoit été défaite. Tilly, qui en jugea de même, avoit déjà dépêché des courriers pour porter à l'empereur la nouvelle d'une victoire. Cette erreur parut même gagner généralement toute l'armée impériale; car, au lieu de tomber sur le corps de bataille des Suédois, qui se trouvoit dégarni de ses aîles, la cavalerie se débanda; croyant n'avoir plus qu'à poursuivre les fuyards et qu'à piller les bagages. Cependant Gustave, alors vainqueur de Pappenheim, ayant joint son aîle victorieuse au corps de bataille, qui n'avoit pas encore donné, chargea les Impériaux, et les défit entièrement. La résistance fut et qui auroient pu causer une guerrre civile, si ce ministre eût été moins habile ou moins ferme. Les deux reines, comme je l'ai dit, s'étoient vainement flattées, sur la promesse que Louis XIII avoit faite, de le renvoyer. Marie de Médicis ne dissimula plus. Quoi que pût faire son fils pour la réconcilier avec Richelieu, elle voulut absolument qu'il fût sacrifié à sa haine. Elle forma des liaisons secrètes avec l'ambassadeur d'Espagne, avec Gaston, duc d'Orléans, et avec tous ceux qui partageoient ses ressentimens, ou qui croyoient trouver quelque avantage dans un changement de ministre. Le résultat de toutes ces intrigues, fut que Gaston se retira dans son apanage. On lui faisoit croire qu'étant l'héritier présomptif de la couronne, les peuples prendroient les armes pour sa défense ; et que, pour prévenir une guerre civile, le roi seroit forcé d'abandonner le cardinal. L'ambassadeur d'Espagne offroit de l'argent pour lever des troupes. Ce fut à cette occasion que Marie de Médicis fut arrêtée : le roi, qu'elle avoit suivi à Compiègne en partit tout-à-coup, et laissa une garde pour l'y retenir. Ces choses se passèrent dans les mois de janvier et de février, lorsqu'on venoit de conclure une ligue avec le roi de Suède.

Cependant Gaston invitoit les seigneurs mécontens à se joindre à lui, refusant de revenir à la cour, tant que sa mère seroit prisonnière et que le cardinal seroit ministre. Mais à l'approche du roi, qui marchoit à la tête de ses troupes, il se retira en Lorraine. Tous ceux de son parti furent déclarés criminels de lèse-majesté, et de ce nombre étoit le comte de Moret, fils naturel de Henri IV. Peu de temps après, le cardinal facilita lui-même l'évasion de la reine mère. Le royaume, comme il le disoit, s'étoit purgé par la sortie de cette princesse et de Gaston. Le duc de Lorraine, à qui le roi déclara la guerre, parce qu'il avoit donné retraite au duc d'Orléans, négocia bientôt pour avoir la paix; et par le traité qui fut conclu au mois de janvier de l'année suivante, Gaston fut obligé d'aller chercher un asyle dans les Pays-Bas auprès de sa mère. Comme ils entretenoient l'un et l'autre des intelligences avec l'Espagne, qui leur faisoit espérer des secours, le cardinal fit ses préparatifs pour faire échouer leurs entreprises, et publia qu'il armoit contre les Protestans. Il faisoit courir ce bruit, parce qu'on ne cessoit de dire qu'il conspiroit avec Gustave la ruine de la religion catholique en Allemagne ; et parce qu'un pareil artifice ne pouvoit pas tromper long-temps, il ne cessoit d'offrir la neutralité aux princes catholiques. S'il réussissoit à la leur faire accepter, il avançoit l'abaissement de la maison d'Autriche ; et cependant les ambassadeurs faisoient valoir, dans toutes les cours, le zèle de la France pour la religion.

Gustave accorde la neutralité à l'électeur de Trèves, et la refuse à d'autres princes, qui ne la demandoient pas sincèrement.

Lorsque les Suédois menaçoient la Bavière, Maximilien parut vouloir se prêter à la neutralité. Les électeurs de Mayence, de Cologne, de Trèves, et le duc de Neubourg, la demandèrent aussi. C'étoit un peu tard, puisque l'ennemi étoit déjà dans leurs états; cependant la France sollicita pour la leur obtenir. Elle ne fut accordée qu'à l'électeur de Trèves, qui seul la demandoit sincèrement. Les autres ne vouloient qu'avoir du temps devant eux, pour être plus en état de se défendre. Ces petits artifices ne pouvoient pas tromper Gustave : car sa manière de traiter ne permettoit pas aux négociations de tirer en longueur.

Quoiqu'on fût encore au milieu de l'hiver, il marcha pour entrer dans la Bavière. Le Lech, rivière large, profonde, et défendue par une armée retranchée à l'autre bord et par Tilly, ne l'arrêta pas. Ce général bavarois fut blessé, et mourut peu de jours après à Ingolstadt. Rien ne résista plus. La Bavière, jusqu'alors en paix, fut conquise, et Gustave vengea les Protestans des maux que Maximilien leur avoit faits. Pendant ce temps-là, Banier, Horn, Bernard, duc de Saxe-Weimar, et le landgrave de Hesse, faisoient la guerre dans d'autres provinces. Mais Walstein chassoit de la Bohême les Saxons, qui se jetèrent sur la Silésie, et Pappenheim faisoit des progrès dans la basse-Saxe. Ainsi les armées se répandoient de toutes parts, et se poussoient comme des vagues.

1632. Gustave se rend maître de la Bavière : mais les Impériaux reprennent la Bohême, et font des progrès dans la basse-Saxe.

Walstein marchoit au secours de Maximilien. Gustave n'ayant pu empêcher la

Gustave ne peut forcer les Impériaux dans leur camp.

jonction de leurs armées, se retrancha sous le canon de Nuremberg, où son armée souffrit une grande disette. Lorsqu'elle eut été renforcée par l'arrivée de Banier, du landgrave et de Bernard, il présenta la bataille aux Impériaux, qui se trouvèrent alors trop foibles pour l'accepter. Il tenta de les forcer dans leur camp : mais n'ayant fait que de vains efforts, il se retira, honteux de n'avoir pu vaincre. Walstein s'applaudit comme d'une victoire, et n'osa cependant le suivre.

Bataille de Lutzen, où il perd la vie.

La guerre se faisoit dans plusieurs provinces, lorsque l'électeur de Saxe appela le roi de Suède à son secours. Gustave quitte la Bavière, joint Walstein dans la haute Saxe, et l'attaque le 16 novembre près de Lutzen. Il est tué dès le commencement du combat. On ne sait si ce fut en trahison : il est certain qu'il s'exposa trop. Si cette mort répandit la consternation parmi les Suédois, elle ne les découragea pas : elle les anima au contraire à la vengeance, et ils vainquirent. Bernard de Saxe-Weimar, lieutenant-général du roi de Suède, eut tout l'honneur de cette victoire. Il fallut vaincre deux fois : car lorsque les Impériaux plioient

1632.

de toutes parts, et commençoient à fuir, le comte de Pappenheim survint avec un renfort de cavalerie. Ce capitaine, un des plus vaillans hommes de son temps, rétablit le combat, et faisoit balancer la victoire, lorsqu'une blessure mortelle l'arrêta tout-à-coup. Les Suédois restèrent maîtres du champ de bataille, couvert de plus de neuf mille morts. La perte fut à peu-près égale des deux côtés. Walstein se retira dans la Bohême : Bernard chassa les Impériaux de toute la Saxe. D'ailleurs la saison trop avancée, et l'affoiblissement où se trouvoient les deux armées, suspendirent quelque temps les opérations militaires.

En France les troubles continuoient toujours. Le duc de Lorraine qui n'avoit point désarmé, soutenoit le duc d'Orléans, qui se préparoit à rentrer dans le royaume avec un petit corps de troupes. Mais après avoir perdu Pont-à-Mousson, Bar-le-Duc et S.-Michel, il fut obligé de se soumettre une seconde fois ; et il conclut le traité de Liverdun, le 26 juin, par lequel il remit en dépôt à Louis XIII, Jamets et Stenay, céda en propriété la forteresse de Clermont,

1632.

et promit de rendre hommage pour le duché de Bar.

Pendant ce temps-là, le duc de Montmorenci, qui avoit pris parti pour Gaston,

Pendant que la guerre de Lorraine occupoit le roi, Gaston, qui traversoit la France sans obstacles, pénétra jusqu'en Languedoc, où le duc de Montmorenci, gouverneur de cette province, s'étoit déclaré pour lui. Il avoit d'abord publié un manifeste dans l'espérance de soulever les peuples contre le gouvernement : il ne sentoit pas combien il est difficile d'exciter des révoltes, quand l'autorité se fait respecter. Toutes les villes fermèrent leurs portes à Gaston ; et dans son passage, il n'eut d'autre moyen de faire subsister sa petite armée, que de piller les campagnes d'un royaume, dont il étoit l'héritier présomptif. Il n'avoit pris aucune mesure. Il étoit même arrivé beaucoup plus tôt qu'on ne l'avoit attendu : et Montmorenci, qui n'avoit pas eu le temps de former un parti, se repentit plus d'une fois de s'être engagé avec un prince aussi imprudent.

Laissoit la tête sur un échafaud, et Gaston se retiroit dans les Pays-Bas.

Cette guerre ne fut pas longue. Gaston, obligé d'avoir recours à la clémence du roi, fit son accommodement, et Montmorenci, qui avoit été fait prisonnier, perdit la tête sur un échafaud. Le duc d'Orléans s'étoit flatté d'obtenir la grace de ce duc: il ne devoit pas croire cependant d'avoir, sous le cardinal, assez de crédit, pour sauver la vie à un homme qui s'étoit révolté pour lui : mécontent, il sortit pour la troisième fois du royaume, et se retira encore auprès de sa mère.

La mort de Gustave fut une source de divisions dans le parti qu'il avoit soutenu par ses victoires. Les Protestans, qui prétendoient avoir désormais la direction des affaires, ne vouloient plus reconnoître les Suédois que comme alliés. Tous s'accordoient sur ce point: d'ailleurs peu d'accord entre eux, le duc de Brunswick commençoit à lever en son nom des troupes dans le cercle de la basse-Saxe, et l'électeur de Saxe aspiroit à se rendre chef de la confédération, pendant que d'autres princes plus foibles demandoient la paix.

1633. La mort du roi de Suède divisoit les ennemis de Ferdinand.

Cependant les Suédois songeoient à garder la supériorité, qu'ils avoient eue jusqu'alors : projet qui paroissoit tout-à-fait impossible. Abandonnés à leurs propres forces, comment pouvoient-ils conserver

Il ne paroissoit pa. que la Suède pût conserver la supériorité.

les conquêtes qu'ils avoient faites dans l'empire, et contraindre les Protestans à rester dans leur dépendance ? N'étoit-il pas déjà assez difficile d'empêcher les membres de la ligue de se séparer ? Il y a plus : ils n'avoient alors pour souverain qu'un enfant de six ans, Christine, fille de Gustave; et Ladislas, fils de Sigismond, roi de Pologne, pensoit à faire valoir ses droits sur la Suède ; il avoit des partisans dans ce royaume, il pouvoit au moins y susciter des factions.

L'empereur attendoit plus que le moment de se venger.

Toutes ces considérations rendoient la confiance à l'empereur. Sa hauteur s'étoit accrue par ses humiliations : il méditoit les moyens de se venger : il en attendoit le moment avec impatience; et la mort de Gustave lui paroissoit une victoire, qui ne lui promettoit plus que d'heureux succès. On en fit des réjouissances à Vienne et à Madrid : jeux funèbres bien glorieux pour le roi de Suède.

Il semble que la Suède ne pouvoit penser qu'à faire une paix moins désavantageuse.

Si les Suédois n'avoient pensé qu'à faire une paix moins désavantageuse, pendant qu'ils conservoient la principale autorité, personne n'oseroit les blâmer. Ils osèrent

MODERNE. 201

aspirer à donner encore la loi à l'Allemagne, et ils la donnèrent. S'ils avoient échoué, nous ne saurions comment justifier leur témérité : c'est que nous jugeons souvent mal de la possibilité des choses.

Après avoir nommé des régens pour gouverner pendant la minorité de Christine, les états de Suède chargèrent le chancelier Oxenstiern des intérêts de la couronne en Allemagne, et le génie de ce grand homme maintint la supériorité des Suédois. Son premier soin fut de rompre les mesures du duc de Brunswick et de l'électeur dans les cercles de la haute et de la basse Saxe. Il tint ensuite à Hailbron une assemblée des Protestans des cercles de Suabe, de Franconie, du haut et du bas Rhin. Il rassura les plus timides, en faisant connoître toutes les forces de la ligue : il rapprocha les plus jaloux, en montrant le danger de se désunir pour traiter séparément avec l'empereur ; il indiqua des expédiens pour concilier les intérêts, et pour prévenir les défections : il applanit les difficultés qu'on avoit à traiter avec la Suède, et il ménagea cependant les avantages de cette couronne : en un mot,

Mais Oxenstiern dans l'assemblée des Protestans, à Hailbron, les engage à se réunir de nouveau, et conserve la supériorité aux Suédois.

il resserra les nœuds qui se relâchoient. On convint que la guerre seroit continuée jusqu'à ce qu'on eût assuré la liberté du corps germanique ; que les confédérés se donneroient tous les secours nécessaires ; qu'aucun ne pourroit traiter de la paix, sans le consentement des autres ; que tout prince protestant qui ne se joindroit pas à eux, seroit regardé comme ennemi ; que la Suède conserveroit les places qu'elle occupoit, jusqu'à ce qu'on lui eût accordé une satisfaction suffisante ; et qu'Oxenstiern auroit la direction générale des affaires.

Oxenstiern restitue aux enfans de Frédéric les conquêtes, que Gustave avoit faites dans le Palatinat.

Dans le dessein de faire voir que la Suède s'intéressoit sincèrement au rétablissement des princes de l'empire, et qu'elle préféroit la cause commune à ses avantages particuliers, le chancelier restitua aux enfans de Frédéric, mort depuis peu, tout ce que Gustave avoit conquis dans le Palatinat, et leur promit toutes les conquêtes qu'on y feroit encore. Ce procédé attachoit à la couronne de Suède la maison Palatine, le duc de Brandebourg, le roi d'Angleterre et les États-Généraux.

Il renouvelle l'alliance avec

On renouvela dans cette assemblée le

traité avec la France, sans oublier d'offrir la neutralité aux princes catholiques. Plusieurs des protestans, qui n'y vinrent pas, ratifièrent tout ce qui s'y étoit fait. L'électeur de Saxe, protesta seul contre l'autorité donnée à Oxenstiern, et contre la restitution faite aux enfans de Frédéric. Il promit cependant de ne pas abandonner la cause commune : mais il négocioit secrètement avec l'empereur. Il est vrai qu'il lui faisoit des propositions qu'on jugeoit bien ne devoir pas être acceptées.

la France, et on offre encore la neutralité aux princes catholiques.

Les succès, à-peu-près égaux des deux côtés, rendirent la guerre encore plus ruineuse pour l'empire. Peu de provinces furent à l'abri des ravages, et elles achevoient de s'épuiser par les contributions que levoient tour-à-tour les Impériaux et les Protestans.

Les provinces de l'empire sont dévastées par les armées.

Walstein balançoit les avantages des Suédois, et paroissoit le seul boulevard de l'empire : mais sa hauteur faisoit oublier ses services, ou les rendoit même odieux au prince qu'ils humilioient. Il paroissoit ignorer qu'il eût un maître, dispensant en souverain les emplois, les grâces, les peines, et permettant tout au plus à l'empereur de

Cependant Walstein humilioit Ferdinand, autant par ses services que par ses hauteurs.

lui donner des coneils. Il les méprisoit quelquefois : il dédaignoit de lui donner avis des projets qu'il méditoit : et sans le consulter, il faisoit des traités de suspension d'armes avec les ennemis.

<small>Il se rend suspect, et Ferdinand le fait assassiner.</small>

Ferdinand, honteux de sa servitude, cédoit à la nécessité : mais son ame humiliée s'ouvroit aux soupçons, que souffloit la jalousie adroite des courtisans. Walstein voulut prévenir une seconde disgrace par une trahison. Il tenta de corrompre les troupes : il négocia avec les Suédois : il vouloit, dit-on, mettre la couronne de Bohême sur sa tête. L'empereur, averti de ses complots, le fit assassiner dans Égra.

<small>1634.</small>

<small>Les Impériaux chassent les Suédois de la Bavière, et mettent le siége devant Nordlingue.</small>

Les Suédois se soutenoient, et faisoient même encore des conquêtes, lorsque l'armée impériale enleva Ratisbonne, chassa de la Bavière les garnisons suédoises, et mit le siége devant Nordlingue. L'empereur en avoit donné le commandement à Ferdinand son fils aîné, roi de Bohême et de Hongrie : composée d'abord de vingt-cinq mille hommes, elle venoit presque d'être doublée par la jonction de vingt mille Espagnols, qui alloient dans les Pays-Bas : enfin elle étoit conduite par quatre habiles généraux, Picolomini, Léganez, Gallas et Jean de Werth.

Les Suédois, quoiqu'inférieurs, tentèrent de faire lever le siége de Nordlingue, et furent entièrement défaits. Ce fut la faute du duc Bernard, qui, contre l'avis du maréchal Horn, engagea le combat dans un lieu désavantageux. Des accidens, qu'on ne pouvoit pas prévoir, contribuèrent encore à la perte de la bataille. Horn fut fait prisonnier, et les Impériaux reprirent la plupart des villes de Suabe et de Franconie. De si grandes pertes ne furent pas réparées par les avantages que les Suédois et leurs alliés remportèrent presque en même temps dans la Westphalie et dans d'autres provinces. Elle eurent des suites encore plus funestes pour la Suède : car les forces de l'empereur commençant à être redoutables, on crut prévoir la ruine des Suédois, et on la hâtoit par la crainte d'y être enveloppé. On ne les regardoit plus comme les vengeurs, mais plutôt comme les ennemis de l'empire : on se reprochoit d'être entré dans leur alliance: plusieurs son-

Les Suédois perdent la bataille de Nordlingue e leur parti paroît ruiné.

geoient à traiter séparément : l'électeur de Saxe négocioit lui-même ; et les articles de son traité préliminaire avec l'empereur, furent signés à Pirna le 13 novembre. Cependant Oxenstiern travailloit à relever son parti. Il traitoit avec la France ; et pour s'attacher les Protestans, il avoit nommé le duc Bernard, général en chef de toutes les troupes. Il est vrai que ce choix aliénoit encore davantage l'électeur de Saxe, qui ne voyoit pas sans inquiétude ce commandement dans un prince de sa maison, et de la branche dépouillée par Charles-Quint. Mais il étoit inutile de ménager un homme sur lequel on avoit toujours peu compté, et qu'il n'étoit plus possible de retenir.

CHAPITRE IV.

Depuis que la France prit les armes contre la maison d'Autriche, jusqu'à la mort du cardinal de Richelieu.

Louis XIII avoit donné des subsides aux états-généraux et au roi de Suède. L'épuisement et les troubles de la France, ne permettoient pas de faire davantage. C'étoit assez dans cette situation d'occuper la maison d'Autriche, et de l'empêcher d'envoyer des secours aux rebelles. On crut devoir faire encore moins d'efforts pendant les conquêtes rapides de Gustave : car l'ambition de ce prince commençoit à donner de l'ombrage à ses alliés qu'il étonnoit ; et on l'eût redouté plus que Ferdinand, s'il fût devenu chef de l'empire. {Pourquoi la France n'avoit donné que peu de secours aux Suédois.}

Il importoit à la France que la Suède eût des succès : mais il n'étoit pas moins de son intérêt, qu'une nouvelle puissance ne prît pas la place de la maison d'Autriche. Elle parut donc plus réservée ; elle paya les subsides avec moins d'exactitude, et Gustave s'en plaignit plus d'une fois. En effet, trop de circonspection de la part de la France, pouvoit faire échouer le roi de Suède.

Après la mort du roi de Suède, elle se propose de faire de plus grands efforts.

Tout changea par la mort de ce conquérant. On devoit craindre alors pour les Suédois. S'ils succomboient, l'empereur pouvoit se venger sur la France des secours qu'elle avoit donnés. C'est pourquoi l'alliance fut renouvelée à Hailbron. Louis, à la vérité, ne promettoit qu'un million par an, au lieu de douze cent mille livres: mais il paya plus exactement et il entretint dans l'électorat de Trèves un armée, qui inquiétoit les Impériaux de ce côté-là.

Mais Richelieu attend le moment d'agir à propos.

Le cardinal ne vouloit s'engager qu'à propos. Il lui suffisoit, pour affoiblir la maison d'Autriche, de soutenir les Suédois et les Hollandais. Cependant la France prenoit des forces : il ne s'agissoit plus que d'observer et de saisir le moment d'agir.

Objet que ce ministre se proposoit.

Un des objets de ce ministre, étoit de reculer les frontières de la France. Il formoit des projets de conquêtes sur les Pays-Bas : il pensoit à repousser les Espagnols au-delà des Pyrénées, en leur enlevant le Roussillon : et il se proposoit d'acquérir Philisbourg, l'Alsace et toutes les places que les Suédois avoient sur le Rhin. Il auroit élevé par-là une barrière contre l'empire, et il se seroit ouvert l'Allemagne : position d'autant plus avantageuse, que Pignerol, dont Louis XIII étoit alors maître, donnoit une entrée libre en Italie. *D'autant plus avantageuse*, disje, si en effet il est avantageux pour un peuple, que son roi puisse porter facilement la guerre chez ses voisins.

Dès le temps de l'assemblée d'Hailbron, le cardinal avoit fait proposer à Oxenstiern de mettre les places du Rhin en dépôt entre les mains du roi, sous prétexte que la Suède, n'ayant plus à les garder, pourroit agir ailleurs avec plus de forces. Le chancelier vit où tendoit cette proposition ; et le cardinal attendit le moment où les Suédois, plus affoiblis, seroient moins difficiles. Il ne vouloit pas les laisser tomber : mais en les soutenant, il vouloit tout-à-la-fois élever la maison de Bourbon et abaisser la maison d'Autriche. Il s'y prenoit parfaitement bien pour parvenir à ses vues : mais en louant sa politique, il faut gémir sur le sang qu'elle va faire couler, sur les malheurs des peuples, sur l'ambition des souverains, et sur les projets mêmes des grands ministres.

Accord entre la France et la Suède.

Après la bataille de Nordlingue, il étoit temps que la France donnât de plus grands secours à la Suède, et que la Suède cédât davantage à la France. On se hâta de conclure. Les Suédois remirent Philisbourg et l'Alsace, pour être occupés par des garnisons françaises jusqu'à la paix, et Louis promit de continuer les anciens subsides, et d'envoyer une armée en Allemagne.

La France partage les Pays-Bas avec les Provinces-Unies. 1635.

Jugeant les conquêtes plus faciles dans les Pays-Bas, le cardinal en fit un traité de partage avec les Provinces-Unies, et la guerre fut déclarée à l'Espagne. Cette diversion fut utile aux Suédois, parce qu'elle ne permit plus à Philippe IV de donner les mêmes secours à Ferdinand. Cependant les états-généraux n'entrèrent pas dans toutes les vues de Richelieu : la seule idée d'être un jour frontière de France, les fit renoncer au projet de conquérir; et ils ne regardèrent l'alliance de cette couronne, que comme un moyen de se défendre avec plus de succès contre les Espagnols. Ils n'agiront donc pas de concert avec la France, puisqu'ils ont des intérêts contraires. C'est une occasion où le cardinal se trompa.

La France étoit alors dans un état assez tranquille. Elle s'étoit emparée de la Lorraine en 1639; et peu de temps après, le duc d'Orléans s'étoit réconcilié avec le roi. Il n'étoit donc plus aussi facile à la cour de Madrid de causer des troubles dans le royaume. Cependant on blâmoit le cardinal d'avoir déclaré la guerre au roi d'Espagne, et de l'avoir entreprise contre l'empereur, auquel il ne la déclaroit pas encore: on jugeoit qu'il n'étoit pas possible de choisir une conjoncture moins favorable. Lorsque les Suédois étoient puissans, disoit-on, nous les avons à peine secourus, et nous avons attendu le moment de leur décadence pour nous joindre à eux. Est-ce donc sur la foiblesse de nos alliés que nous comptons assurer nos succès? Ceux qui faisoient ce

Raisonnement de ceux qui blâmoient le cardinal de s'être engagé dans la guerre entre la maison d'Autriche.

raisonnement, eurent lieu de s'applaudir : car la Suède s'affoiblit encore. L'électeur de Saxe, qui chanceloit depuis long-temps, se déclara contre elle ; et conclut à Prague, le 31 mai, le traité dont les préliminaires avoient été signés à Pirna. Cette défection en entraîna d'autres. Il est vrai que les Protestans se soulevèrent d'abord contre les articles de cette pacification ; parce que, sans les consulter, on y décidoit de leurs intérêts, de ceux de leurs alliés, de ceux de la religion et de ceux de l'empire : il n'y eut qu'un cri contre l'électeur de Saxe, qui, prenant sur lui de traiter au nom de tous les confédérés, disposoit des biens ecclésiastiques, du Palatinat et des enfans de Frédéric. Enfin on fut offensé du ton despotique de l'empereur, qui parloit de pardonner, de châtier, et d'armer tout l'empire pour chasser d'Allemagne les Suédois et les Français. Mais quoique cet acte irrégulier parût un attentat contre la liberté du corps germanique, les Protestans, découragés, se détachèrent de la confédération les uns après les autres, et accédèrent successivement à ce traité, qu'on nomma la paix de Prague. Il n'y eut que le landgrave de Hesse-Cassel, qui resta constamment attaché à la Suède. Cette puissance se trouvoit donc affoiblie doublement ; puisque les troupes dont elle étoit abandonnée, grossissoient les armées de l'empereur.

Comme ceux qui blâmoient le cardinal ne manquoient pas d'exagérer les secours que la paix de Prague paroissoit donner à Ferdinand, ils représentoient encore la puissance de Philippe IV avec de semblables exagérations. L'Espagne, disoient-ils, est la monarchie la plus florissante. Elle possède des terres immenses et des trésors inépuisables dans le nouveau monde, et nulle autre domination n'est aussi étendue en Europe. Les Pyrénées, l'Océan et la Méditerranée, ne la bornent pas : elle compte parmi ses provinces, le royaume de Naples, le Milanès, la Sicile, la Sardaigne : et maîtresse du Roussillon, de la Franche-Comté et de la plus grande partie des Pays-Bas, elle presse la France de toutes parts, et semble à peine lui laisser la liberté de quelques mouvemens. Voilà donc les ennemis que nous allons combattre; et nous avons pour alliés, d'un côté, les Suédois, défaits à Nordlingue, et abandonnés des Protestans; et de l'autre, une république épuisée par une longue guerre, et qui ne s'est défendue jusqu'ici qu'avec les secours de nos subsides. Cependant nous sentons encore les plaies que les guerres civiles nous ont faites : l'hérésie, qui a causé nos troubles, n'est pas éteinte : et les factions continuent à diviser la cour.

Philippe et Ferdinand pensoient comme les censeurs de Richelieu. La guerre avec la France ne leur offroit que de nouveaux triomphes. Ils faisoient avec confiance les derniers efforts pour accabler à-la-fois tous leurs ennemis; et ils s'attendoient à voir arriver le moment où ils les réduiroient à demander la paix, à telles conditions qu'ils voudroient imposer.

Raisons qui faisoient augurer des succès pour la France et pour ses alliés.

Cependant, à considérer les choses de plus près, les avantages devoient être pour la France. Ce royaume, il est vrai, n'étoit pas aussi florissant qu'à la mort de Henri IV : mais, depuis le ministère du cardinal, l'autorité étoit respectée ; et si l'esprit de faction subsistoit encore, il ne pouvoit plus causer de grands troubles. La France commençoit à se rétablir, peu par rapport à elle-même, mais beaucoup par rapport aux autres puissances qui s'affoiblissoient continuellement. Si vous considérez l'état où vous avez vu l'Espagne en 1629, et les guerres dispendieuses qu'elle a soutenues depuis cette époque, vous ne jugerez pas de sa puissance par le nombre de ses provinces, ni par les trésors de l'Amérique.

Quant à l'Allemagne, elle est épuisée; et les forces de l'empereur ne se sont pas accrues comme le nombre de ses alliés. Il ne faut pas craindre que des princes, qui n'ont cédé qu'à la nécessité, combattent pour lui comme ils combattoient pour les Suédois; ils craindroient de se donner un maître, et auparavant ils défendoient leur liberté. Cette ligue n'est donc pas ce qu'elle paroît : elle est peut-être moins forte, depuis qu'elle est composée de Protestans et de Catholiques; car les membres agiront avec des intérêts contraires.

La force d'un état est sur-tout dans ceux

qui le gouvernent: point de vue sous lequel il nous reste à considérer les puissances belligérantes.

Philippe IV, qui n'étoit rien par lui-même, abandonnoit toute l'autorité au comte, duc d'Olivarez, homme plein de confiance et dépourvu de talens. Ferdinand II avoit de grandes qualités, mais il étoit peu propre à faire un seul corps de toutes les puissances dont il croyoit devoir disposer : son ambition, qu'il ne cachoit pas, faisoit redouter son despotisme aux catholiques mêmes.

La France au contraire étoit gouvernée par Richelieu, et Louis XIII avoit assez de fermeté pour soutenir un ministre dont il sentoit le besoin. Oxenstiern dirigeoit les affaires des Suédois en Allemagne; et les Provinces-Unies avoient un grand homme dans Frédéric-Henri, qui avoit succédé à Maurice son frère, en 1626. Ces trois puissances peuvent donc compter sur des succès ; autant du moins que la prudence humaine, qui ne prévoit pas tout, permet de juger de l'avenir. Mais parce qu'elles se trouvent affoiblies par des troubles antérieurs, les progrès seront lents et la guerre sera longue.

Cependant la trève que Gustave avoit faite avec la Pologne, alloit expirer ; et la Suède, menacée d'un nouvel ennemi, se voyoit dans la nécessité d'abandonner l'Allemagne. Dans cette conjoncture, la nouvelle confédération auroit été rompue aussitôt que formée, et tout le poids de la guerre seroit retombé sur la France. On eût donc été fondé à taxer d'imprudence la conduite de Richelieu : il sut prévenir ce contretemps. Il s'agissoit de ménager une continuation de trève entre la Suède et la Pologne : négociation d'autant plus difficile, que les Polonais, qui avoient bien des raisons pour reprendre les armes, y étoient vivement sollicités par le pape et par l'empereur, qui leur faisoient les offres les plus spécieuses ; mais Oxenstiern, soutenu par l'habileté du comte d'Avaux, ministre de France, surmonta toutes les difficultés, et la trève fut conclue pour vingt-six ans. La confédération resta donc dans toute sa force: cependant les succès ne répondirent pas d'abord aux espérances qu'elle paroissoit

La trève est renouvelée entre la Suède et la Pologne.

donner : car les deux premières campagnes furent malheureuses, sur-tout pour la France.

Préparatifs de la France. Le cardinal avoit fait les plus grands préparatifs. Pendant qu'il se tenoit sur la défensive du côté des Pyrénées, et que deux flottes croisoient sur les deux mers, une armée commandée par les maréchaux de Châtillon et Brézé, marchoit dans les Pays-Bas. Deux autres passoient les Alpes : l'une sous le maréchal de Créqui, portoit la guerre dans le Milanès, et l'autre sous le duc de Rohan, la portoit dans la Valteline, afin d'empêcher la communication de l'Allemagne avec l'Italie. Enfin le cardinal de la Valette, fils du duc d'Épernon, en conduisoit une quatrième sur le bord du Rhin. Alors les Impériaux s'étoient rendus maîtres de Philisbourg, et les Espagnols avoient surpris Trèves, et emmené l'électeur prisonnier. Comme cet électorat, qui avoit accepté la neutralité, étoit sous la protection de la France, cet acte d'hostilité fut le prétexte qu'elle prit pour déclarer à l'Espagne la guerre qu'elle avoit déja résolue.

Dans les Pays-Bas, les Français commencèrent la campagne par la victoire d'Avein. Ayant ensuite réuni leurs forces à celle des états-généraux, les deux armées, qui faisoient plus de cinquante mille hommes, paroissoient pouvoir se promettre les plus grands succès. Elles mirent le siége devant Louvain. Mais bientôt le prince d'Orange fut obligé de se retirer, pour aller reprendre le fort de Skenck, que les Espagnols avoient surpris; et les Français, en proie à la famine et aux maladies, furent réduits en si petit nombre, qu'ils n'osèrent revenir par terre. Après s'être embarqués dans un port d'Hollande, ils débarquèrent à Calais, d'où ils revinrent en demandant l'aumône.

^{1635.} Ses mauvais succès dans les Pays-Bas,

Le cardinal de la Valette et le duc Bernard s'étant réunis, firent lever le siége des Deux-Ponts et celui de Mayence, passèrent le Rhin, s'avancèrent jusqu'à Francfort, et parurent maîtres de la campagne. Gallas, qui ne vouloit pas hasarder une bataille, leur coupa les vivres pour les forcer à se retirer. Harcelés dans leur retraite par ce général habile, qui se campoit toujours

Sur le Rhin.

avantageusement; ils furent réduits à une disette, qui faisoit périr l'armée sans combattre. Ils n'eurent plus d'autres ressources pour échapper à la faim et à l'ennemi, que de laisser tout ce qui retardoit leur marche. Ils brûlèrent donc leurs équipages et enterrèrent leurs canons. Cette résolution sauva l'armée. Après treize jours d'une marche forcée, sans vivres et sans bagage, elle arriva en lieu de sûreté, avec la gloire d'avoir battu deux fois la cavalerie ennemie, qui la poursuivoit. Cette retraite fit honneur au duc Bernard. Les Français en furent pour les frais de cette expédition; et les Impériaux prirent Franckendal et Mayence.

En Italie. Le maréchal de Créqui, soutenu du duc de Savoie et du duc de Parme, alors alliés de la France, ne réussit pas mieux en Italie, parce que la mésintelligence des chefs nuisit à toutes les opérations.

Le duc de Rohan se maintient dans la Valteline. Enfin le duc de Rohan eut seul des succès. Avec un petit corps de troupes, il se maintint dans la Valteline, et fit face tout-à-la fois aux armées qu'on envoyoit contre lui d'Italie et d'Allemagne. Cette seule campagne le fit regarder comme un des plus grands capitaines de son siècle.

Les Espagnols se rendirent maîtres des îles de Ste. Marguerite et de S. Honorat, et firent une descente en Provence, d'où ils furent repoussés. Mais ayant conservé ces deux îles, ils fermoient presque la Méditerranée aux Français.

Les Espagnols ferment la Méditerranée aux Français.

Le pape Urbain VIII, qui pressoit la France de se réconcilier avec la maison d'Autriche, offrit sa médiation, et nomma Cologne pour le lieu du congrès. Philippe et Ferdinand se hâtèrent d'y envoyer leurs plénipotentiaires, afin de faire voir que si la paix ne se faisoit pas, c'étoit uniquement la faute de la France. Voyant que les peuples étoient las de la guerre, ils mettoient toute leur politique à persuader qu'il ne tenoit pas à eux de la faire cesser: la Hollande cependant et la Suède ne vouloient ni de la médiation du pape, ni de la ville de Cologne, qui étoit ennemie déclarée des Protestans. En acceptant l'une et l'autre, Louis XIII se fût donc séparé de ses alliés, et les eût mis dans la nécessité de traiter aussi séparément. C'est ce que demandoit

1636. La maison d'Autriche fait tous ses efforts pour diviser ses ennemis et traiter de la paix séparément avec chacun d'eux.

la maison d'Autriche, bien assurée qu'elle négocieroit avec plus d'avantages si elle réussissoit à diviser ses ennemis. Aussi l'empereur essayoit-il de détacher la Suède de la France, tandis que le roi d'Espagne faisoit, dans la même vue, des tentatives auprès des états-généraux. Vous voyez qu'ils avoient le même principe que Henri IV: mais il falloit savoir employer les mêmes moyens, et avoir comme lui la réputation de traiter de bonne foi. Cette politique ne leur réussira pas, parce que les Hollandais et les Suédois ont une méfiance dont Richelieu saura profiter.

Richelieu vouloit que la paix se fît par un traité général: mais la Suède paroissoit se prêter aux vues de la maison d'Autriche.

Ce ministre ne montroit pas d'éloignement pour la paix. Il paroissoit la desirer : mais il vouloit qu'elle se fît par un traité général. Tous ses efforts tendoient à faire adopter ce plan aux alliés de la France. Assuré des états-généraux, il ne l'étoit pas de même de la Suède. Cette couronne, craignant que les Français ne devinssent trop puissans dans l'empire, négocioit secrètement avec l'empereur, et songeoit à faire la paix si elle y trouvoit son avantage; ou à s'unir plus étroitement avec la France, si la négociation ne réussissoit pas. Elle étoit donc incertaine sur le parti qu'elle devoit prendre. Quelquefois elle se flattoit de la paix, parce qu'elle la desiroit, et bientôt elle ne trouvoit pas de sûreté à traiter séparément avec la maison d'Autriche. Cette incertitude la conduisit jusqu'à l'ouverture de la campagne, et la guerre recommença en Allemagne, en Italie et en France.

A la fin de l'année précédente, Louis XIII, voulant s'attacher le duc Bernard, qui se plaignoit des Suédois, et qui auroit pu se joindre à l'empereur, lui avoit cédé l'Alsace, et s'étoit engagé par un traité à lui payer une pension de quinze cent mille livres, et quatre millions par an pour l'entretien d'une armée de dix-huit mille hommes. C'étoit un moyen de plus de faire la guerre à Ferdinand, à qui on ne l'avoit pas encore déclarée. *La France avoit cédé l'Alsace au duc Bernard.*

Le cardinal, croyant pouvoir se rendre facilement maître de la Franche-Comté. voulut que l'armée, destinée pour l'Italie, prît Dole en passant. Il ne comptoit pas que cette place tînt plus de huit jours; et *Siège de Dole.*

il n'avoit fait de provisions que pour quinze, le mauvais état des finances n'ayant pas permis de faire des dépenses superflues. Cette entreprise échoua, parce que les Comtois, qui en avoient eu quelque soupçon, se préparèrent à une vigoureuse résistance, pendant que d'un autre côté les ennemis se disposoient à pénétrer dans le royaume. Le prince de Condé assiégeoit Dole depuis quinze jours, et la poudre commençoit à lui manquer lorsqu'il fallut lever le siége pour voler à la défense de Paris.

Irruption des Espagnols en Picardie.

Les Espagnols, sous les ordres du prince Thomas de Savoie, de Jean Werth et de Picolomini, avoient fait une irruption en Picardie ; c'est-à-dire, dans une province dont les places n'ayant que des gouverneurs sans expérience, étoient encore dépourvues de troupes et de munitions. On peut conjecturer qu'elles étoient si dégarnies, moins par l'imprudence du cardinal, que par l'impuissance où il étoit de faire mieux. Quoi qu'il en soit, les ennemis prirent la Capelle, le Catelet, passèrent la Somme, enlevèrent Roye, ensuite Corbie, et firent des courses jusqu'à Pontoise. Dans le même temps, Gallas entroit dans la Bourgogne.

L'alarme étoit dans la capitale. Une partie des habitans fuyoit, pour se réfugier dans les provinces; l'autre partie s'agitoit en tumulte et au hasard, et tous maudissoient le cardinal. On s'attendoit à un soulèvement contre lui, s'il osoit y paroître. Il y vint. Sa fermeté le fit respecter, sa présence rassura le peuple : il fit travailler aux fortifications, il appela toute la noblesse du royaume : il arma les bourgeois, qui, oubliant leur mécontentement et leur terreur, s'ornèrent de plumes et de rubans; et le roi s'avança jusqu'à Compiègne à la tête d'une armée de cinquante mille hommes. Les ennemis se retirèrent, et on reprit Roye et Corbie.

Ils se retirent

S. Jean-de-Lône, petite place mal fortifiée, arrêta Gallas, qui comptoit venir à Paris partager le pillage de cette capitale avec les Espagnols. Une tempête furieuse, suivie du débordement de la Saône, le força de lever le siége, en abandonnant son artillerie et une partie de ses bagages,

L'armée que Gallas avoit conduite en Bourgogne, est ruinée. Victoire de Wistock.

Quantité de soldats se noyèrent dans les chemins : quantité furent assommés par les paysans : l'arrière-garde fut défaite par le comte de Rantzau : de trente mille hommes qu'étoit composée son armée, il en ramena douze mille aux environs de Besançon; et le duc Bernard le repoussa au-delà du Rhin. Pendant ce temps-là, l'empereur faisoit de grandes pertes en Allemagne, et le parti des Suédois se relevoit. Leurs armes reprirent leur premier éclat par une victoire célèbre, que Banier, leur général, remporta dans la haute Saxe à Wistock.

<small>1637. La France refuse de reconnoître Ferdinand III.</small>

L'empereur mourut au mois de février de l'année suivante, et laissa l'empire à Ferdinand, son fils, qui avoit été élu roi des Romains quelques mois auparavant. Cependant l'électeur Palatin et l'électeur de Trèves protestoient contre une élection, à laquelle ils n'avoient pas été appelés, et qui étoit encore irrégulière pour plusieurs autres raisons. C'est pourquoi la France refusa de reconnoître Ferdinand III.

<small>La maison d'Autriche feint de vouloir la paix.</small>

L'hiver fut encore un temps de négociation. Mais la Suède montroit toujours la même incertitude, et la France qui ne vouloit s'engager que de concert avec ses alliés, prenoit ses mesures afin qu'ils ne conclussent rien sans elle. Alors la principale difficulté étoit de choisir pour le congrès, un lieu qui convînt également à toutes les puissances ; et cette difficulté faisoit presque une nécessité de traiter séparément. La maison d'Autriche, qui s'en prévaloit, ne cessoit de solliciter la France d'envoyer des plénipotentiaires à Cologne.

Se refuser à ces sollicitations, c'étoit s'exposer aux reproches de toute l'Europe qui demandoit la paix: y céder, c'étoit donner dans un piége; puisque la France, en traitant sans ses alliés, les eût invités à traiter sans elle, à quoi la Suède ne paroissoit que trop portée. Il importoit donc tout-à-la-fois à Louis XIII de paroître vouloir la paix, et néanmoins de ne pas faire partir ses plénipotentiaires. Cette position étoit assez embarrassante.

La France ne veut pas paroître s'y refuser.

Dès le mois de mars de l'année précédente 1636, le marquis de S. Chaumont et le chancelier Oxenstiern avoient fait un traité, par lequel les deux couronnes s'engageoient à ne traiter que conjointement; et parce

Elle demande des sauf-conduits.

que la ville proposée n'agréoit pas à la Suède, on lui offroit d'en choisir une autre, où ses plénipotentiaires agiroient de concert avec ceux que la France enverroit à Cologne. Mais comme l'empereur faisoit espérer de meilleures conditions aux Suédois, s'ils traitoient séparément, la régence du royaume n'avoit pas encore ratifié le traité ; et ce retardement qui empêchoit Louis XIII de prendre un parti, lui faisoit chercher des prétextes pour gagner du temps. Néanmoins comme il importoit de feindre au moins de l'empressement pour la paix, le cardinal fit demander des sauf-conduits pour les plénipotentiaires de France, de Suède, des états d'Allemagne et des Provinces-Unies.

L'épuisement général rendoit la paix nécessaire.

Tout paroissoit donc d'accord entre les principales puissances ; puisque si la cour de Vienne invitoit les plénipotentiaires à se rendre à Cologne, la cour de Paris y consentoit, et n'attendoit plus que les sauf-conduits. Le public, qui juge toujours sur les apparences, crut toucher au moment de la paix. Il semble en effet que l'épuisement général, où se trouvoit l'Europe, ne permettoit pas de douter que ces premières démarches ne fussent sincères. Les ressources commençoient à manquer en France, où il y en avoit plus que par-tout ailleurs : on avoit créé de nouveaux offices ; on avoit fait de l'argent par toute sorte de moyens, et cependant les troupes étoient mal payées. Comment donc continuer la guerre, surtout, dans la nécessité où étoit Louis XIII de donner des subsides à ses alliés ?

Mais, si chaque puissance connoissoit sa foiblesse, elle s'exagéroit celle de ses ennemis ; et parce qu'aucune n'avoit alors des avantages assez marqués pour se promettre des conditions avantageuses, aucune aussi ne vouloit sincèrement la paix. Richelieu, qui n'ignoroit pas le peu de sincérité des avances de la cour de Vienne, prévoyoit sans doute qu'elle n'accorderoit pas les sauf-conduits, sans faire quelques difficultés ; et au pis aller, il étoit toujours le maître d'en faire lui-même sur la forme qu'il conviendroit de donner à ces actes.

Mais chaque puissance l'éloignoit, parce qu'aucune ne pouvoit s'assurer encore des conditions assez avantageuses.

La chose arriva, comme il l'avoit prévu. Le roi d'Espagne, qui offroit un sauf-conduit aux Suédois, refusoit d'en donner aux Hollandais, l'empereur au contraire, en

Difficultés de la maison d'Autriche sur les sauf-conduits.

offroit aux Hollandais et en refusoit aux Suédois, et sur-tout aux alliés que la France avoit en Allemagne. Il n'étoit donc plus possible de réunir les plénipotentiaires de toutes les puissances belligérantes, et c'étoit une nécessité de traiter séparément, ou de renoncer à la paix.

Ces difficultés font tomber sur elle le reproche qu'elle faisoit à la France de s'opposer à la paix.

Richelieu fut charmé de ce refus, soit parce qu'il lui permettoit d'attendre la ratification du traité fait avec la Suède, soit parce qu'il faisoit retomber sur la maison d'Autriche les reproches qu'elle faisoit à la France de mettre obstacle à la paix. Il s'en prévalut d'autant plus, que les motifs de Ferdinand et de Philippe n'étoient que des prétextes frivoles. Il les réfuta solidement, bien assuré qu'il ne persuaderoit ni à l'un, ni à l'autre de donner des sauf-conduits, tels qu'on les demandoit. Ces difficultés durèrent plusieurs années. Dans l'espérance de suspendre au moins les hostilités, le pape proposa une trève, en attendant qu'on terminât ces contestations : les conditions de cette trève ne furent pas plus faciles que celles d'une paix, et la guerre continua.

Cette campagne fut heureuse pour la France. Elle fit des conquêtes dans les Pays-Bas, enleva quelques places dans la Franche-Comté, reprit les îles de S^{te}. Marguerite et de S. Honorat, défit les Espagnols en Languedoc, et les chassa de cette province, où ils avoient porté leurs armes. Mais elle perdit la Valteline, parce que le cardinal cessa de payer aux Grisons les subsides qui leur avoient été promis; et cependant il n'étoit pas possible au duc de Rohan de s'y maintenir sans leur secours.

Les Espagnols perdirent Bréda, qu'ils avoient enlevé au prince Maurice : ils se dédommagèrent par la prise de Ruremonde et de Venlo. Banier, forcé de lever le siége de Leipsick, fit, à la vue de plus de quarante mille Impériaux, une retraite admirable, n'ayant que quatorze mille hommes.

Le duc Bernard ne se signala pas cette année : il commença même l'année suivante par être défait, ou du moins par une action où les Impériaux eurent quelque avantage : mais ensuite il les vainquit huit fois. Il se rendit maître des villes frontières dans la Suabe, et de Brisach, qui assuroit la possession de l'Alsace, et qui donnoit un passage sur le Rhin. Ce que la seconde victoire eut de singulier, c'est qu'il fit prisonnier, non seulement un grand nombre d'officiers de marque, mais encore quatre généraux, du nombre desquels étoit le fameux Jean de Werth. Tant de succès étoient nécessaires : car par-tout ailleurs les ennemis de la maison d'Autriche échouèrent dans leurs entreprises.

<small>1638. La France et la Suède s'engagent à ne pas traiter séparément.</small>

Au mois de mars de cette année, le comte d'Avaux, ministre de France, et Adler Salvius, ministre de Suède, conclurent à Hambourg une nouvelle alliance par laquelle les deux couronnes s'engagèrent à ne traiter avec l'empereur que d'un commun consentement; et on prit toutes les mesures nécessaires pour maintenir cette union, soit que les deux puissances traitassent avec la maison d'Autriche dans un même lieu : soit, comme on le présumoit, qu'elles dussent traiter dans des lieux différens.

<small>Cependant la Suède négocioit secrètement : mais, trompée par l'empereur, elle cesse de tromper la France.</small>

Voilà ce que le cardinal desiroit depuis long-tems : mais les Suédois, qui comptoient obtenir séparément des conditions avantageuses, amusoient la France pendant qu'ils négocioient secrètement avec la cour de Vienne. Ils trompoient, et ils étoient trompés : car l'empereur, qui les amusoit aussi par des propositions frivoles, rassembloit toutes ses forces; et ils auroient été chassés d'Allemagne, si Banier eût été moins habile. Cependant agissant plus sincèrement avec eux, la maison d'Autriche les eût détachés de leurs alliés. Elle devoit leur accorder quelque avantage, afin de pouvoir tourner toutes ses forces contre la France et la Hollande : elle devoit, en un mot, savoir perdre d'un côté, pour ne pas se mettre au hasard de perdre des deux. C'est une politique qu'elle ne connoissoit pas. Si elle a senti le besoin de diviser ses ennemis, elle en a si peu connu les moyens, qu'elle paroît n'avoir négocié que pour les unir davantage. Les Suédois, après avoir été trompés pendant deux ans, ouvrirent enfin les yeux; et ne pouvant plus compter sur les promesses de la cour de Vienne, ils s'unirent sincèrement avec la France. Pour contraindre l'empereur à une paix générale, ces deux puissances résolurent de porter leurs armes dans les états hérédi-

ce, et s'unit sincèrement à cette couronne.

taires; et la France déclara nommément la guerre à Ferdinand; formalité superflue que la Suède exigea.

1638. Charles I veut entrer en négociation avec les puissances de l'Europe, et Richelieu fomente les troubles de l'Écosse.

Charles Ier, roi d'Angleterre, voulut prendre part aux grands intérêts qui remuoient l'Europe, et les deux partis parurent d'abord rechercher son alliance à l'envi. Son objet étoit de rétablir l'électeur Palatin. Sans argent, sans troupes, sans autorité dans ses états, et menacé d'une guerre civile, il se flatta de réussir par la voie des négociations. Il cherchoit à-la-fois toutes les puissances, la France, l'Espagne, la cour de Vienne, la Suède, le Danemarck et les états-généraux. Par cette conduite, il ne gagna la confiance d'aucune; il fit seulement connoître toute son impuissance. On le méprisa, et le cardinal de Richelieu qui vouloit l'éloigner tout-à-fait des affaires d'Allemagne, fomenta secrètement les troubles qui commençoient en Écosse.

Négociation sans effet avec le prince de Transilvanie.

Dans le même temps, Ragotski, prince de Transilvanie, offrit de s'unir avec les deux couronnes. Cette alliance leur étoit avantageuse par la diversion que ce prince pouvoit faire dans la Hongrie. Mais elles vouloient que les états-généraux entrassent dans le traité, et payassent une partie des subsides. Richelieu le desiroit sur-tout ; parce que la Hollande, par une pareille démarche, auroit rompu la neutralité qu'elle observoit avec l'empereur; et qu'en s'unissant par un traité à la France et à la Suède, elle auroit servi de lien à ces deux puissances. Cette République se refusa à toutes les sollicitations, parce qu'elle n'avoit besoin ni de déclarer la guerre à Ferdinand, ni de payer des subsides au prince de Transilvanie. Cette négociation demeura donc sans effet. On fut plus heureux dans une autre négociation: car les ducs de Brunswick et de Lunebourg, avec les états de la Basse-Saxe, qui avoient tous accédé à la paix de Prague, prirent le parti de la neutralité malgré les menaces de l'empereur.

La perte de ces alliés inquiéta moins Ferdinand, que la nouvelle alliance entre la France et la Suède. Comme il avoit tout tenté pour la faire échouer, il tenta tout pour la rompre. Ses ministres firent des propositions séduisantes aux Suédois: ils essayèrent de leur donner de la méfiance, en

<small>Artifices de la cour de Vienne pour séparer la Suède de la France.</small>

répandant que Louis XIII négocioit en secret pour traiter séparément : et ils leur reprochèrent d'avoir mis un obstacle à la paix, au moment que l'empereur étoit prêt à les satisfaire. Tous ces artifices furent inutiles.

Négociations sans effet. Cependant les ministres, qui étoient à Hambourg, travailloient aux préliminaires d'un traité de paix. Leur objet étoit de nommer le lieu où il s'ouvriroit, et de convenir de la forme des sauf-conduits. Ce dernier article suffisoit seul pour suspendre un événement que toute l'Europe attendoit avec impatience. La maison d'Autriche continuoit de faire des difficultés, et le cardinal, qui les combattoit, eût été fâché qu'elle ne les eût pas faites, car aucun des deux partis ne vouloit encore sincèrement la paix. Si l'un se relâchoit sur quelque point, l'autre en devenoit plus difficile. Ils ne songeoient qu'à se reprocher mutuellement leur obstination, et à rejeter l'un sur l'autre la continuation de la guerre. Mais la France se conduisit avec plus d'adresse : elle fit des propositions si raisonnables, que le pape, le roi de Pologne, la république de Venise et le grand duc de Toscane joignirent leurs instances, pour engager la maison d'Autriche à les accepter. Ce fut inutilement. On ne se prêta pas davantage à une nouvelle trêve, que le pape proposa. Ferdinand et Philippe la refusèrent absolument. Le cardinal y consentoit, parce qu'elle le rendoit presque aussi nécessaire que la guerre ; et que, par conséquent, elle le défendoit contre les intrigues d'une cour, où l'on travailloit continuellement à le perdre. Il étoit d'ailleurs pressé par les besoins de l'état, par les murmures du peuple et par les cris du clergé. Enfin il y trouvoit un avantage pour la France, parce que pendant la trêve, le roi auroit joui de la Lorraine, de l'Alsace et de toutes les places conquises.

Pendant ces négociations, la guerre continuoit. La France avoit six armées sur pied. Celle du marquis de Feuquières, qui faisoit le siége de Thionville, fut entièrement défaite par Picolomini. D'ailleurs le roi eut des succès dans les pays-Bas et en Italie. Banier reprit la Poméranie, ravagea la Misnie, conquit une partie de la Bohême, et porta ses armes dans la Silésie, battant par-tout les Saxons et les Impériaux,

1639. Événemens de la guerre pendant les négociations.

Une grande flotte espagnole fut défaite dans la Manche par Martin Tromp, célèbre amiral hollandais. Une partie se réfugia dans les ports d'Angleterre, une autre s'échoua sur les côtes de France, et le reste fut pris, brûlé, ou coulé à fond. Le comte-duc d'Olivarez l'avoit équipée, comptant porter la guerre dans la Suède, et s'emparer de tout le commerce des mers du nord.

La France acquiert les places qu'occupoit le duc Bernard.

La mort du duc Bernard donna lieu à une négociation, qui valut à la France des victoires et des conquêtes : car elle traita avec les troupes, qui entrèrent à son service, et qui lui remirent toutes les places. Elle eut cependant pour concurrens les ducs de Bavière, de Lavembourg et de Lunebourg, le duc de Saxe, frère de Bernard, le prince Palatin et l'empereur : mais elle étoit seule en état d'acheter.

1640. Elle a de grands succès pendant que les Suédois se maintiennent.

La campagne suivante fut plus heureuse pour la France, qu'aucune autre n'avoit encore été. Le duc d'Harcourt fit des prodiges en Italie, pendant qu'Arras, ville imprenable et secourue par des armées auxquelles il falloit continuellement livrer des combats, succomboit sous les efforts des maréchaux de Châtillon, de Chaulne et de la Milleraie. Le premier de ces généraux étoit un élève de Maurice et de Frédéric-Henri. En Allemagne, les armées furent toujours en mouvement. Cependant il ne se fit rien de considérable de part ni d'autre, et les Suédois se maintinrent dans les provinces où ils avoient pénétré l'année précédente. Enfin le roi d'Espagne qui s'affoiblissoit par les troubles qu'il entretenoit au-dehors de son royaume, s'affoiblit encore par ceux qu'il fit naître au-dedans.

Le comte-duc d'Olivarez gouvernoit l'Es- Politique du duc d'Olivarez.
pagne en despote qui pense que l'autorité du souverain croît à proportion de la foiblesse des provinces, jugeant que la misère rend les peuples impuissans, et que l'impuissance les soumet. Comme il n'étoit pas l'auteur de ces grands principes, il n'est pas non plus le seul qui les ait suivis. On voit encore des restes de cette cruelle politique dans plusieurs États de l'Europe. Si on a dit si souvent; *divisez et commandez,* il semble qu'on ait dit aussi, *exterminez, faites des déserts, et commandez.*

Les Catalans avoient porté plusieurs fois

*Catalans à la ré-
volte.*

leurs plaintes à la cour : c'étoit se plaindre à l'auteur des maux qu'ils souffroient impatiemment. D'Olivarez les opprima davantage. Il leur retrancha leurs priviléges il envoya chez eux des troupes : le pays fut livré à la licence des soldats : on ne vit que meurtres, que violences, que sacriléges : et on eût dit que l'impunité avoit été assurée à qui commettroit ces horreurs.

L'évêque de Gironne excommunia les ministres de la politique d'Olivarez : ce fut le signal de la révolte. Barcelone se souleva la première : toutes les autres villes suivirent cet exemple : les soldats castillans furent assommés, et ce qui put échapper se retira dans le Roussillon.

Fait perdre le Portgal à la couronne d'Espagne.

Peu après, le Portugal fut le théâtre d'une autre révolution. Philippe II, après avoir usurpé ce royaume sur la maison de Bragance en 1580, tenta d'y assurer son autorité par la douceur de son gouvernement. Comme il connoissoit la haine des Portugais pour les Castillans, il sentit la nécessité de les ménager ; et cette conduite lui réussit. Ses successeurs, qui paroissoient l'avoir pris pour modèle en tout, ne l'imitèrent pas dans la seule chose où il étoit à imiter. Ils virent avec jalousie que les priviléges de la nation mettoient des bornes à leur puissance. Ils entreprirent de les abolir ; et afin d'écarter tout obstacle, ils imaginèrent d'épuiser peu-à-peu le royaume d'hommes et d'argent, c'est-à-dire, d'exterminer pour commander. D'Olivarez, qui connoissoit tous les ressorts usés de la politique, adopta ce projet, et se flatta d'en rendre encore l'exécution plus facile, en semant la division parmi les grands. Un plan si bien conçu, produisit l'effet qu'on en devoit attendre. Les Portugais se soulevèrent, et mirent le duc de Bragance sur le trône. Cette conjuration, méditée depuis long-temps, fut conduite avec tant d'art et de secret, qu'en huit jours tous les Castillans furent chassés du Portugal ; et cependant on ne fit périr que deux ou trois personnes. Le nouveau roi, nommé Jean IV, envoya des ambassadeurs en France, en Angleterre, en Hollande, en Suède, et s'allia l'année suivante avec toutes ces puissances, qui avoient un intérêt sensible à le soutenir. Le 23 janvier de la même année, les Catalans s'étoient donnés à Louis XIII. Jean ne pouvoit donc pas desirer des circonstances plus favorables, puisque les ennemis de la maison d'Autriche en occupoient alors toutes les forces dans les Pays-Bas, en Allemagne, en Italie et en Catalogne. Ce fut un royaume perdu pour la monarchie d'Espagne.

<small>Il s'agissoit alors de renouveler le traité entre la France et la Suède.</small> Tels ont été les principaux événemens de la guerre pendant l'année 1640, lorsque l'on continuoit de négocier à Hambourg. Le temps marqué pour la durée du dernier traité entre la France et la Suède, devoit expirer le 15 mars 1641. Une alliance qu'il falloit renouveler si souvent, laissoit toujours aux Impériaux l'espérance de diviser les alliés, et c'étoit chaque fois les mêmes difficultés à vaincre. Il eût été plus avantageux de n'y mettre d'autre terme que la paix générale : car alors, sans craindre d'être abandonnée de la Suède, la France pouvoit prolonger les négociations avec la maison d'Autriche, jusqu'à ce qu'elle eût obtenu tout ce qu'elle souhaitoit.

<small>Instructions que ces deux couronnes don-</small> Les instructions, envoyées au comte d'Avaux, furent faites dans cet esprit. Mais de

peur que les Suédois ne se prévalussent de l'empressement de Louis XIII, ce ministre avoit ordre de paroître indifférent à renouveler le dernier traité ; et néanmoins on vouloit qu'il fît les premières avances, parce qu'on étoit pressé de se rassurer de ce côtélà. Il falloit négocier de manière que la Suède n'eût pas occasion d'insister sur de nouvelles demandes, ou que du moins la France pût s'y refuser, sans nuire au projet de prolonger l'alliance jusqu'à la paix générale.

Le comte d'Avaux devoit donc être empressé, sans le paroître. Salvius avoit un rôle plus facile à jouer. La régence de Suède lui recommandoit de traîner la négociation, afin que, se faisant rechercher pendant l'intervalle par la cour de France et par la cour de Vienne, il les mît dans la nécessité d'offrir à l'envi de meilleures conditions, et qu'on pût se décider pour celle des deux qui feroit des offres plus avantageuses. Il avoit ordre d'obliger la France à porter les armes dans la Suabe, la Bavière et l'Autriche ; de se plaindre qu'elle ne l'eût pas encore fait, quoiqu'elle l'eût promis ; d'exiger de plus grands subsides, parce que la guerre devenoit tous les jours plus dispendieuse dans des pays ruinés, qui ne pouvoient plus payer les mêmes contributions ; de demander une satisfaction au sujet des conquêtes et des troupes du duc Bernard, que la France s'étoit appropriées, sans aucun égard pour les intérêts de la Suède ; d'obtenir d'elle qu'elle déclareroit, sous le secret, les demandes qu'elle se proposoit de faire dans le traité de la paix générale ; enfin de lui faire promettre qu'elle ne feroit aucune trêve, ni avec l'empereur, ni avec le roi d'Espagne, soit en Italie, soit en Flandre, ainsi qu'en Allemagne.

La Suède vouloit donc faire la loi. Quoiqu'elle eût dans le fond le même intérêt que la France à renouveler le traité, elle exigeoit de nouvelles conditions; et cependant elle ne prétendoit s'engager à rien de plus qu'à ce qu'elle avoit fait jusqu'alors. Elle étoit jalouse de la supériorité que prenoient les Français, et elle songeoit à trouver de nouveaux dédommagemens dans une guerre qui l'épuisoit, ou à faire une paix particulière, si l'empereur lui offroit des avantages solides.

Telles étoient les dispositions de la Suède. Si la cour de Vienne en eût su profiter, elle eût divisé ses ennemis. Elle faisoit des propositions dans cette vue, elle les renouveloit sans cesse : mais ses négociations échouoient toujours, par le peu de sûreté que la Suède trouvoit à traiter séparément. Ne pouvant compter sur la foi d'un traité particulier, les Suédois avoient besoin de la garantie de la France et de celle des états protestans d'Allemagne; ce qu'ils ne pouvoient obtenir que par un traité général. Ils le reconnoissoient eux-mêmes. Cependant ils étoient toujours prêts à écouter les propositions de la maison d'Autriche, dont tout l'artifice consistoit à leur donner de l'inquiétude, en leur persuadant que la France les trahissoit. Ce sont-là les causes qui suspendoient la négociation dont étoient chargés Savius et le comte d'Avaux.

Ferdinand, qui les veut diviser, ne sait pas profiter des dispositions où se trouve la Suède.

Pendant que ces choses se passoient à Hambourg, tout parut promettre la paix à l'Europe: on eût dit qu'elle alloit se faire, si on en eût jugé par les apparences. Il

Artifices de Ferdinand, pour persuader qu'il ne s'oppose pas à la paix que tout l'empire demande.

sembloit que Ferdinand ne pût plus s'y refuser : car dans tout l'empire, les princes et les états la demandoient avec des cris redoublés. Forcé à céder, il avoit consenti à réformer les sauf-conduits, qui étoient le plus grand obstacle aux négociations; et il avoit convoqué une diète générale à Ratisbonne, afin d'y délibérer sur les moyens de mettre fin à la guerre. Par cette conduite, il songeoit moins à faire la paix, qu'à rendre la France seule coupable des troubles de l'Europe ; et il se flattoit de soulever tous les peuples contre elle.

Artifices de Richelieu.

A ces artifices le cardinal en opposoit de semblables. On louoit des maisons à Cologne pour les plénipotentiaires ; leurs équipages se préparoient à Paris ; on marquoit le jour de leur départ ; enfin on ne savoit point encore que l'empereur avoit résolu de changer les sauf-conduits, et le comte d'Avaux avoit ordre d'accepter ceux qui avoient été offerts, en se contentant de protester, pour mettre à couvert les droits des puissances intéressées.

Les avantages qu'ils se faisoient l'un à

Les démarches des principales puissances paroissoient donc s'accorder avec les vœux de l'Europe. On n'ignoroit pas que Louis XIII desiroit sur-tout la paix, parce que la guerre le mettoit dans la dépendance d'un ministre, dont son amour-propre et les courtisans le dégoûtoient. Par ces mêmes raisons, Richelieu vouloit la guerre. S'il faisoit voir de l'empressement pour la paix, c'étoit afin que la cour de Vienne ne pût pas se prévaloir des dispositions qu'elle affectoit de montrer; c'est qu'il pensoit à rendre les Suédois moins difficiles, en leur persuadant qu'on pourroit se passer d'eux; enfin c'est que la paix, dont il flattoit la France, faisoit prévoir le moment où il deviendroit moins nécessaire, et pouvoit, par conséquent, suspendre les cabales qui se faisoient contre lui. Or dès que Ferdinand et Richelieu vouloient véritablement la guerre, ils ne couroient aucun risque à faire des avances pour la paix : car ils étoient toujours assurés de trouver des prétextes pour mettre des obstacles aux négociations : le public seul étoit trompé. En effet la diète de Ratisbonne ne régla rien. Elle parut entrer dans les vues de l'empereur, parce que la plupart des membres lui étoient dévoués. Ceux qui lui étoient opposés, protestèrent inutilement. Tout se passa dans la plus grande confusion ; et l'unique démarche que cette assemblée fit pour la paix, fut d'écrire au roi de France, au roi d'Espagne, à la reine Christine, et de les inviter à envoyer au plutôt leurs plénipotentiaires à Cologne. Elle parut sur-tout solliciter un accommodement entre la Suède et l'empereur, ce qui retarda la négociation du comte d'Avaux.

<small>1641.
L'empereur et la diète de Ratisbonne sont au moment d'être surpris par Banier et Guébriant.</small>

Cependant Banier, qui n'étoit pas loin de Ratisbonne, forma le projet de surprendre cette place. Le comte de Guébriant, qui commandoit l'armée française, se joignit à lui. Ils s'approchèrent de la ville jusqu'à la portée du canon. Un corps de troupes passa le Danube sur la glace. Il enleva l'équipage de chasse de l'empereur, qui eût été pris lui-même, s'il fût sorti un peu plutôt. D'autres troupes passèrent encore. Les confédérés étoient maîtres de la campagne. Ratisbonne se trouvoit sans défense, sans provisions, remplie d'étrangers, de gens suspects ou mécontens. Les confédérés croyoient voir le moment où ils al-

loient s'en rendre maîtres, et avoir pour
prisonniers la diète et l'empereur. La guerre cût été finie : mais, comme le temps commençoit à se radoucir, les généraux furent
obligés de repasser le Danube, avant qu'il
fût dégelé ; et ils se retirèrent, après avoir
salué Ferdinand de cinq cents volées de
canon, qu'ils firent tirer contre la ville. Le
comte de Guébriant se sépara des Suédois,
pour se rapprocher du Rhin ; et Banier
mourut peu de temps après. Ce général paroît avoir égalé Gustave, dont il étoit l'élève. Une chose suffit à son éloge : c'est que
par sa mort, la Suède devint plus traitable :
parce qu'elle sentit mieux que jamais combien elle avoit besoin des secours de la
France. Elle fut cependant assez heureuse
pour trouver bientôt un capitaine digne de
succéder à Banier. Mais dans l'intervalle,
elle se vit au moment de n'avoir plus
d'armée en Allemagne : Les troupes, sans
subordination, faisoient éclater leur mécontentement : les officiers, comme les
soldats, songeoient à changer de parti :
ils ne s'en cachoient pas ; et la France
eût pu facilement les débaucher, comme

le comte d'Avaux en fit la peur à Salvius.

Elle en devient plus traitable, et conclut le nouveau traité, tel que la France le désiroit.

Une pareille conjoncture mettoit les Suédois dans la nécessité de conclure : ils ne pouvoient plus attendre l'effet des dispositions, que l'empereur affectoit de montrer; ni compter sur les propositions qu'il leur avoit faites tant de fois et si inutilement. Ils consentirent donc au renouvellement du traité, et cette affaire fut enfin terminée à Hambourg, le 30 juin, un mois après la mort de Banier. Ce traité n'eut d'autre terme que la conclusion de la paix générale : Louis XII promit douze cent mille livres, au lieu d'un million : on nomma les villes où se tiendroit le congrès; et il fut réglé que la France enverroit ses plénipotentiaires à Munster, et que la Suède enverroit les siens à Osnabruck.

1641.

Situation de l'électeur de Brandebourg entre les Suédois et les Impériaux. Il abandonne l'empereur, avec qui les ducs de Lunébourg font la paix.

George-Guillaume, électeur de Brandebourg, étoit mort l'année précédente. Entre les Suédois et les Impériaux, qui dévastoient tour-à-tour ses états, il s'étoit vu dans une position d'autant plus embarrassante, qu'il ne lui avoit pas été possible de se déclarer pour l'un des deux partis, sans agir contre lui-même. Quoiqu'il eût quitté l'alliance de la Suède pour accéder à la paix de Prague, il ne pouvoit pas s'intéresser vivement au succès de l'empereur, dont il connoissoit l'ambition ; et il ne pouvoit pas non plus renouer avec la Suède, parce qu'elle formoit des prétentions sur la Poméranie, à laquelle il avoit lui-même des droits. Sa foiblesse ne lui permettoit pas même de délibérer sur le choix de ses alliés, et la fortune l'entraînoit, suivant qu'elle se déclaroit pour les Suédois ou pour les Impériaux. Vous pouvez juger par cet exemple quelle étoit la situation malheureuse de tous les princes, qui se trouvoient trop foibles pour faire pencher la balance. L'électorat de Brandebourg n'étoit qu'un désert, dont les Suédois occupoient une partie, lorsque Frédéric-Guillaume succéda à George-Guillaume son père. Ce nouvel électeur parut vouloir se rapprocher des alliés. Il chassa le comte de Schwartzemberg, qui étoit vendu à la cour de Vienne, et auquel George-Guillaume avoit donné toute sa confiance. Il conclut une trêve avec les Suédois, qui évacuèrent la plus grande partie des Marches de Brandebourg. Il desira même que cette trève fût changée en une paix solide. Outre les avantages présens, qu'il retiroit de cette conduite, il se flattoit d'épouser la jeune Christine, et de monter sur le trône de Suède: mais ce projet devoit trouver bien des obstacles. Pendant que l'électeur de Brandebourg abandonnoit l'empereur, les ducs de Lunébourg cherchoient à s'en rapprocher; et quelque temps après, ils firent une paix particulière avec lui. C'est ainsi que les deux partis s'affoiblissoient et se fortifioient tour-à-tour, pour faire durer la guerre.

Guerre civile en France. Elle finit bientôt par la mort du comte de Soissons.

1641.

La maison d'Autriche comptoit alors sur une guerre civile qui menaçoit la France et le cardinal de Richelieu. Le comte de Soissons, ennemi déclaré de ce ministre, étoit le chef de la révolte. Il avoit fait un traité avec l'Espagne; le duc de Bouillon s'étoit joint à lui; Lamboi, général de l'empereur, lui avoit amené des secours; enfin il avoit défait près de Sedan le maréchal de Châtillon: mais ayant été tué sans qu'on ait su comment, son parti fut bientôt dissipé. Le duc de Bouillon, assiégé par le roi en personne, fut contraint de se soumettre, et de renoncer à toute intelligence avec la maison d'Autriche.

La France avoit eu assez de succès pour se promettre une paix glorieuse ; et la maison d'Autriche, épuisée par tant de pertes, devoit craindre d'en faire encore : car le traité renouvelé entre la France et la Suède, la menaçoit de toutes les forces de ses ennemis. A ces dispositions, qui promettoient la paix, se joignoient les cris de l'Europe qui la demandoit, et les instances des alliés mêmes, qui se plaignoient de la lenteur des négociations. Aucune puissance n'osoit donc s'y refuser ouvertement.

Toute l'Europe demandoit la paix.

Les obstacles, qui avoient jusqu'alors retardé la conclusion du traité préliminaire, se réduisoient aux sauf-conduits, au lieu du congrès, et au jour où les conférences devoient commencer. Les deux premiers avoient été levés : car l'empereur acceptoit Munster et Osnabruck ; il offroit des sauf-conduits tels qu'on les demandoit ; et il en promettoit de semblables au nom du roi d'Espagne. Il ne s'agissoit donc plus que de fixer un jour pour commencer le traité.

Le traité préliminaire paroissoit au moment d'être conclu.

C'étoit alors l'objet des conférences que tenoient à Hambourg le comte d'Avaux, Salvius, et Lutzau ministre de l'empereur. Un si foible obstacle ne paroissoit pas devoir apporter du retardement.

<small>Mais de part et d'autre on vouloit éloigner la conclusion, quoiqu'on feignit de vouloir conclure.</small>
Mais la cour de France ne vouloit pas s'arrêter au milieu de ses conquêtes; le roi d'Espagne se flattoit toujours de recouvrer au moins une partie de ce qu'il avoit perdu; et le cardinal se croyoit mieux assuré, si la guerre continuoit. Elle paroissoit même lui promettre la régence du royaume : car il portoit ses vues jusques-là; et la santé du roi, qui s'affoiblissoit de plus en plus, devoit hâter ce moment, que son ambition attendoit.

Philippe et Ferdinand jugeoient aussi devoir suspendre les négociations, parce qu'une minorité présageoit des troubles dont ils pouvoient profiter. Ainsi, quoique de part et d'autre, on voulût paroître vouloir la paix, on ne la vouloit point en effet. C'est dans cet esprit que Lutzau et le comte d'Avaux traitoient. Ils se proposoient, non de conclure, mais de retarder la conclusion; et chacun des deux mettoit toute son habileté à ne pas paroître coupable des retardemens, et à rejeter au contraire toute la faute sur l'autre.

Dans une position aussi délicate, les négociateurs, qui se pénétroient mutuellement, ne cherchèrent qu'à s'embarrasser. L'un, pour montrer sa sincérité, faisoit des offres plausibles, parce qu'il comptoit qu'elles ne seroient pas acceptées : l'autre, qui ne vouloit pas paroître moins sincère, les acceptoit, ou en faisoit de plus plausibles encore, afin de forcer à un refus. C'étoit un combat plein d'artifices, où, des deux côtés, on se montroit sans défense, et où chacun portoit des coups sans pouvoir se garantir. Il arriva qu'ils tombèrent ensemble dans les piéges qu'ils se tendoient mutuellement. Ils s'avancèrent insensiblement, ils s'engagèrent, ils ne purent plus reculer, et ils conclurent malgré eux.

Cependant à force de feindre, Lutzau et le comte d'Avaux concluent malgré eux.

On convint que les alliés de la France et de la Suède enverroient leurs deputés au congrès, ainsi que les alliés de l'empereur et du roi d'Espagne ; que, deux mois après la signature du traité, on échangeroit à Hambourg les sauf-conduits, qui devoient

Conditions du traité préliminaire qu'ils signent.

être livrés de part et d'autre ; qu'un mois après cet échange, les conférences commenceroient à Munster et à Osnabruck, et que les deux congrès seroient regardés comme un seul, parce qu'on ne régleroit rien dans l'un, que de concert avec l'autre. Le traité préliminaire ayant été signé le 25 décembre 1641, le congrès devoit, par conséquent, s'ouvrir le 25 mars 1642.

<small>L'empereur désavoue Lutzau, et s'expose aux reproches de toute l'Europe.</small>

La France approuva la conduite du comte d'Avaux, et se hâta d'envoyer la ratification du traité. L'empereur, au contraire, refusa de le ratifier sous des prétextes, dont on montra le peu de solidité. Il blâma hautement Lutzau ; il le rappela, et le remplaça par le comte d'Aversberg, qui fit de vains efforts pour détacher les Suédois de la France. Il fut donc prouvé que la maison d'Autriche ne vouloit pas la paix : reproche qu'on ne pouvoit plus faire à la France. C'est tout le fruit que le cardinal avoit prétendu retirer de cette négociation.

<small>1642. Pertes que fait la maison d'Autriche qui compte sur une révolution en France.</small>

La paix ne dépendoit plus que du sort des armes. Il falloit, comme Gustave, vaincre pour hâter les négociations. Or la France et la Suède vainquirent. Torstenson, alors général des Suédois, signala sa première campagne, par la conquête d'une partie de la Silésie et de la Moravie, par la prise de Leipsick, et par deux victoires. Il remporta la première auprès de Schweidnitz, sur le duc de Lawembourg, qui, ayant été fait prisonnier, mourut peu de temps après de ses blessures. Le théâtre de la seconde fut cette plaine de Leipsick, déjà célèbre par les armes de Gustave. L'Archiduc Léopold et Picolomini, qui commandoient les Impériaux, perdirent plus de dix mille hommes. D'un autre côté, le comte de Guébriant vainquit les Impériaux à Kempten, fit prisonniers les généraux Lamboi, Merci et Laudron, se rendit maître de tout le haut Rhin, et alla se joindre à Torstenson pour hâter la prise de Leipsick. A ces succès, joignons la conquête du Roussillon, plusieurs places prises en Italie, et la victoire de Lérida, remportée par le maréchal de la Mothe-Houdancourt sur le marquis de Léganez, dont l'armée étoit bien supérieure. Les Français ne reçurent d'échec que dans les Pays-Bas. Le maréchal de la Guiche fut défait à Honnecourt. Les Espagnols se rendirent maîtres de Lens et de la Bassée; et si Francisco de Mello, leur général, avoit su profiter de la victoire, elle auroit encore eu d'autres suites. Ces avantages néanmoins ne balançoient pas les pertes que la maison d'Autriche avoit faites : elle n'en étoit même que plus affoiblie. Épuisée par ses succès comme par ses revers, il semble donc qu'elle auroit dû penser à la paix : mais elle croyoit prévoir une révolution en France.

<small>Louis XIII ayant besoin d'un favori, le cardinal lui avoit donné Cinqmars.</small>

Il fallut un favori à Louis XIII. Si ce prince se reposoit sur son ministre des soins du gouvernement, c'est qu'il y étoit forcé; son inclination ne l'y portoit pas. Incapable de les partager, il étoit humilié de la dépendance où il se voyoit; cette humiliation ne lui permettoit pas de vivre familièrement avec Richelieu, comme Henri IV vivoit avec Sully. Il n'auroit pas même trouvé le même agrément dans le caractère impérieux du cardinal, dont l'ambition étoit de conquérir, pour ainsi dire, le royaume, et de faire du roi son premier sujet. Louis avoit donc besoin d'un confident, qui lui dît du mal de Richelieu, et avec lequel il pût s'en plaindre. Cet épanchement faisoit une diversion à ses chagrins : c'étoit quelque chose pour lui de parler en secret et en liberté d'un maître qu'il n'auroit pas voulu, et dont il ne pouvoit se passer.

Il importoit au cardinal que le favori fût un homme à lui. Il jeta les yeux sur Cinqmars, second fils du maréchal d'Effiat, surintendant des finances. L'amitié qu'il avoit eue pour le père, l'attachoit aux enfans ; et il comptoit sur la reconnoissance d'un homme dont il auroit fait la fortune. Il lui traça lui-même la conduite qu'il devoit tenir pour plaire.

Un favori, donné par le ministre, n'étoit pas fait pour gagner la confiance. Le roi parut froid, et persista dans sa froideur pendant une année entière, donnant pour prétexte de son éloignement le goût que Cinqmars montroit pour la dépense. Cependant il laissa peu-à-peu vaincre sa répugnance. Le jeune courtisan réussit, moins sans doute par les éloges que Richelieu ne cessoit d'en faire, que par l'adresse avec laquelle il sut se conduire. A la fin de 1639, il étoit en faveur, au point qu'il donnoit de l'ombrage au cardinal. Il obtint la charge de

Le favori réussit, et donne de l'ombrage à Richelieu.

grand-écuyer malgré ce ministre, qui, désapprouvant intérieurement une élévation si subite, n'osa pas s'y opposer ouvertement.

Il cherche à le perdre dans l'esprit du roi.

L'ambition de Cinqmars croissoit avec sa faveur. La reconnoissance fit place à l'ingratitude; et bientôt il voulut perdre le cardinal qui étoit un obstacle à ses projets. Il jetoit sur lui des ridicules par des plaisanteries, que le roi écoutoit, ou répétoit même avec complaisance. Il en critiquoit la conduite : il le rendoit odieux par les impôts dont il fouloit le peuple, par la guerre qu'il entretenoit pour se rendre nécessaire, et par la servitude dans laquelle il tenoit le roi. Cependant, lorsqu'il parloit de le renvoyer, Louis prenoit son air froid et réservé. Il l'avertissoit quelquefois de ne pas se déclarer ouvertement l'ennemi du cardinal : car, ajoutoit-il, je ne pourrois m'empêcher de vous abandonner.

Il forme un parti.

Dans le cas où la disgrace du cardinal seroit impossible, Cinqmars avoit résolu de l'assassiner; mais il vouloit auparavant former un parti, et s'assurer une retraite. Il suivoit ces trois projets à-la-fois, se persuadant que si deux venoient à manquer, le troisième, au moins réussiroit. Le duc d'Épernon, qui mourut pendant ces intrigues, n'attendoit rien de l'imprudence de ce jeune homme, et plaignoit ceux qui avoient la témérité de s'engager dans une pareille entreprise.

Le duc d'Orléans et le duc de Bouillon entrèrent dans les desseins de Cinqmars, et Fontrailles se rendit à la cour de Madrid pour en obtenir des secours. Le 13 mars il conclut, au nom du duc d'Orléans, un traité par lequel le comte-duc promit douze mille hommes de pied, cinq mille chevaux, de l'artillerie, des munitions, de l'argent, en un mot, tout ce qu'on lui demandoit, ou à-peu-près. Mais il ne comptoit pas remplir ces engagemens; puisqu'il n'étoit pas en état de défendre le Roussillon et la Catalogne. Il vouloit seulement ne pas laisser échapper l'occasion de susciter des factions en France. Comme le roi et le cardinal étoient alors mourans, la maison d'Autriche pouvoit tirer avantage d'une guerre civile, qui s'allumoit à la veille d'une minorité et d'un changement de ministre. Cependant les factieux étoient bien imprudens de compter sur l'Espagne.

La cour d'Espagne promet des secours.
1642.

Inquiétude de Richelieu; confiance inconsidérée de Cinqmars.

Richelieu, alors malade à Narbonne, éprouvoit les plus vives inquiétudes; pendant que Cinqmars, qui avoit suivi le roi au siége de Perpignan, jouissoit de toute la faveur. Il triomphoit : il ne cachoit plus ses desseins : toute l'armée se divisoit même; et il se formoit deux partis sous les noms de cardinalistes et de royalistes. Le roi fomentoit cet esprit de faction; car non seulement il montroit combien il étoit dégoûté du cardinal, il témoignoit encore de l'aversion ou de la froideur à ceux qu'il savoit lui être attachés.

Mais Louis, qui se reproche sa foiblesse, écrit au cardinal.

La perte de la bataille d'Honnecourt changea toutes ces dispositions. Louis se reprocha sa foiblesse pour un favori dont il sentoit toute l'incapacité; il s'en éloigna, il le traita durement; et connoissant combien il avoit besoin des conseils de Richelieu, il lui écrivit qu'il l'aimoit plus que jamais, quels que fussent les faux bruits qui avoient couru.

Il a cependant de la peine à se persuader que Cinqmars soit coupable.

Le cardinal, rassuré par cette lettre, n'étoit pas tout-à-fait sans inquiétude. Il pensoit que les dégoûts du roi pour Cinqmars pourroient n'être que passagers, et il songeoit aux moyens de s'affermir, lorsqu'il fit la découverte du traité de Madrid. Le roi, auquel il se hâta d'en donner connoissance, crut d'abord voir dans cette occasion un artifice pour perdre un homme qu'il ne vouloit pas sacrifier. On eut bien de la peine à lui donner des soupçons : il fallut faire agir son confesseur pour le convaincre que cette affaire étoit de nature à devoir être éclaircie; et il montra bien de la répugnance, avant de donner des ordres pour arrêter Cinqmars, le duc de Bouillon, et de Thou qui avoit été le confident de toute cette intrigue. Il rendit ensuite une visite au cardinal, qui s'étoit retiré à Tarascon, soit pour changer d'air, soit pour montrer son mécontentement en s'éloignant de la cour, soit pour être plus à l'abri des embuches du grand-écuyer.

Cependant le cardinal auroit eu de la peine à trouver des preuves suffisantes, si le duc d'Orléans qui vouloit rentrer en grâce n'eût tout révélé. Cinqmars eut la tête tranchée le 12 septembre : de Thou, fils de l'historien, subit la même peine: le duc de Bouillon perdit la souveraineté de Sedan,

<small>Punition de Cinqmars : mort du cardinal</small>

pour laquelle on lui donna un dédommagement quelques années après. Fontrailles et les autres complices se retirèrent en pays étranger. Le cardinal survécut peu au grand écuyer ; il mourut le 4 décembre, et le roi dit froidement : *voilà un grand politique mort*. Marie de Médicis étoit morte à Cologne dans le mois de juillet.

<small>1642.</small>

<small>Cette mort donne de la confiance aux ennemis de la France et de l'inquiétude à ses alliés.</small>

A la première nouvelle de la mort du cardinal de Richelieu, toutes les puissances de l'Europe furent agitées de nouveaux sentimens de crainte ou d'espérance. Cet événement paroissoit devoir tout changer, ou du moins tout suspendre. Les Français ne pouvoient prévoir quelle seroit la conduite du ministère sous un roi foible, mourant, qui ne pouvoit agir par lui-même, et qui cessoit d'être mû par l'ame de Richelieu. La Suède ne savoit si désormais elle devoit compter sur la France ; et la maison d'Autriche, qui mettoit ses ressources dans la mort des hommes qu'elle redoutoit, se livroit à la joie, et croyoit toucher à une révolution qui devoit diviser ses ennemis.

CHAPITRE V.

Jusqu'à l'ouverture du congrès pour la paix générale.

RICHELIEU, qui avoit gouverné le royaume pendant dix-huit ans, le gouverna encore après sa mort. Quoique Louis XIII ne parût pas fâché d'être délivré de ce ministre impérieux, il en suivit les conseils comme des ordres. Ces conseils étoient principalement de ne point faire de changement dans le ministère, de confier le soin des affaires au cardinal Mazarin, qui s'étoit attaché à la France, et de ne pas s'écarter du plan qu'on avoit suivi jusqu'alors. Le roi ayant eu la sagesse de se conformer à ces vues, tout continua au dedans et au dehors du royaume, comme si Richelieu eût encore vécu. La maison d'Autriche vit donc évanouir les espérances qu'elle avoit fondées

Louis XIII se conforme au plan que le cardinal avoit laissé.

sur cette mort ; et il ne lui restoit plus de ressources que dans une minorité. Elle avoit si bien compté sur une révolution, qu'elle cessa de solliciter la Suède ; bien persuadée que cette couronne seroit obligée de solliciter elle-même pour obtenir la paix. Quand ensuite elle tenta de lui rendre la France suspecte, et de l'engager à faire une paix particulière, elle reconnut qu'il n'étoit plus temps. Un des premiers soins de Louis XIII avoit été d'assurer les Suédois, qu'il observeroit fidèlement les traités : ils sentoient eux-mêmes qu'ils devoient la prospérité de leurs armes à leur union avec la France, et que cette union pouvoit seule leur assurer de nouveaux succès, et terminer la guerre par une paix avantageuse et solide.

1648. L'ouverture du congrès est fixée. Alors l'empereur, désespérant de diviser les alliés, consentit à ratifier le dernier traité de Hambourg, et à donner des sauf-conduits dans la forme dont on étoit convenu. Mais les irrégularités, qu'on trouva dans la ratification et dans les sauf-conduits du roi d'Espagne, auroient encore retardé la négociation, si Louis XIII qui vouloit absolument la paix, n'eût ordonné à son ministre de négliger les formalités, et de se contenter d'obtenir les points essentiels. On fit donc l'échange des sauf-conduits, et on fixa l'ouverture du congrès au mois de juillet de la même année 1643.

Le 14 mai, peu après la conclusion de ce traité préliminaire, mourut Louis XIII, qui languissoit depuis long-temps. Il n'avoit pu voir, sans beaucoup d'inquiétude, qu'il laissoit le royaume sous une longue minorité. Son fils aîné n'avoit pas encore cinq ans accomplis. La reine qu'il jugeoit incapable de gouverner, et qu'il croyoit attachée à l'Espagne, et le duc d'Orléans qui s'étoit révolté tant de fois, et qui avoit toujours eu des liaisons avec les ennemis de l'état, pouvoient seuls prétendre à la régence, et Louis XIII auroit voulu ne la confier ni à l'un ni à l'autre. Le cardinal Mazarin lui fit espérer qu'il préviendroit les inconvéniens qu'on pouvoit craindre, si, donnant à la reine le titre de régente, il créoit un conseil auquel il confieroit l'autorité. Il adopta ce projet, qui dissipoit au moins ses inquiétudes; et il prit toutes les précautions possibles, pour assurer l'exécution de ses dernières volontés. La déclaration qu'il en fit, fut enregistrée au parlement, après avoir été signée de la reine et du duc d'Orléans, avec serment d'en observer inviolablement tous les articles. Mais le roi n'étoit pas encore mort, et on désapprouvoit déjà universellement ses dispositions. Comme il n'y a point de loi qui fixe les prérogatives de la qualité de régent, chacun raisonna d'après ses passions, et se fit des principes à son gré. Le 18 mai, le parlement, sans égard pour l'enregistrement de la déclaration, déféra la régence à la reine, avec une autorité indépendante et absolue, et confirma à Gaston, duc d'Orléans, la qualité de lieutenant-général du royaume.

<small>Mazarin, premier ministre.</small>

Le cardinal Mazarin, que la régente choisit pour premier ministre, avoit une grande connoissance des affaires, beaucoup de ressources dans l'esprit, de la netteté, des vues fines, de l'adresse, de la dissimulation et de l'artifice : mais il n'étoit ni aussi ferme que Richelieu, ni aussi vindicatif, ni aussi profond.

<small>Victoire de Rocroi. La France</small>

Un premier ministre étranger, et une

régente de la maison d'Autriche, donnoient autant d'inquiétude aux alliés de la France, que de confiance à ses ennemis. Salvius, prompt à s'alarmer, vouloit se hâter de traiter avec l'empereur : heureusement les régens de Suède jugèrent à propos de ne rien précipiter. Ils eurent bientôt lieu de s'affermir dans cette résolution : car les Français ne tardèrent pas à prouver qu'ils continuoient d'être amis des Suédois et ennemis de la maison d'Autriche. Le 19 mai, cinq jours après la mort de Louis XIII, le duc d'Enguien, ce prince de Condé que vous avez vu dans les lettres de Mme. de Sévigné, remporta une victoire célèbre sur Francisco de Mello, qui assiégeoit Rocroi, et qui se flattoit de pénétrer dans le cœur du royaume. Les Espagnols perdirent quinze mille hommes, dont huit mille restèrent sur la place, et sept mille furent faits prisonniers. Leur meilleure infanterie fut si fort ruinée, qu'ils n'ont jamais pu réparer cette perte. Cette bataille ne coûta que deux mille hommes aux Français. Elle fut suivie de la prise de Thionville et de plusieurs autres places. Le mois suivant, la France et la Suède confirmèrent leur alliance par un nouveau traité.

<small>Les plénipotentiaires de l'empereur et du roi d'Espagne, arrivent à Munster.</small>

Cependant on faisoit à Munster et à Osnabruck les préparatifs pour recevoir les plénipotentiaires qui se disposoient à partir. Ceux de l'empereur arrivèrent les premiers, un mois après le terme écoulé, et ceux du roi d'Espagne les suivirent de près. Ces deux puissances ne s'étoient plus hâtées que les autres, que parce qu'elles vouloient paroître plus disposées à la paix : ce n'étoit qu'un jeu; car leurs ministres n'avoient encore ni instructions, ni pouvoirs. Salvius, ayant appris que les plénipotentiaires de France étoient partis de Paris, se rendit à Osnabruck, afin de se mettre à l'abri des reproches des Impériaux : mais le baron Oxenstiern, fils du chancelier, et nommé premier plénipotentiaire de Suède, ne devoit s'y rendre qu'avec les plénipotentiaires des autres princes. Si les Suédois, qui desiroient sincèrement la paix, vouloient montrer leur empressement, ils ne vouloient pas donner occasion de penser qu'ils fussent capables de traiter sans la France.

<small>La Suède avoit intérêt à ne pas</small>

Les plénipotentiaires de Louis XIV ne

pouvoient pas arriver si tôt. Avant de commencer le congrès, le cardinal Mazarin vouloit s'assurer que tous les alliés de la France en soutiendroient les prétentions, comme elles soutiendroient les leurs. Il comptoit sur la Suède, non-seulement par les traités faits avec elle; mais encore parce qu'elle avoit besoin des Français pour exécuter ses projets sur la Poméranie, comme les Français avoient besoin d'elle pour enlever l'Alsace à la maison d'Autriche. Il ne pouvoit pas également compter sur les états-généraux, quoique le traité d'alliance eût été renouvelé en 1635, et confirmé depuis quelques mois. Car si la Suède ne devoit pas craindre de contribuer à l'agrandissement de la maison de Bourbon, il n'étoit pas naturel de porter le même jugement des Provinces-Unies. Le dessein de cette république, en s'alliant avec la France, avoit été de se défendre contre l'Espagne : cet objet une fois rempli, pouvoit-elle fermer les yeux sur le danger d'accroître une puissance voisine? Il est certain que les conquêtes des Français dans les Pays-Bas lui donnoient de la jalousie et de l'inquiétude.

traiter sans la France. Il n'est écait pas de même des états généraux.

C'est pourquoi les plénipotentiaires de la France passent par la Haye, pour s'assurer que la Hollande ne traitera de la paix que conjointement avec la France.

Il y avoit donc de nouvelles précautions à prendre avec les états-généraux. C'est pourquoi le comte d'Avaux et Abel Servien, plénipotentiaires nommés pour Munster, eurent ordre de passer à la Haye, et de négocier un nouveau traité, conjointement avec Mʳ. de la Thuillerie, ministre de France auprès de la république de Hollande. La négociation fut longue, et souffrit bien des difficultés, elle ne finit qu'au mois de Mars 1644. Mais enfin le traité d'alliance fut renouvelé dans la forme que le cardinal desiroit. Les deux puissances convinrent qu'elles soutiendroient également leurs intérêts réciproques; qu'elles traiteroient ensemble avec l'Espagne, ensorte que l'une ne se hâteroit pas plus que l'autre; qu'elles ne concluroient que d'un commun consentement; et qu'elles s'aideroient pour conserver chacune toutes les conquêtes qu'elles avoient faites. Dès que ce traité eut été conclu, les plénipotentiaires se disposèrent à se rendre à Munster.

Mort de Guébriant. Défaite des Français à Dutlengen. 1643.

Pendant cette négociation, la France fit une perte par la mort du maréchal de Guébriant. Elle en ressentit même bientôt les effets; car le lendemain, 25 novembre, l'armée fut entièrement défaite à Dutlingen par les Bavarois qui restèrent maîtres de la campagne.

Un autre événement donna plus d'inquiétude encore. Les Suédois déclarèrent la guerre au roi de Danemarck, qui avoit fait arrêter quelques-uns de leurs vaisseaux, et qu'ils accusoient, depuis long-temps, d'être leur ennemi secret, quoiqu'il eût été le médiateur du traité préliminaire. En effet ce prince ne pouvoit pas s'intéresser à leur agrandissement.

Les Suédois déclarent la guerre au roi de Danemarck.

Les Impériaux saisirent cette occasion d'accuser les alliés de mettre obstacle à la paix. Mais parce qu'ils ne la vouloient pas eux-mêmes, ils regardoient cette nouvelle guerre comme une diversion en leur faveur: la déroute de Dutlingen augmentoit leurs espérances: ils s'attendoient à voir naître quelques troubles pendant la minorité de Louis XIV; et ils se croyoient dans des circonstances si heureuses, que le comte d'Aversberg conseilloit à l'empereur de rompre la négociation, en prenant pour prétexte le retardement des plénipotentiaires français.

Les Impériaux fondent de nouvelles espérances sur ces événemens.

Le comte d'Avaux dissipe les inquiétudes que la reine et Mazarin ont à ce sujet.

Ces idées, qui flattoient Ferdinand, inquiétoient la reine et le cardinal Mazarin. Ils craignoient que la Suède, dans l'impuissance de résister à tous ses ennemis, ne négligeât la guerre d'Allemagne, ou ne s'accommodât avec l'empereur. Le comte d'Avaux en jugea tout autrement. Il assura que cette guerre ne seroit pas longue; qu'elle n'auroit point de suites fâcheuses pour la France, qu'elle seroit au contraire avantageuse à la cause commune, parce que les Suédois seroient débarrassés d'un médiateur, auquel ils n'avoient point de confiance; et que Torstenson, qui étoit entré dans le Holstein, y rétabliroit son armée aux dépens de Christian IV, et seroit plus en état d'agir l'été suivant. Il ne se trompa point dans ses conjectures.

La guerre de la Suède avec le Danemarck n'a pas de suite.

Cependant le roi de Danemarck sollicitoit les Polonais de se joindre à lui, pressoit l'empereur de lui envoyer des secours, et promettoit de ne pas quitter les armes que les Suédois n'eussent été chassés d'Allemagne. La France, de son côté, ne négligeoit rien pour éteindre cette guerre dès les commencemens. Elle employoit sa médiation entre la Suède et le Danemarck : elle envoyoit un ambassadeur à Ladislas, roi de Pologne, pour l'empêcher de se rendre aux sollicitations de Christian : enfin elle faisoit de nouveaux efforts pour réparer l'échec reçu à Dutlingen. Tout lui réussit. Le roi de Danemarck ne trouva pas dans les états de son royaume, des dispositions à faire la guerre à la Suède. Ferdinand lui donna peu de secours. Il ne lui fut pas même possible de partager ses forces : les succès des Français et des Suédois en Allemagne ne le lui permirent pas.

Le vicomte de Turenne, second fils du duc de Bouillon, succéda au maréchal de Guébriant : il venoit d'être fait maréchal lui-même, quoiqu'il n'eût que trente-deux ans. Après avoir rassemblé les débris de l'armée, et fait de nouvelles levées, il ouvrit la campagne par la défaite de deux régimens bavarois, qu'il surprit auprès de Hohenwiel. D'ailleurs, trop foible contre les ennemis, il les laissa maîtres de la campagne, se proposant de les observer, et de chercher l'occasion de les attaquer avec avantage, lorsqu'ils auroient formé quel-

<small>Turenne ne peut empêcher que Fribourg ne soit pris par le général Merci, 1643.</small>

que entreprise. Elle ne se présenta pas : car Merci, qui les commandoit, joignoit l'habileté à la supériorité des forces. Ce général mit le siége devant Fribourg, et Turenne fit de vains efforts pour le faire lever. La place ouvrit ses portes.

Le duc d'Enguien et ce maréchal, ne peuvent forcer Merci dans ses lignes; mais ils se rendent maîtres du cours du Rhin depuis Bâle jusqu'à Cologne.

1644.

Alors le duc d'Enguien arrivoit au secours du maréchal. Ces deux grands capitaines, supérieurs en forces, auroient pu se promettre une prompte victoire, si Merci eût été moins habile. Mais ce général avoit profité de tous les avantages du terrain; il s'étoit fortifié avec toutes les ressources de l'art, et il paroissoit impossible de le forcer dans ses lignes. L'attaque fut cependant résolue. Le 3 du mois d'août, les Français se rendirent maîtres d'une hauteur, et s'ouvrirent un passage par un vallon, après un combat opiniâtre que la nuit seule termina.

Le lendemain le duc vit que l'ennemi lui étoit échappé, Merci s'étant retiré au-delà de Fribourg sur une montagne, où il avoit fait de nouveaux retranchemens. Il commanda une nouvelle attaque le cinq. Cette action plus longue, plus sanglante que la première, ne fut point décisive; et le prince voyant l'impossiblité de forcer les lignes de l'ennemi, forma le projet de l'affamer. Merci décampa. On ne put le couper dans sa marche, et quoiqu'il eût perdu son artillerie et son bagage, on admira sa retraite. Les Bavarois qui avoient perdu neuf mille hommes, n'osèrent plus paroître ; et les Français conquirent rapidement tout le cours du Rhin, depuis Bâle jusqu'à Cologne.

Dans les Pays-Bas, le prince d'Orange enlevoit le Sas-de-Gand aux Espagnols; lorsque le duc d'Orléans, qui avoit sous lui les maréchaux de la Meilleraie et de Gassion, s'étoit rendu maître de Gravelines, place importante qui préparoit la conquête de Dunkerque et de plusieurs autres villes maritimes. Pendant le cours de ces succès, on apprit que les Espagnols avoient battu le maréchal de la Mothe, pris Lérida, et fait lever le siége de Tarragone. Mais les Portugais remportèrent une grande victoire sur les frontières de Castille, et l'empereur avoit fait de grandes pertes.

Autres événemens de la campagne de 1644.

Gallas ayant marché contre les Suédois, qui étoient encore dans le Holstein, entreprit de les enfermer dans le Jutland, où il se proposoit de les affamer. Torstenson, plus habile, s'ouvrit un passage, et rentra dans la Saxe, ne laissant après lui que des pays qu'il avoit ruinés. Gallas, alors abandonné par les Danois, fut hors d'état de le poursuivre. Il se vit au contraire obligé de fuir devant l'ennemi: son armée, après plusieurs pertes, fut taillée en pièces à Niemech ; et le peu de troupes, qu'il avoit conservées, périt par la famine. D'un autre côté Ragotski, devenu allié de la France et de la Suède, avoit fait une irruption en Hongrie ; et l'armée de l'empereur, commandée par Goetz, après s'être affoiblie à poursuivre les Transilvains dans un pays dépourvu de vivres, acheva de se ruiner au siége de Cassovie, sans pouvoir prendre cette place.

<small>1644. La diète de Francfort est contraire aux vues de l'empereur.</small> Plus Ferdinand faisoit de pertes, plus le corps de l'empire se montroit contraire à ses vues. Alors se tenoit à Francfort une diète, qui s'étoit assemblée en 1643, et que les contestations firent durer jusqu'en 1645. Sur ce qu'elle demanda qu'on délibérât d'abord sur les moyens de terminer la guer-

re, l'empereur proposa de commencer par rétablir la paix au dedans de l'empire : c'est qu'il vouloit une paix, qui, comme celle de Prague, tendit à réunir tout le corps germanique contre les ennemis de la maison d'Autriche. Cette proposition fut rejetée tout d'une voix. On reconnut que la paix au dedans de l'empire devoit être un effet de la paix assurée au dehors ; et on conclut de délibérer sur la manière de traiter avec les puissances étrangères.

Le congrès pour la paix générale étoit une occasion que toutes les puissances d'Allemagne vouloient saisir pour recouvrer leurs priviléges, et faire valoir leurs droits : c'est pourquoi, malgré l'empereur, le collége des princes et celui des villes résolurent d'y envoyer leurs députés. Le collége électoral tenta vainement de leur faire abandonner cette résolution. On agita même, s'il ne conviendroit pas de transporter la diète entière au lieu du congrès. Enfin l'empereur eut encore la mortification de ne pas obtenir les contributions qu'il demandoit pour soutenir la guerre. Ces contradictions, jointes aux mauvais succès des

Le collége des princes & celui des villes, prennent la résolution d'envoyer leurs députés au congrès qui s'ouvre.

armes, forcèrent la maison d'Autriche à consentir que les plénipotentiaires, qui s'étoient rendus à Munster et à Osnabruck, commençassent les conférences; et le congrès s'ouvrit le premier décembre 1644.

LIVRE QUINZIEME.

CHAPITRE PREMIER.

Des intérêts et des vues des principales puissances.

L A France occupoit les villes forestières, presque toute la haute et basse Alsace, plusieurs places dans les électorats de Cologne et de Trèves, et dans le Luxembourg. La Suède, qui étoit maîtresse de la Poméranie, avoit encore des garnisons en Bohême, en Silésie, en Moravie, en Westphalie, et dans la haute et basse Saxe. L'empereur, malgré la paix de Prague qui avoit paru lui donner des alliés, pouvoit difficilement réparer tant de pertes. Il tiroit peu de secours du duc de Lorraine, que la France avoit dépouillé. Le duc de Bavière étoit son

Situation embarrassante de l'empereur.

unique appui. Les Polonais persistoient à n'être que les spectateurs de la guerre. Le roi de Danemarck, qui avoit pris les armes contre la Suède, étoit à la veille de faire sa paix. Les électeurs de Saxe et de Brandebourg, contens de garantir leurs états, croyoient faire assez, s'ils restoient neutres; et les princes d'Italie observoient la même neutralité. Abandonné des états de l'empire, Ferdinand avoit encore contre lui le landgrave de Hesse-Cassel et l'électeur de Trèves; et Ragotski faisoit de temps en temps des diversions qui lui donnoient au moins de l'inquiétude.

Il lui falloit diviser les deux couronnes, ou attendre que la minorité de Louis XIV causât des troubles.

Pressé de toutes parts, il n'avoit de ressources que dans l'espérance de diviser les deux couronnes alliées, et dans l'attente des troubles que la minorité de Louis XIV pouvoit produire. Une pareille révolution le sauvoit : car dès que la France seroit déchirée par une guerre civile, elle ne pourroit plus agir au dehors; et les Suédois, abandonnés à eux-mêmes, seroient trop foibles pour se maintenir en Allemagne. Alors les princes de l'empire, ne les jugeant plus capables de protéger la liberté, et ne voyant en eux que des étrangers dont les succès leur donnoient de la jalousie, devoient naturellement traiter avec l'empereur, et s'unir à lui pour les chasser.

Mais plus l'empereur faisoit d'efforts pour diviser les deux couronnes, plus il resserroit les nœuds de leur alliance. Cet artifice étoit trop usé. Plusieurs années de succès prouvoient à la France et à la Suède, que, si elles persistoient dans leur union, elles deviendroient les arbitres de la paix. D'un autre côté, les troubles ne menaçoient pas encore la France. La guerre même paroissoit l'en garantir, parce que c'étoit une occasion d'éloigner ceux qui pourroient en causer. Cependant l'empereur comptant toujours sur l'un et l'autre de ces événemens, ou sur tous deux ensemble, s'opiniâtroit à ne pas vouloir la paix; et la France, qui ne pouvoit pas encore obtenir tout ce qu'elle desiroit, ne la vouloit pas davantage. Elle songeoit à faire de nouvelles conquêtes, afin de mettre son ennemi dans la nécessité de subir les conditions qu'elle lui imposeroit.

Après la perte du Portugal, de la Catalogne, du Roussillon et de plusieurs places conquises dans les Pays-Bas par les Français et par le prince d'Orange, l'Espagne, à qui l'alliance de la France avec la régente de Savoie, sœur de Louis XIII, ne permettoit pas de faire des progrès en Italie, ne pouvoit acheter la paix qu'en sacrifiant des provinces entières. Don Louis de Haro, qui avoit succédé au comte-duc d'Olivarez, alors disgracié, aimoit mieux, comme l'empereur, attendre quelque révolution, que de faire de si grands sacrifices. Il faut convenir qu'il étoit beaucoup mieux fondé. Par les intelligences que les Espagnols entretenoient en France depuis si long-temps, il leur étoit plus permis de se flatter d'y causer des troubles; et ils pouvoient encore plus se promettre de détacher les Provinces-Unies de l'alliance de Louis XIV.

Il étoit vraisemblable qu'après que la Suède auroit traité séparément, l'empereur, s'il venoit à bout de chasser de l'Allemagne les Français, tourneroit toutes ses forces contre les Suédois, pour leur enlever ce qu'il leur auroit cédé. Il étoit donc de leur intérêt de traiter conjointement avec la France, et avec les princes de l'empire, afin de trouver une garantie sûre dans une ligue puissante, dont les membres devoient toujours se réunir, pour défendre les acquisitions que chacun auroit faites.

La Hollande n'avoit pas le même besoin d'une garantie. Si on lui offroit de la reconnoître pour une puissance indépendante, et de lui abandonner toutes les places qu'elle demandoit, elle pouvoit conclure sans rien appréhender pour l'avenir. Il y avoit plus de vingt ans que la guerre avoit recommencé : chaque année l'Espagne s'étoit épuisée, autant par ses efforts que par ses pertes ; et la manière dont elle étoit gouvernée, ne permettoit pas de présumer qu'elle pût jamais se rétablir. Par conséquent, quelques avantages qu'on lui supposât, lorsqu'elle feroit sa paix avec la France, il étoit naturel de juger qu'elle seroit long-temps hors d'état de former de grandes entreprises. Il lui étoit plus difficile de porter la guerre dans la Hollande, qu'à l'empereur dans la Poméranie ; et il n'étoit pas aussi facile

Mais l'impuissance de l'Espagne étoit une garantie suffisante pour la Hollande.

à la Suède de défendre cette province, dont elle étoit séparée par la mer, qu'il étoit facile à la Hollande de défendre ses propres frontières. Si l'Espagne reprenoit donc jamais les armes, pour recouvrer ses anciens droits sur tous les Pays-Bas, elle devoit échouer, puisque Philippe II, avec toute sa puissance, avoit échoué lui-même.

<small>D'ailleurs cette république pouvoit au besoin compter sur les secours de la France contre l'Espagne.</small>

Il est vrai que les Provinces-Unies ne s'étoient soutenues jusqu'alors que par les secours de leurs alliés : mais il est vrai aussi, qu'elles pouvoient compter d'être secourues, toutes les fois que l'Espagne les menaceroit. Il n'auroit pas été de l'intérêt de la France de les laisser succomber; et cette couronne, oubliant leur infidélité, auroit armé pour les défendre. La Hollande n'avoit donc pas besoin d'une garantie, comme la Suède : ou plutôt l'intérêt de la France, joint à l'impuissance de l'Espagne, étoit pour elle une garantie plus sûre qu'un traité.

<small>Et il pouvoit arriver qu'elle auroit besoin des secours de l'Espagne contre la France.</small>

Bien plus. Si les états-généraux, fidelles à leurs engagemens, se faisoient un point d'honneur de traiter conjointement avec la

France, ils s'exposoient à rendre la maison de Bourbon aussi redoutable que l'avoit été la maison d'Autriche. Or, pour abaisser l'une, ils ne devoient pas trop élever l'autre : ils ne devoient pas rester unis à la France, jusqu'à ce qu'elle eût satisfait son ambition, et s'exposer à devenir les voisins d'une monarchie qui paroissoit alors devoir bientôt dominer dans l'Europe. Les provinces, que les Espagnols conservoient dans les Pays-Bas, étoient une barrière qu'il falloit laisser subsister. Il étoit donc de l'intérêt des états-généraux de traiter séparément; et bien loin d'avoir besoin de la garantie de la France contre l'Espagne, l'Espagne devenoit une garantie pour eux contre la France même.

Nous ne devons compter sur nos alliés, qu'autant qu'ils ont avec nous des intérêts communs: nous serons abandonnés, si ces intérêts cessent. Nous le serons, à plus forte raison, s'ils s'en font de contraires, et s'ils commencent à nous craindre. Par conséquent, si le cardinal Mazarin a cru s'assurer des Provinces-Unies par le traité de 1644, il s'est trompé : il a eu raison, s'il a

Mazarin devoit peu compter sur le dernier traité fait avec les Provinces-Unies.

cru seulement mettre un obstacle aux négociations de la cour de Madrid, et en retarder l'effet. Il a pu penser avec fondement que les états-généraux seroient arrêtés quelque temps par la crainte de s'exposer aux reproches d'infidélité.

Mais si elles paroissent vouloir traiter séparément, il doit leur reprocher leur infidélité et leur ingratitude.

Dans une pareille conjoncture, l'Espagne doit tout accorder aux Provinces-Unies pour les séparer de la France; et la France doit faire valoir la foi des traités, sans oublier de rappeler les secours qu'elle n'a cessé de donner à cette république, et d'en exiger la reconnoissance qu'elle est en droit d'en attendre. Mais la Hollande, de son côté, doit chercher les moyens de concilier ses intérêts avec les circonstances délicates où elle se trouve, et cependant se mettre à l'abri de tout reproche. Voilà ce qui se fera, et ce seul exposé me dispensera d'entrer dans de grands détails à ce sujet.

Le cardinal Mazarin fera bien de se récrier d'avance sur l'infidélité et sur l'ingratitude des Provinces-Unies, si elles paroissent déterminées à traiter séparément. Ces cris pourront au moins suspendre leurs résolutions. Mais de pareilles plaintes ne sont pas aussi fondées qu'on le juge au premier coup-d'œil.

En s'engageant à ne traiter que conjointement, la France et la Hollande supposoient sans doute qu'elles vouloient l'une et l'autre sincèrement la paix, et qu'elles agiroient avec la même sincérité pour en conclure une avantageuse à toutes deux. Si les Français eussent exigé qu'on ne traitât pas sans eux, et que cependant ils eussent déclaré qu'ils mettroient, tous les jours, de nouveaux obstacles à la paix, les états-généraux, à qui elle étoit nécessaire, auroient sans doute rejeté cette proposition. Le cardinal Mazarin n'eut garde de laisser découvrir ses desseins secrets. Je ne sais comment sa dissimulation pourroit en pareil cas se concilier avec la bonne foi. Il est au moins certain qu'il arracha aux Provinces-Unies un consentement qu'elles auroient refusé, si ce ministre eût été moins dissimulé. Il leur tendit un piége, et elles y donnèrent. Mais lorsqu'elles s'en appercevront, ne leur sera-t-il pas permis de chercher à se dégager? et si on leur reproche leur infidélité, ne pourroient-elles pas se plaindre d'avoir été trompées les premières ? Je ne trouve pas plus de fondement dans l'accusation d'ingratitude.

Celui d'ingratitu le l'étoit tout aussi peu.

La reconnoissance et l'ingratitude ont lieu entre des particuliers, parce qu'il arrive tous les jours qu'on rend service, sans songer à d'autre avantage qu'au plaisir de servir : mais de nation à nation, ce cas est extrêmement rare. J'en vois des exemples dans l'histoire ancienne, et je ne sais pas si la moderne en fournit. Il est au moins certain que si la France a donné long-temps des secours aux Provinces-Unies, c'est qu'il étoit de son intérêt d'affoiblir l'Espagne et d'en consumer les forces dans les Pays-Bas. Le reproche d'ingratitude étoit donc plus spécieux que solide. Vous nous avez secourus, pouvoient dire les états-généraux, parce qu'en bonne politique vous le deviez pour votre avantage. Devons-nous donc par reconnoissance continuer une guerre que nous ne pouvons plus soutenir ? et lorsqu'on nous accorde tout ce que nous demandons, faudra-t-il, pour satisfaire votre ambition, et sans espérance d'aucune utilité, nous exposer à tout perdre ? Quand même les choses réussiroient pour vous et pour nous, comme vous le présumez, ne pourrions-nous pas nous repentir un jour d'avoir contribué à des succès que nous partagerions aujourd'hui ? La reconnoissance oblige-t-elle donc à de si grands sacrifices ? Si vous voulez que nous traitions ensemble, hâtez-vous, comme nous, de faire la paix ? L'occasion est favorable. Elle peut vous échapper : il ne faut qu'une maladie dans vos armées, une bataille perdue, une guerre civile.

Ces raisons étoient bonnes, et on n'osoit pas les dire. Les Provinces-Unies cherchoient donc d'autres excuses, et le cardinal s'en prévaloit pour les accuser d'ingratitude et d'infidélité. Regardant ses premiers succès comme un augure de ceux qu'il se promettoit encore, il ne feignoit de desirer la paix, que parce qu'il y étoit forcé ; et il tentoit tout pour engager ses alliés à continuer la guerre qu'il affectoit de vouloir finir. Mais si les Hollandais ne sont pas trompés par ses artifices, ils ne mériteront que des éloges. Telle est la différence qui se trouvoit entre les inté-

Et on ne peut qu'applaudir à la Hollande, si elle ne se laisse pas tromper aux artifices du cardinal.

rêts de la France et ceux des Provinces-Unies.

<small>Maximilien, duc de Bavière, étoit dans une position où il ne savoit s'il devoit se détacher de l'empereur ou lui rester uni.</small>

La Suède devoit, pour son intérêt, traiter conjointement avec la France; et la Hollande devoit traiter séparément, si on lui accordoit ce qu'elle demandoit. Il n'étoit pas si facile à Maximilien duc de Bavière, de décider lequel étoit pour lui plus avantageux, de se détacher de Ferdinand ou de lui rester uni. Le haut Palatinat, et la dignité électorale que l'empereur lui avoit donnée, et qu'il lui garantissoit, étoient une raison pour ne pas l'abandonner. Cependant pouvoit-il ne pas craindre d'être enveloppé dans la ruine d'un prince auquel il donnoit plus de secours qu'il n'en recevoit? et devoit-il embrasser le parti des deux couronnes qui s'intéressoient au rétablissement du prince palatin.

Ce dernier parti paroissoit le plus sûr. Car s'il s'opiniâtroit à courir jusqu'au bout la même fortune avec l'empereur, il s'exposoit à tout le ressentiment de la France et de la Suède, qui le regardoient, avec raison, comme l'auteur de la guerre, et comme le plus grand obstacle à leurs projets. Si, au contraire, il traitoit avec ces puissances, lorsqu'il méritoit encore d'être recherché, il pouvoit compter sur des conditions avantageuses, parce que sa défection les rendoit arbitres de la paix. Mais c'étoit manquer à la reconnoissance ; c'étoit démentir toute la conduite qu'il avoit tenue jusqu'alors. Se voyant donc encore en état de soutenir la guerre, il résolut de demeurer fidelle à ses engagemens, d'attendre quelque révolution, de retarder la paix, de regarder comme une dernière ressource l'alliance que la France lui offroit, et de se justifier au moins par la nécessité où il se trouveroit réduit. Vous voyez que Maximilien est dans une position à faire durer la guerre ou à la faire finir, suivant la conduite qu'il tiendra.

Les autres alliés de la maison d'Autriche avoient par eux-mêmes peu d'influence. Les électeurs de Cologne, de Mayence, et le duc de Neubourg paroissoient disposés à suivre les impressions du duc de Bavière. Les électeurs de Saxe et de Brandebourg, et les ducs de Lunebourg avoient pris le parti de la neutralité. Les autres, trop foibles pour balancer les grandes puis-

Les autres princes de l'empire avoient peu d'influence par eux-mêmes, et ne demandoient que la paix.

sances, étoient entraînés malgré eux. Las d'une longue guerre, qui ruinoit leurs états, ils ne demandoient que la paix; et si la France et la Suède l'offroient, ils étoient prêts à se déclarer contre l'empereur pour le forcer à l'accepter. Ainsi Ferdinand avoit mis sa ressource dans l'espérance de diviser ses ennemis; et il voyoit son parti se détruire insensiblement par les divisions.

Sans m'arrêter sur les divers intérêts qu'un si grand nombre de princes avoit à discuter, je saisirai cette occasion pour vous donner une idée du gouvernement de l'empire. La suite demande que vous en ayez au moins une connoissance générale.

L'empire étoit sujet, par sa nature, à bien des variations. Il seroit impossible de suivre le gouvernement de l'empire dans toutes les variations qu'il a souffertes. Il étoit de nature à varier continuellement, et ce sera assez pour nous d'observer les changemens principaux, sous les différentes périodes.

Après Louis IV, la couronne devint tout-à-fait élective. L'année 911 que mourut Louis IV, fils d'Arnoul, et le dernier des descendans de Louis le Germanique, est l'époque où l'Allemagne se sépara pour toujours de l'empire que Charlemagne avoit gouverné.

La couronne de Germanie devint élective, et le droit d'élire appartint aux états, où le peuple étoit appelé : mais les évêques, les ducs et les comtes y avoient plus d'autorité, parce qu'ils étoient plus puissans.

Cette révolution eut des suites. On les remarque dans le cours de la première période, qui finit en 1024, à la mort de Henri II, dernier prince de la maison de Saxe. Les grands commencèrent à dépendre moins du souverain qu'ils avoient élu, et qui étoit obligé de les ménager pour conserver la couronne dans sa famille. Les duchés devinrent des fiefs héréditaires : les empereurs eurent des vassaux dans les provinces, au lieu de gouverneurs; et pour balancer la puissance de ces princes, les Ottons imaginèrent d'élever le clergé, et d'ériger en principautés des évêchés et des abbayes; mauvaise politique, qui fut la source de bien des désordres.

Effet de cette révolution pendant la première période, sous les princes de la maison de Saxe.

Les rois d'Allemagne, dans l'usage de visiter leurs provinces, ont été long-temps sans avoir de résidence fixe. C'est pourquoi on donna le titre de comte aux magistrats qui rendoient la justice, et qui les accom-

Origine des comtes palatins, des margraves, landgraves, etc.

pagnoient par-tout où ils transportoient leur cour. Le premier comte fut, par cette raison, nommé comte du palais ou palatin.

Il falloit donc, pour attendre le jugement d'un procès, voyager avec la cour, et passer souvent d'une extrémité de l'Allemagne à l'autre. Cet inconvénient fut sans doute cause qu'on établit des comtes dans les provinces. Or ces comtes devinrent, de juges, gouverneurs, et de gouverneurs, vassaux.

Ces magistrats, dans l'origine, étoient choisis parmi les hommes à qui l'âge donnoit ou supposoit de l'expérience. En conséquence on les nomma *graves*, mot qui signifie gris. De-là viennent les margraves, les landgraves, les burgraves, etc., qui ne sont que des espèces de comtes. Les margraves commandoient sur les frontières, les landgraves dans des provinces, et les burgraves dans des villes et dans des châteaux. Pendant la première période, on pouvoit déjà prévoir que les comtés seroient bientôt héréditaires.

Priviléges des diètes. Les diètes étoient l'assemblée des évêques, des abbés, des ducs, des comtes, de la noblesse et des députés du peuple. Elles élisoient les rois, qui n'osoient prendre le titre d'empereur, qu'après avoir été sacrés par le pape. Elles faisoient les lois, décidoient de la guerre et de la paix, et jugeoient les membres de l'empire.

Les rois de Germanie jouissoient de toutes les autres prérogatives de la souveraineté, comme de nommer aux principaux bénéfices, de convoquer les conciles et les diètes, de confirmer ou d'annuller l'élection des papes, de conférer les fiefs vacans, de faire rendre la justice en leur nom dans toute l'étendue de l'empire, etc. Ils disposoient sur-tout de l'Italie.

Prérogatives des rois de Germanie.

Toute cette puissance s'évanouit presque pendant la seconde période, qui finit en 1137, à la mort de Lothaire II, et qui comprend les princes de la maison de Franconie. Les évêques qui voulurent se rendre indépendans, les ducs qui les favorisèrent par leurs révoltes fréquentes, Grégoire VII qui les enhardit par ses entreprises, les Normands, qui prirent les intéréts du saint siége, et les comtés qui, pendant les troubles, devinrent absolument héré-

Ils les perdent presque toutes sur la fin de la seconde période, qui comprend les princes de la maison de Franconie.

ditaires, ont été les causes de cette révolution.

Pendant la troisième, sous les princes de la maison de Suabe, il n'y a que des troubles.

Sous les princes de la maison de Suabe, qui remplissent la troisième période, les querelles entre le sacerdoce et l'empire, les factions des Guelfes et des Gibelins, et les schismes dans l'empire et dans l'église, portèrent les désordres jusqu'aux derniers excès. L'autorité des papes s'accrut en Italie par la ruine de celle des empereurs : ils commencèrent à former des prétentions sur la souveraineté de Rome : ils regardèrent l'empire comme un fief du saint siège ; et si leurs succès ne répondirent pas à toute leur ambition, ils se rendirent au moins redoutables à deux grands hommes, Frédéric I, surnommé Barberousse, et Frédéric II.

Ces troubles occasionnent plusieurs changemens.

Il arriva bien des changemens dans cet intervalle. Les empereurs créèrent dans les duchés plusieurs principautés, qui ne relevèrent que d'eux seuls. Plusieurs villes, sous leur protection, commencèrent à se soustraire aux ducs et aux évêques. Les états formèrent des ligues pour veiller à leur sûreté; et des peuples, en Allemagne et en Italie, tentèrent de se gouverner en républiques.

Mais dans la quatrième période, qui commence en 1524. à la mort de Conrad IV, fils de Frédéric II, il se fit encore de plus grandes révolutions. Ce fut un temps d'anarchie jusqu'en 1273, que Rodolphe de Habsbourg fut élevé à l'empire.

<small>La quatrième période est un temps d'anarchie.</small>

Guillaume, comte de Hollande, qu'une faction avoit élu roi des Romains en 1247, du vivant même de Frédéric, fut reconnu en 1244, et mourut en 1256. Il y avoit déjà long-temps que les évêques et les ducs, qui exerçoient les grandes charges de la couronne, s'étoient arrogé le droit de première élection; en sorte que les diètes ne faisoient que confirmer le choix qu'ils avoient fait. Dès le commencement de cette quatrième période, ils donnèrent l'exclusion à tous les autres princes, et leur choix n'eut plus besoin d'être confirmé. Ils acquirent insensiblement ce droit pendant les troubles; parce que la difficulté de se rendre aux diètes, fit regarder comme un avantage de ne pas s'y trouver : en effet, les brigands qui infestoient tous les chemins, faisoient

<small>C'est alors que les évêques et ducs qui avoient le droit de première élection, s'arrogèrent à eux seuls le droit d'élire l'empereur.</small>

une nécessité de marcher avec une armée. Il n'y avoit déjà dans ce temps-là que sept électeurs, qui étoient les archevêques de Mayence, de Cologne et de Trèves, le roi de Bohême, le duc de Bavière, comte palatin, le duc de Saxe, et le margrave de Brandebourg.

<small>Pour s'assurer les usurpations qu'ils ont faites, ils donnent la couronne impériale à des princes dénués de forces.</small>

Ces électeurs achevèrent de ruiner l'autorité impériale. Comme ils s'étoient agrandis par des usurpations, ils s'accordèrent tous, à la mort de Conrad, pour chercher parmi les princes étrangers, un chef qui fût dénué de forces en Allemagne : mais ils se partagèrent sur le choix. Les uns élurent Richard de Cornouailles, second fils de Jean Sans-terre, et frère de Henri III, et les autres élurent Alphonse le Sage, roi de Castille.

La guerre des Maures et la révolte des Castillans ne permirent pas à celui-ci de s'éloigner de son royaume. Richard, sans concurrent, fit trois voyages en Allemagne, où il répandit des trésors. Il fut reconnu, tant qu'il eut de quoi donner : il perdit ses partisans, lorsqu'il n'eut plus rien ; et il mourut en Angleterre en 1271. Ce n'est pas sans fondement que plusieurs écrivains font commencer, à la mort de Conrad, l'interrègne qui finit à l'élection de Rodolphe : car Guillaume et Richard n'ont eu qu'une ombre de souveraineté.

Cet intervalle est un temps d'anarchie, où le besoin de veiller à la sûreté publique, fut l'occasion de plusieurs établissemens nouveaux. Sur l'une et l'autre rive du Rhin, depuis Zurich jusqu'au-dessous de Cologne, les princes et les villes se liguèrent pour leur défense commune. Les villes commerçantes conclurent une alliance, qui devint célèbre sous le nom de ligue Anséatique. En Franconie, en Suabe et sur le Rhin, les seigneurs ayant fait des confédérations particulières, se rendirent indépendans des ducs, de l'empereur, et relevèrent immédiatement de l'empire. Cette noblesse se distingue par son *immédiateté*, de la noblesse soumise à quelques princes particuliers. Elle est antérieure à la quatrième période; mais il paroît au moins qu'elle dut alors se multiplier davantage. Elle est souveraine dans ses terres, cependant elle n'a point de part au gouvernement de l'empire, et elle n'est jamais appelée aux diètes.

Interrègne qui donne lieu à des ligues.

Et à des usurpations.

Si ces seigneurs devinrent indépendans; les princes plus puissans de l'Allemagne achevèrent de s'arroger toutes les prérogatives de la souveraineté. Les électeurs firent plus : car ils se partagèrent presque tous les domaines de la couronne. Les gouverneurs d'Italie se firent des principautés de leurs gouvernemens : et les Danois, les Polonais et les Hongrois se séparèrent de l'empire, et cessèrent d'en être tributaires.

Pendant la cinquième période les empereurs occupés de l'agrandissement de leur maison, ou des troubles de l'empire et de l'église, n'ont pu recouvrer les domaines et les prérogatives enlevés à leur couronne.

C'est à ces temps de troubles qu'il faut remonter, pour appercevoir dans l'origine les divers droits des membres du corps germanique. Les abus qui s'introduisirent alors, devinrent des droits incontestables pendant le cours de la cinquième période, que Rodolphe de Habsbourg commença. Ce prince fut trop foible pour recouvrer les terres et les prérogatives de la couronne. Il y eut ensuite des interrègnes, des guerres civiles, des empereurs qui ne s'occupèrent que de l'agrandissement de leur famille. Les querelles entre le sacerdoce et l'empire recommencèrent sous Louis V et Charles IV : Wenceslas et Robert Ier. achevèrent de dissiper les domaines de l'empire ; Sigismond, qui finit la cinquième période, en 1337, se vit engagé dans la guerre des Hussites, après avoir donné tous ses soins à faire cesser le grand schisme. Pendant cet intervalle, les empereurs furent dans l'impuissance de recouvrer ce que leurs prédécesseurs avoient perdu, ou même ils ne parurent pas en avoir le dessein. Les électeurs formèrent un collége particulier, auquel la bulle d'or confirma le droit d'élire le roi des Romains, et on distingua deux autres classes : celle des princes et celle des villes libres. Cependant ces trois états ne formoient qu'un seul corps dans les assemblées générales; et c'est dans la diète de Nuremberg, tenue en 1466, 1467, etc., qu'on les voit distribués pour la première fois en trois colléges différens.

La sixième et dernière période commence avec le règne d'Albert II en 1437. La couronne impériale n'est plus sortie de la maison d'Autriche : mais, jusqu'à Charles-Quint, l'empereur n'étoit proprement que le chef d'un corps de souverains. Les électeurs avoient alors la principale autorité : ils s'étoient arrogé presque tous les droits

Lorsqu'après tant de révolutions, les princes de l'empire n'avoient plus dans la sixième période que des prétentions, dont la force seule pouvoit faire des droits, les héréties semèrent de nouvelles divisions.

que les princes et les villes partageoient auparavant dans les diètes : ils parurent même se les assurer lorsqu'ils prescrivirent des capitulations à Charles-Quint et à ses successeurs. Cependant ils furent au moment de se voir enlever ce qu'ils avoient eux-mêmes usurpé sur les deux autres colléges. Ainsi la souveraineté, qui avoit appartenu à la nation entière, se renfermoit peu-à-peu dans un petit nombre de membres, et paroissoit devoir un jour se trouver uniquement dans le chef.

Après tant de révolutions, le gouvernement étoit dans un vrai chaos. On réclamoit de toutes parts pour recouvrer des droits perdus, ou pour conserver des droits usurpés. D'un côté, les électeurs s'élevoient contre l'empereur, auquel ils reprochoient d'avoir violé sa capitulation : de l'autre, exposés aux plaintes des princes et des villes libres, qu'on n'appeloit presque plus aux diètes que pour contribuer aux charges, ils s'unissoient à l'empereur, afin de disposer avec lui de l'empire. Le luthéranisme refusoit de rendre ce qu'il avoit usurpé : le calvinisme, auparavant exclus de l'Allemagne, s'y étoit établi, et vouloit s'y maintenir. Enfin chaque prince, chaque ville libre avoit à se plaindre, et formoit des prétentions. L'objet du corps germanique étoit donc de concilier, dans le traité de paix, les intérêts des trois religions, ceux de tous les princes et ceux de toutes les villes impériales.

Après cet exposé, il est facile de saisir le plan que la France et la Suède se sont fait, pour attirer peu-à-peu dans leur parti tous les états de l'empire.

Dans cet état des choses, il étoit naturel que les membres de l'empire s'unissent à la France et à la Suède, qui offroient de faire cesser l'oppression.

Elles déclarèrent n'avoir pris les armes que pour défendre la liberté germanique. Si les électeurs vouloient donc forcer Ferdinand à remplir les engagemens de sa capitulation, ils devoient s'unir à ces deux puissances; et les deux autres collèges devoient s'y unir encore, s'ils vouloient recouvrer les droits usurpés sur eux par les électeurs. Le corps de l'empire se divisoit donc naturellement, et tous les membres devoient se détacher les uns après les autres.

Mais, dira-t-on, comme la France songeoit à conserver la meilleure partie de ses

Ils pouvoient compter sur la protection de ces

deux puissances, parce qu'elles ne pouvoient s'agrandir qu'en ménageant leurs intérêts.

conquêtes, le dessein de la Suède étoit de se faire un établissement dans l'Allemagne, en acquérant la Poméranie, l'archevêché de Bremen, les évêchés de Verden, d'Halberstadt, d'Osnabruck et de Minden. Voilà le vrai motif pour lequel elles avoient pris les armes l'une et l'autre ; et la liberté de l'empire n'étoit qu'un prétexte, qui ne pouvoit tromper personne. Il est vrai: mais comme ce prétexte étoit l'unique moyen de remplir leur objet, il devenoit partie de l'objet même, et par conséquent, le corps germanique trouvoit son intérêt à traiter avec elles. Il devoit donc appuyer leurs prétentions pour soutenir les siennes, et former une ligue où toutes les puissances se garantiroient mutuellement ce qu'elles auroient acquis ou recouvré. D'un côté, la Suède offroit sa protection aux Protestans, de l'autre la France offroit la sienne aux Catholiques qui se déclaroient neutres. Ni les uns ni les autres ne s'intéressoient à Ferdinand : les électeurs, les princes, les villes, tous vouloient s'enrichir de ses dépouilles. Ils n'attendoient pour l'abandonner, que le moment où ils cesseroient de le craindre.

Il ne falloit donc qu'achever d'épuiser ses forces, pour lui faire perdre les alliés qui lui restoient; et le succès de la négociation dépendoit du succès des armes.

La France, qui s'étoit contentée jusqu'alors de faire des conquêtes sur ses frontières, adopta le projet de la Suède, qui vouloit qu'on établît le théâtre de la guerre dans les provinces, d'où l'empereur tiroit tous ses secours; c'est-à-dire, dans les états héréditaires et dans la Bavière. Elle se proposoit sur-tout d'attaquer vigoureusement Maximilien, et d'offrir en même temps de lui conserver le haut Palatinat et la dignité électorale. Elle vouloit le faire entrer dans ses vues, en lui faisant une nécessité d'accepter les avantages qu'elle lui offroit. L'habileté des généraux paroissoit répondre du succès de cette négociation. Il ne falloit pas de foibles efforts pour dépouiller l'empereur de l'autorité qu'il s'arrogeoit, pour le réduire à n'être plus que le chef de l'empire, et pour forcer la maison d'Autriche à renoncer à tant de provinces qu'on prétendoit lui enlever. Tels

Pour forcer Ferdinand et Maximilien à la paix, la France se propose de porter la guerre dans les états héréditaires et dans la Bavière.

étoient les intérêts et les vues des principales puissances. Vous voyez qu'on étoit loin de conclure encore, quoique les plénipotentiaires eussent ouvert le congrès.

CHAPITRE II.

Du traité de Westphalie, ou des négociations faites à Munster et à Osnabruck.

LA Suède voulut traiter sans l'entremise d'aucun médiateur : les autres puissances acceptèrent la médiation du pape, qui se bornoit à la réconciliation des princes catholiques, et celle de la république de Venise, qui se proposoit de réconcilier toutes les puissances. Ces deux médiateurs n'étoient pas tout-à-fait sans partialité : car l'un et l'autre ne pouvoient voir avec indifférence les arrangemens qu'on prendroit par rapport à l'Italie ; et le pape devoit surtout favoriser les Catholiques d'Allemagne. D'ailleurs, de quelle utilité étoit une médiation, qui se bornoit aux Catholiques ? Étoit-il possible de donner la paix à l'Europe, sans s'occuper des intérêts des Pro-

<small>Médiation sans effet des Vénitiens et du pape.</small>

testans? Aussi ces deux médiateurs finiront-ils par être les simples spectateurs de la négociation.

<small>On n'attendoit plus au congrès que les plénipotentiaires des Provinces-Unies.</small>

Il y avoit déjà plusieurs mois que le nonce Fabio Chigi et Louis Contarini, noble Vénitien, s'étoient rendus au lieu du congrès avec les plénipotentiaires de France, de Suède, de Vienne et de Madrid. Les envoyés de Portugal et de Catalogne s'y trouvoient aussi : mais comme Philippe et Ferdinand n'avoient pas voulu leur accorder des sauf-conduits, ils y étoient venus sans titre, et ils n'y paroissoient qu'à la suite des ministres de France et de Suède. Les députés des Provinces-Unies n'étoient pas encore arrivés.

<small>Plénipotentiaires des autres puissances.</small>

Les plénipotentiaires étoient, pour la France, les comtes d'Avaux et de Servien ; pour la Suède, le baron Oxenstiern, fils du chancelier, et Salvius ; pour l'empereur, le comte de Nassau-Hedamar, et Isaac Volmar, jurisconsulte ; pour l'Espagne, le comte de Diego de Saavedra et Antoine Brun.

<small>Obstacles qui retardent l'ouverture du congrès.</small>

Je ne parlerai point des difficultés que le cérémonial fit naître : de pareils détails seroient une perte de temps pour vous, comme pour les négociateurs. Il me suffira de dire un mot des principaux obstacles, qui retardèrent pendant plusieurs mois l'ouverture du congrès.

Le premier s'offrit, lorsqu'il fut question d'échanger les pleins pouvoirs. Ils se trouvèrent tous défectueux, c'est-à-dire, que de part et d'autre on voulut les trouver tels, parce qu'on ne songeoit point encore à traiter de bonne foi. On contesta donc comme sur les sauf-conduits, on gagna du temps, et chacun crut gagner beaucoup.

1°. Pleins pouvoirs qu'on veut trouver défectueux.

Le second obstacle vint des artifices de la maison d'Autriche pour diviser ses ennemis : artifices employés tant de fois, et si inutilement, et qui furent, encore sans effet.

2°. Artifice de la maison d'Autriche pour diviser ses ennemis.

Le troisième enfin avoit pour cause la lenteur des états de l'empire à députer au congrès. La diète de Francfort duroit encore, et le collège des villes paroissoit disposé à se séparer de l'empereur, pour traiter de ses intérêts à Munster ou à Osnabruck. Le comte d'Avaux, les plénipotentiaires de Suède et le landgrave de Hesse,

3°. Lenteur des états de l'empire à députer au congrès, comme ils y étoient invités par les plénipotentiaires de France et de Suède.

voulant affermir les villes dans cette résolution, adressèrent à tous les membres de la diète des lettres circulaires, par lesquelles ils leur représentoient leurs droits, et les invitoient à se rendre au congrès. Cette invitation tendoit à réunir tous les états de l'empire, et les faire juges des différends qu'ils avoient avec Ferdinand. Quelques-uns, retenus par la crainte, n'osèrent encore se déclarer; mais le grand nombre résolut de forcer l'empereur à consentir que les trois colléges, chaque prince et chaque ville libre, envoyassent leurs députés. Il n'y eut que les électeurs qui s'y opposèrent ouvertement, parce qu'ils vouloient se réserver le droit de décider seuls de la guerre et de la paix.

Ferdinand auroit voulu empêcher cette députation.

Ferdinand auroit voulu parer le coup qu'on lui portoit. Cependant il ne pouvoit pas contester aux princes et aux villes le droit d'assister au congrès. Il n'osoit donc pas se plaindre de l'invitation qu'on leur avoit faite : il se plaignit seulement de quelques termes peu ménagés de la lettre du comte d'Avaux. Il excita la jalousie des électeurs contre les deux autres colléges : il essaya de prouver que les différends de l'empire ne pouvoient être traités que dans une diète ; et il publia qu'il se proposoit d'en convoquer une pour les régler. Cependant plus il faisoit d'efforts, plus il persuadoit aux états combien il leur étoit avantageux de se rendre aux invitations des plénipotentiaires. En effet, ils n'auroient pas trouvé dans une diète la protection qu'on leur offroit à Munster et à Osnabruck. Cette vérité étoit sensible; et comme ils paroissoient ébranlés, la France et la Suède achevèrent de les déterminer par de nouvelles lettres, dans lesquelles ces deux couronnes affectèrent de montrer beaucoup de zèle pour la paix, et de se plaindre des obstacles que la maison d'Autriche y faisoit naître.

Cependant la contestation sur les pleins pouvoirs duroit encore : on ne pensoit pas que la négociation dût commencer sitôt : et les députés des états de l'empire ne se pressoient pas de se rendre à Munster et à Osnabruck, lorsque le succès des armes de la France et de la Suède força l'empereur à montrer plus de disposition pour la paix.

<small>Le mauvais succès de ses armes le force à paraître moins contraire à la paix, et on prend jour pour les propositions.</small>

Les pleins pouvoirs ne souffrirent plus de difficultés : on convint des changemens qu'on y feroit : on publia que la négociation alloit commencer : et du consentement des plénipotentiaires, les médiateurs assignèrent le 4 décembre 1644, pour faire de part et d'autre les premières propositions.

Les Impériaux et les Espagnols demandent qu'on leur restitue toutes les conquêtes.

Au jour marqué, les plénipotentiaires remirent leurs propositions aux médiateurs. Les Impériaux et les Espagnols offrirent la paix, à condition qu'on restitueroit toutes les conquêtes; et on faisoit observer, au nom de Philippe, que c'étoit en considération de ce que la reine régente sa sœur, et Louis XIV, son neveu, n'avoient eu aucune part aux commencemens de la guerre.

Cet égard et cette restitution parurent également ridicules aux Français, qui ne jugeoient pas devoir tout abandonner, après avoir soutenu une guerre aussi dispendieuse. Ils rappeloient les usurpations que l'Espagne, dans ses temps de prospérité, avoit faites sur la France; et ils demandoient qu'avant d'exiger qu'on lui rendît quelque chose, elle restituât tout ce qu'elle retenoit injustement.

En même temps les Impériaux et les Espagnols éclatèrent lorsqu'ils apprirent que les Français et les Suédois, au lieu d'entrer en matière, n'avoient proposé qu'un préliminaire. Ils crurent avoir trouvé l'occasion de les convaincre de ne chercher qu'à retarder la paix. Ce reproche ne paroissoit pas sans fondement : car les deux couronnes s'étoient bornées à demander ensemble, qu'on attendît les états de l'empire, et qu'on fît, de part et d'autre, des instances pour les presser de se rendre au congrès. La France demandoit même encore que l'empereur rendît la liberté à l'électeur de Trèves, afin que ce prince pût se trouver à l'assemblée par lui-même ou par ses députés.

La Suède et la France se bornent à demander qu'on attende les députés des états de l'empire.

Le parti de la maison d'Autriche répondoit, que si les états refusoient de se hâter ou même de venir, ce n'étoit pas une raison pour retarder la négociation ou pour la rompre. A quoi on répliquoit, que puisqu'on avoit pris les armes pour soutenir les droits des états, on ne pouvoit rien conclure sans eux ; et que leur consentement étoit nécessaire pour assurer l'exécution du traité. Il est vrai qu'on pouvoit d'abord le con-

On les attend, en disputant si on les attendra.

clure, et exiger ensuite qu'il fût ratifié dans une diète générale. C'est ce qu'on proposoit : mais cette proposition n'agréoit ni à la Suède ni à la France. Dans une diète, les états auroient agi séparément, après coup, et avec moins de liberté. Dans le congrès, au contraire, ils seroient d'autant plus libres qu'ils dépendroient moins de l'empereur ; ils traiteroient conjointement avec les deux couronnes ; ils auroient avec elles un même intérêt, et ils leur seroient favorables, afin d'en être protégés. Pendant qu'on agitoit avec de bonnes et de mauvaises raisons, si on les attendroit, on les attendoit en effet. Il en étoit déjà venu un grand nombre ; et on auroit pu commencer, si le cérémonial, qu'il falloit régler, n'avoit pas donné le temps d'en attendre d'autres encore.

Malgré les oppositions de Ferdinand, le congrès est regardé comme une diète générale de l'empire.

Plus les deux couronnes invitoient les états, plus l'empereur faisoit d'efforts pour les exclure de la négociation. Il eût au moins voulu n'y admettre que les électeurs : mais il fut encore obligé de céder aux deux autres colléges, qui se voyoient trop bien soutenus pour abandonner leurs droits.

Il ne lui restoit plus qu'à régler la forme des délibérations, de manière que toute l'autorité des états fût confiée aux électeurs, qui avoient des intérêts communs avec lui. C'est ce qu'on ne lui permit pas de faire. Les princes et les villes libres, résolus de jouir de tous les droits du collége électoral, ne jugèrent pas à propos de se conformer à ce que Ferdinand voulut leur prescrire. Il fut arrêté que l'assemblée auroit la même autorité qu'une diète générale, et que tous les états, qui avoient droit de suffrage, y délibéreroient en la manière accoutumée. On contesta long-temps avant de décider si les trois colléges s'assembleroient à Munster ou à Osnabruck, s'ils se partageroient entre ces deux villes, ou s'ils se transporteroient dans quelqu'autre ville voisine. Les députés ne convenoient point entre eux sur ce sujet; et comme les Suédois auroient voulu entraîner tous les états à Osnabruck, les Français vouloient les attirer à Munster. Enfin l'avis du comte d'Avaux prévalut. Il fut réglé, comme il le proposoit, que chacun des trois colléges seroit partagé dans les deux villes ; que les Catholiques et les

Protestans s'établiroient en égal nombre dans Munster et dans Osnabruck, et qu'ils auroient cependant la liberté de passer quelquefois de l'une à l'autre ville, afin de se concerter sur l'objet des délibérations.

Si tous les Catholiques s'étoient rangés d'un côté, et tous les Protestans de l'autre, disoit ce ministre, il auroit été difficile d'éviter les contrariétés qui devoient naître des intérêts opposés des deux religions. Il avoit même demandé que les députés protestans vinssent en plus grand nombre à Munster, afin qu'ils y pussent soutenir avec plus de force leurs intérêts, que les Suédois seuls pouvoient suffisamment défendre à Osnabruck; et il ajoutoit que la France seroit bien aise de les avoir pour témoins de la droiture de ses intentions, et du zèle avec lequel elle se proposoit de ménager leurs avantages. Des motifs aussi honnêtes concilièrent tous les partis; et tout ayant été arrêté, le congrès fut regardé comme une diète générale de l'empire. C'est ce que les deux couronnes desiroient depuis long-temps, et ce que l'empereur avoit toujours craint.

L'empereur avoit rendu la liberté à l'électeur de Trèves, et il étoit arrivé un grand nombre de députés à Munster et à Osnabruck. Il n'y avoit donc plus de prétexte pour différer la négociation. Les Suédois paroissoient eux-mêmes fort empressés de l'entamer. Ils se trouvoient dans une conjoncture avantageuse. Les succès de leurs généraux, Wrangel et Konigsmark, avoient forcé le roi de Danemarck à la paix ; et Torstenson, ayant ensuite tourné ses armes contre les Impériaux, étoit entré en Bohême, et avoit remporté à Janowitz une victoire, qui lui ouvroit tous les pays héréditaires.

Les Suédois, qui avoient eu de grands succès, paroissoient vouloir hâter la négociation.

Mais la France craignoit de donner trop d'avantages à la Suède, si l'on se hâtoit de traiter dans de pareilles circonstances. Quoique l'objet des deux couronnes fût également de rétablir la liberté du corps germanique, en diminuant la puissance de la maison d'Autriche, elles avoient néanmoins chacune des vues particulières qui pouvoient difficilement se concilier. Si les Français soutenoient qu'on pouvoit assurer la liberté de l'empire, sans sacrifier aucune des deux

Mais la France la vouloit retarder, de crainte qu'ils n'en retirassent de trop grands avantages.

religions, les Suédois se proposoient, au contraire, d'abaisser les Catholiques pour élever les Protestans, persuadés que les Catholiques seroient toujours attachés aux Autrichiens. Il étoit donc à craindre que, secondés de tous les princes protestans, comme ils devoient l'être, ils ne se prévalussent de la supériorité que leur donnoit la victoire de Janowitz, et qu'ils n'obtinssent par le traité de trop grands avantages au préjudice de la France. C'est pourquoi les Français jugeoient devoir suspendre, jusqu'à ce qu'ils pussent balancer les succès de leurs alliés.

Quoique les deux couronnes alliées eussent des raisons communes pour la retarder, elles consentent à donner leurs proposition.

Ces deux puissances avoient même des raisons communes pour retarder encore. Les avantages qu'elles se proposoient d'obtenir, étoient de nature à ne pouvoir être demandés qu'avec beaucoup de ménagement : car leurs prétentions sur tant de provinces devoient soulever le corps germanique, qui ne pouvoit pas consentir volontiers au démembrement de l'empire. Il s'agissoit donc de sonder les esprits, de les préparer adroitement, de les conduire par de longs détours. Tout cela demandoit du temps et un grand concert. Cependant commes elles vouloient paroître répondre à l'impatience de l'Europe, leurs plénipotentiaires promirent de donner, et donnèrent en effet leurs propositions, le jour de la Trinité, qui tomboit cette année le 11 Juin. Alors la France étoit humiliée par la défaite de Turenne que Merci avoit surpris à Mariendal. C'étoit la première faute de ce grand capitaine. Il la répara bien dans la suite, et ce fut la dernière de cette espèce.

1645.

Les principales conditions que les deux couronnes mirent à la paix, étoient : 1°. Que toutes choses seroient rétablies dans l'empire au même état, où elles étoient en 1618, avant le commencement de la guerre. C'étoit demander que l'empereur rendît le royaume de Bohême électif, et que le duc de Bavière restituât le haut Palatinat et la dignité électorale.

Elles paroissent dans leurs propositions ne s'occuperque des intérêts du corps germanique, et se bornent pour elles à une satisfaction qu'elles n'expliquent pas.

2°. Que tous les princes et états de l'empire seroient rétablis dans leurs anciens droits, prérogatives, libertés et priviléges ; que par conséquent ils jouiroient de tous les droits de souveraineté, du droit de suffrage dans les diètes, et du droit de faire des confédérations pour leur sûreté, tant entre eux qu'avec les princes voisins.

3°. Qu'on ne pourroit ni porter de nouvelles lois, ni interpréter les anciennes; ni faire la guerre, la paix ou des alliances ; ni imposer des tributs aux états, ni priver un prince de sa dignité ou de ses biens, etc., que par le suffrage libre et le consentement de tous les états dans une assemblée générale.

4°. Que toutes les anciennes constitutions de l'empire, et particulièrement la bulle d'or, seroient observées religieusement, sur-tout, dans l'élection du roi des Romains, et qu'on ne procéderoit jamais à cette élection pendant la vie des empereurs, parce que cet abus perpétue la dignité impériale dans une seule famille, en exclut tous les autres princes, et anéantit le droit des électeurs.

5°. Qu'outre les précautions générales qu'on prendroit pour la sûreté du traité, on donneroit aux deux couronnes et à leurs alliés une satisfaction, et une récompense aux milices étrangères qui ont servi dans leurs armées; et que la satisfaction devoit être telle, qu'elle fût un dédommagement pour le passé, et une sûreté pour l'avenir.

Les états de l'empire ne pouvoient qu'applaudir à des propositions, qui faisoient de leurs intérêts le premier objet du traité. Ils auroient pu avoir quelque inquiétude sur ce que les deux couronnes entendoient par leur satisfaction. Mais puisqu'elles paroissoient ne vouloir rien obtenir pour elles, qu'après qu'ils auroient eux-mêmes été rétablis dans leurs droits, il étoit naturel qu'ils s'occupassent des avantages qu'on leur offroit, et qu'ils se sentissent même portés à favoriser dans la suite les prétentions de la France et de la Suède. Lorsqu'ils se seront familiarisés avec des idées qui les flattent, il sera difficile qu'ils y renoncent. Ils aimeront mieux sacrifier des provinces aux dépens de Ferdinand; et ce sera le moment que les Français et les Suédois pourront prendre pour s'expliquer. Il faut néanmoins remarquer que ces deux puissances ne paroissent embrasser, et n'embrasseront en effet les intérêts du corps germanique, que parce qu'elles les regardent comme un moyen d'obtenir ce qu'elles desirent, et

C'étoit le vrai moyen d'obtenir ce qu'elles desiroient.

comme l'unique garantie qui peut leur en assurer la possession. Jusques-là elles soutiendront leurs premières demandes, mais au-delà elles se relâcheront à proportion que leurs ennemis se rendront plus faciles à leur égard : elles en sont même convenues.

<small>Mais ne s'expliquant pas sur leur satisfaction elles n'avançoient pas la paix.</small>

Il est aisé d'imaginer combien l'empereur et ses partisans furent offensés du projet d'anéantir l'autorité impériale. Aussi relevèrent-ils dans les propositions tout ce qui pouvoit donner lieu à la critique. Les médiateurs eux-mêmes y trouvèrent à redire. En effet, ce n'étoit pas avancer le traité que de parler vaguement d'une satisfaction, sans s'expliquer sur ce qu'on demandoit. Si l'Europe s'étoit flattée d'une paix prochaine, en apprenant que les deux couronnes avoient donné leurs propositions, cette espérance s'évanouit bientôt; et comme le disoit le chancelier Oxenstiern, il restoit encore bien des nœuds qu'on ne pourroit couper qu'avec l'épée.

<small>Succès des armes de la France. 1645.</small>

La France eut sur l'Espagne des avantages qui firent oublier la perte de la bataille de Mariendal. En Flandre, les maréchaux de Gassion et de Rantzau, sous le commandement du duc d'Orléans, enlevèrent plusieurs places, et le prince d'Orange se rendit maître de Hulst. En Catalogne, le comte du Plessis-Praslin avoit fait le siége de Roses, qui capitula après quarante-neuf jours de tranchée ouverte, et qui rendit la communication libre entre la Catalogne et le Roussillon. Le comte d'Harcourt, qui tenoit la campagne, prit ensuite Agrammont et S. Annais, gagna la bataille de Liorens et s'empara de Balaguer. Enfin les Espagnols furent battus par les Portugais, et contraints de lever le siége d'Elvas.

D'un autre côté, le duc d'Enguien passa le Rhin auprès de Spire, et se joignit au vicomte de Turenne, dont l'armée avoit été renforcée par les Hessois et par les Suédois, sous les ordres du général Geis et de Konigsmarck. Ce prince s'approcha du Danube, en se rendant maître de Wimpfen et de Rotenbourg. Il se proposoit d'entrer dans la Bavière, ou de revenir sur Hailbron, lorsqu'il fut abandonné des Suédois, qui craignoient vraisemblablement qu'une victoire en Allemagne ne donnât trop d'avantage aux plénipotentiaires français.

Malgré la défection de Konigsmarck, le duc gagna la bataille de Nordlingen, dans laquelle le général Merci perdit la vie. Peu après le vicomte de Turenne prit Tréves, et rétablit l'électeur, que les Espagnols avoient dépouillé.

Cependant elle cherchoit des prétextes pour ne pas s'expliquer encore sur la satisfaction qu'elle demandoit.

Ces succès ne hâtoient pas la négociation : les comtes d'Avaux et de Servien avoient refusé d'expliquer l'article de la satisfaction, sous prétexte qu'ils étoient obligés d'attendre l'arrivée de Henri d'Orléans, duc de Longueville. Le cardinal envoyoit ce prince à Munster, pour donner plus d'éclat à l'ambassade, et pour éloigner en même temps de la cour un esprit capable d'y former des intrigues. A l'arrivée du duc de Longueville, les plénipotentiaires ne s'expliquèrent pas davantage, et on vit naître seulement de nouvelles contestations sur le cérémonial. Peu de jours après, arriva le premier ambassadeur d'Espagne, Don Gaspart Bracamonte, comte de Pegnaranda ; et on attendoit de Vienne Maximilien, comte de Trantmansdorff, ministre qui avoit toute la confiance de l'empereur. Ces mouvemens faisoient présumer qu'on songeoit sérieusement à la paix.

Il ne restoit plus qu'un prétexte aux Français et aux Suédois pour différer l'explication qu'on leur demandoit ; c'est qu'on n'avoit pas encore répondu à leurs propositions. Or les Impériaux leur enlevèrent cette dernière ressource. Le 25 septembre ils assemblèrent avec beaucoup d'appareil, tous les députés des trois colléges ; ils leur communiquèrent leur réponse, en les invitant à donner leur avis sur chaque article. C'étoit reconnoître également dans tous les états le droit d'opiner sur les affaires les plus importantes de l'empire, et les déclarer juges dans leur propre cause. Si par conséquent les princes et les villes avoient été jusqu'alors opprimés par les empereurs et par les électeurs, ils parurent ce jour-là avoir recouvré leur ancienne liberté. Ces états se crurent déjà libres, et pleins de cette idée, ils se regardèrent comme les maîtres de la négociation : car après avoir délibéré s'ils donneroient leur avis avant que la réponse fût communiquée aux Français et aux Suédois, ils jugèrent

L'empereur répond aux propositions des deux couronnes et par-là prend pour juges les états de l'empire

1645.

devoir permettre de la communiquer sur-le-champ; déclarant néanmoins qu'ils ne prenoient ce parti que pour avancer la négociation, que les choses demeureroient indécises jusqu'à ce qu'ils eussent donné leur avis.

Quelle étoit cette réponse ? La réponse de l'empereur ne faisoit pas espérer de pouvoir sitôt conclure. Bien loin d'accorder une satisfaction aux deux couronnes et à leurs alliés, ce prince en demandoit une pour lui-même. Il paroissoit disposé à faire des sacrifices aux Protestans, ce qui déplaisoit aux médiateurs, et ce que les Français vouloient au moins paroître désapprouver. Enfin il ne refusoit rien aux états de l'empire: Mais il ajoutoit des clauses dont il pouvoit se prévaloir un jour.

Les états s'occupent de leurs intérêts, qui font naître bien des contestations. Les députés des états avoient à traiter des intérêts politiques, soit généraux, soit particuliers et des intérêts de religion. Ils ne s'accordèrent que sur les choses générales ; et il resta des articles sur lesquels il étoit difficile, ou même impossible, qu'ils eussent un avis commun. La religion fit sur-tout naître de grands sujets de contestation, les Protestans se plaignant d'avoir été toujours opprimés par les Catholiques, et les Catholiques se plaignant des usurpations que les Protestans avoient faites.

Cependant au milieu de ces contestations, les états s'applaudissoient d'avoir été pris pour juges; l'empereur se savoit gré d'avoir eu cette condescendance pour eux, parce qu'il prévoyoit qu'il ne seroit pas sitôt jugé, et les deux couronnes n'étoient pas fâchées de voir naître des incidens qui retardoient la négociation, sans qu'on pût leur faire aucun reproche.

Chacun se croyoit donc dans des conjonctures favorables, et tout le monde étoit content. Les états se flattoient de tout obtenir, parce qu'ils voyoient l'empereur dans la nécessité de les ménager; et l'empereur comptoit sur les états, qui, se bornant à disputer sur leurs propres intérêts, ne parloient de la satisfaction des Français et des Suédois, que comme d'une chose à laquelle ils prenoient fort peu de part. Mais cette indifférence ne donnoit pas d'inquiétude aux deux couronnes : car elles jugeoient avec raison, que les états ne trouveroient de sûreté, qu'autant qu'ils traiteroient conjoin-

Se flattant de tout obtenir pour eux, ils ne paroissent pas s'intéresser à la satisfaction des deux couronnes.

tement avec elles; et elles attendoient le moment, où se joignant à elles, ils seroient favorables à la satisfaction qu'elles voudroient obtenir.

Ces deux couronnes n'osoient pas d'abord s'en expliquer l'une à l'autre.

Il s'agissoit enfin de s'expliquer sur cette satisfaction : et c'est un point sur lequel les deux couronnes commençoient à se faire des intérêts différens. Comme les prétentions de l'une pouvoient nuire aux prétentions de l'autre; plus chacune des deux vouloit obtenir, plus elle craignoit de trouver d'obstacle dans son alliée. C'est pourquoi, de part et d'autre, les plénipotentiaires s'observoient, et ne s'ouvroient pas encore; les Suédois étoient sur-tout plus circonspects, parce qu'ils avoient de plus grandes difficultés à vaincre.

Enfin elles se devinent, et ayant pressenti les dispositions du public, elles déclarent ce qu'elles demandent.

A la fin cependant on se devina; on connut même les dispositions du public, qui, jugeant que la satisfaction se feroit aux dépens de la maison d'Autriche, sacrifioit volontiers à la paix les intérêts de cette maison. On ne fut donc plus dans le cas de faire un mystère de ses desseins, et au commencement de 1646, les deux couronnes de concert, déclarèrent aux Impériaux ce qu'elles exigeoient chacune pour leur satisfaction. La France demandoit la haute et la basse-Alsace, y compris le Sundgaw, Brisach et le Brisgaw, les villes Forestières, Philisbourg, et les lieux nécessaires pour assurer la communication de cette place avec la France. La Suède demandoit la Poméranie entière, ou la moitié avec la Silésie ; et de plus, Cammin, Wismar, Poel, le château de Walfisch, ou de la Baleine, Warnemonde, Bremen et Verden. Je passe pour le présent sous silence les autres articles, et je n'en parlerai dans la suite, qu'autant que j'y serai obligé pour donner une idée générale de cette négociation. En effet il nous suffit de considérer l'objet, qui faisoit le principal, ou même l'unique obstacle au traité. Or, si la France et la Suède avoient obtenu une satisfaction telle qu'elles la vouloient, elles se seroient volontiers relâchées sur tout le reste.

C'est sur les domaines de la maison d'Autriche qu'il s'agissoit de prendre la satisfaction de la France. Ainsi ce démembrement, sans rien coûter aux princes de {.sidenote: La satisfaction de la France devoit être prise sur les domaines de la maison d'Autriche.}

l'empire, affoiblissoit l'unique puissance qu'ils redoutoient. Ils pouvoient même regarder comme un avantage pour eux, que la France, s'étendant jusques sur le Rhin, pût au besoin les défendre contre les entreprises des empereurs, Ferdinand paroissoit enfin disposé à tout sacrifier pour la paix : et quoique l'Espagne, qui ne pouvoit le secourir, l'en détournât, le duc de Bavière, qui l'avoit toujours si bien défendu, l'invitoit à céder.

Il n'en étoit pas de même de celle de la Suède : c'est pourquoi elle souffroit plus de difficultés.

La satisfaction de la Suède souffroit de grandes difficultés. Car la Pologne et le Danemarck ne devoient pas souffrir que les Suédois eussent en Allemagne un établissement aussi considérable ; et l'électeur de Brandebourg s'y opposoit encore davantage, parce qu'il avoit sur la Poméranie des droits qu'on ne pouvoit lui contester. Pour avoir son consentement, il falloit le dédommager aux dépens de l'empereur ou de l'église. Le second moyen étoit seul au gré de Ferdinand : mais la France ne l'approuvoit pas, les médiateurs s'y opposoient, et tous les Catholiques le rejetoient avec scandale. C'est par cette raison même que les Suédois le préféroient : car ce démembrement des biens de l'église entroit dans le plan qu'ils s'étoient fait, de mettre au moins une égalité parfaite entre les Protestans et les Catholiques. Par ce plan ils entretenoient en Allemagne les guerres de religion. Les Français au contraire assuroient la paix, parce que, sans distinction de Catholiques et de Protestans, ils se proposoient de faire une ligue générale de tous les membres du corps germanique.

Les députés, à qui les Impériaux communiquèrent la replique des deux couronnes, décidèrent qu'il n'étoit dû aucune satisfaction ; et prononcèrent en général contre elles sur tous les articles. Le plus grand nombre étoit donc favorable à l'empereur ; soit qu'ils le craignissent encore ou qu'ils fussent gagnés par des promesses ; soit qu'ils se crussent désormais en état de défendre eux-mêmes leur liberté ; soit qu'ils eussent quelque honte à souffrir que des puissances étrangères donnassent la loi dans l'empire ; soit enfin que les Catholiques prévissent combien la paix coûteroit à l'église, si on l'achetoit des Suédois. Cela fait voir

Les états déclarent qu'il n'est dû de satisfaction ni à l'une, ni à l'autre.

que l'empereur auroit pu se ménager un parti puissant.

<small>Les deux cou-
ronnes ne s'in-
quiètent pas de
ce jugement.</small>

Les Français et les Suédois ne regardèrent pas cette décision comme un jugement : ils se flattèrent de ramener les uns par les avantages qu'ils leur offriroient dans le cours de la négociation, et de lasser les autres en continuant la guerre avec vigueur.

<small>Le comte de
Trantmansdorff
tente inutile-
ment de récon-
cilier l'empereur
avec le corps
germanique.</small>

Le comte de Trantmansdorff, d'un esprit ferme et solide, avoit encore une réputation de probité, qu'il soutenoit par un caractère franc et honnête. Peut-être cet habile ministre eût-il raccommodé les affaires de l'empereur, s'il en eût été chargé plutôt : mais alors elles étoient désespérées. Le premier objet de son instruction, et sur lequel il ne se flattoit pas de réussir, étoit de réconcilier Ferdinand avec tout le corps germanique, et de réunir toute l'Allemagne pour chasser les Français et les Suédois. Afin de préparer l'exécution de ce projet, on répandit, à son départ de Vienne, qu'il alloit au congrès avec des pleins pouvoirs pour satisfaire entièrement tous les états de l'empire. Mais plus ces promesses étoient grandes, plus elles parurent suspectes, et les états n'eurent garde de donner dans le piége, jugeant bien qu'ils ne seroient plus ménagés, lorsque les puissances qui les protégeoient, cesseroient d'être redoutables.

Ce premier projet ayant échoué, il se proposoit de tout sacrifier jusqu'aux intérêts de la religion, pour gagner les Protestans, et détacher la Suède de la France. Ce second projet n'eut pas plus de succès. Les Suédois demeurèrent fermes dans leur ancienne alliance, et se montrèrent plus difficiles, à mesure que l'empereur parut se relâcher davantage avec eux. Cependant la France et la Suède faisoient de nouveaux préparatifs pour la campagne de 1646; Ferdinand craignoit la continuation de la guerre; et il ne restoit plus d'autre ressource que de négocier avec les Français pour essayer de conclure une paix générale.

Il ne réussit pas mieux à détacher la Suède de la France.

Avant de faire cette démarche, Trantmansdorff assembla les députés des états, et leur demanda s'il étoit dû une satisfaction à la France. Il comptoit se prévaloir de l'opposition de l'empire, pour porter au moins les Français à se relâcher. Ses es-

Il entame une négociation avec cette dernière couronne.

pérances furent trompées : car excepté les députés d'Autriche, de Bourgogne et de l'archiduc Léopold, tous opinèrent en faveur de la France.

Alors il fit faire des offres par les médiateurs, et la négociation commença : cependant, comme il n'offroit pas encore tout ce qu'il se proposoit de céder, la France insistoit sur tout ce qu'elle avoit d'abord demandé, et quoiqu'elle se fût aisément contentée de l'Alsace et de Brisach, elle appuyoit avec la même chaleur sur les articles qui étoient les plus indifférens, et paroissoit n'en vouloir abandonner aucun.

Maximilien de Bavière traite aussi avec la France qui lui fait des propositions avantageuses.

L'année précédente, 1645, le cardinal avoit commencé une négociation avec le duc de Bavière, dans le dessein de le détacher de l'empereur. Il offrit de lui conserver le haut Palatinat avec la dignité électorale, et il proposoit de créer un huitième électorat pour le Palatin, auquel on restitueroit le bas Palatinat. Cet expédient concilioit, autant qu'il étoit possible, les intérêts de ces deux princes. En rétablissant l'un, la France affermissoit la paix dans l'empire; et elle s'attachoit l'autre, en lui conservant ce qu'il avoit acquis.

Dès-lors la cour de France et la cour de Bavière commencèrent à se ménager. Si Maximilien ne pouvoit prendre sur lui d'abandonner l'empereur, il se proposoit au moins d'user de son autorité pour le porter à la paix, et le déterminer à donner une satisfaction à la France. Il entra donc dans les vues du cardinal, sans néanmoins s'engager trop avant. On ne savoit donc sur quoi compter. En effet, ses dispositions varioient comme la fortune. Après la défaite de ses troupes à Nordlingen, il fit à la France les propositions les plus avantageuses : et il commença bientôt à changer de langage, parce qu'il eut, à son tour, quelques succès.

Cependant son âge avancé lui faisoit desirer la paix : parce que si la mort le surprenoit pendant la guerre, il ne savoit plus ce qu'il laissoit à ses enfans. Il entra donc dans la négociation que Trantmansdorff avoit entamée; et pour la hâter, il menaça d'abandonner les Impériaux, si, avec l'Alsace qu'ils offroient, ils ne cédoient

Quoique la négociation paroisse avantageuse, tout est encore suspendu.

pas encore Brisach : il savoit que c'étoit-là le nœud qu'il falloit trancher. Ferdinand y consentit : mais avec des conditions que les Français ne pouvoient accepter, sans offenser leurs alliés. Quoiqu'on parût donc se rapprocher, tout étoit encore suspendu. Puisqu'on vouloit assurer la paix, il falloit qu'elle fût générale ; et par conséquent il ne suffisoit pas que la France obtînt ce qu'elle desiroit.

<small>1646. La France temporise pour ménager le du. de Bavière, et pour ne pas donner trop d'avantage à la Suède.</small>

Pendant qu'on négocioit, les armées entroient en campagne. Charles-Gustave Wrangel, ayant succédé à Torstenson, à qui la goutte avoit fait quitter le commandement à la fin de l'année précédente 1645, s'avança jusques dans la haute Silésie, afin de se joindre aux Français, conformément au projet du vicomte de Turenne. En effet, il semble que la jonction des deux armées eût pu rendre l'empereur plus facile : mais on avoit des raisons pour temporiser. Comme le duc de Bavière se prêtoit alors aux vues de la France, elle croyoit le devoir ménager. Ce prince étoit le plus puissant de l'empire : et si elle pouvoit le gagner, elle se rendoit maîtresse de la négociation.

C'est ce que les Suédois craignoient. Aussi reprochoient-ils à la France les démarches qu'elle faisoit auprès de Maximilien. Ils pressoient la jonction des armées, et ils auroient voulu porter le fer et le feu dans la Bavière; persuadés que s'ils ruinoient cette puissance, ils deviendroient les arbitres de la guerre et de la paix. Les intérêts étant aussi contraires, les Français craignoient une victoire presque autant qu'une défaite· Si les Impériaux ont l'avantage, disoient les plénipotentiaires, ils ne voudront plus traiter aux mêmes conditions; et si notre parti demeure victorieux, il y a lieu d'appréhender que la Suède ne veuille nous donner la loi.

Cependant les Suédois s'approchoient du Rhin, avec la confiance que les Français s'uniroient à eux. La France devoit-elle donc manquer à ses engagemens, rompre avec un allié, et l'exposer à un échec qu'elle auroit senti par contre-coup? Déjà les Impériaux et les Bavarois s'avançoient pour combattre l'armée suédoise : bien supérieurs en nombre, ils se flattoient d'une victoire : et Trantmansdordff, qui en attendoit la nou-

<small>Mais, par cette conduite, elle expose l'armée suédoise.</small>

velle, suspendoit la négociation, et paroissoit mépriser les prétentions des deux couronnes. Il étoit donc temps de voler au secours des Suédois. Turenne eut ordre de les joindre, lorsque la jonction étoit devenue fort difficile. Elle se fit néanmoins sur les frontières de la Hesse.

<small>Difficultés qui retardoient la négociation commencée entre la France et l'empereur.</small>

La négociation recommença : mais il survenoit de nouvelles difficultés. D'un côté, l'empereur déclaroit ne vouloir rien conclure sans l'Espagne, et demandoit que le duc de Lorraine fût compris dans le traité : d'un autre côté, quoique le duc de Bavière eût fait entendre que la France se contenteroit de l'Alsace et de Brisach, elle insistoit encore pour obtenir Philisbourg et les droits souverains sur les dix villes impériales de l'Alsace, et faisoit valoir la facilité avec laquelle elle avoit renoncé aux villes forestières et au Brisgaw.

Cependant l'Espagne ne songeoit point à traiter sérieusement : elle n'avoit d'autre dessein que de détacher les Provinces-Unies, et de retarder la paix de l'empire. Le cardinal pensoit avec raison que les Impériaux ne sacrifieroient pas leurs intérêts aux vues de cette couronne ; et comme ils s'intéressoient encore moins au duc de Lorraine, il persista dans la résolution de ne pas comprendre ce prince dans le traité.

Quant aux villes impériales de l'Alsace, il falloit bien qu'elles obéissent aux dispositions des principales puissances de l'Europe. La plus grande difficulté consistoit donc dans la demande que les Français faisoient de Philisbourg. L'empereur répondoit qu'il n'étoit pas en son pouvoir d'accorder cette place ; qu'il falloit le consentement des états de l'empire, et sur-tout de l'électeur de Trèves, à qui elle appartenoit ; et que si la France pouvoit obtenir ce consentement, il ne s'y opposeroit pas. Il n'avoit pas connoissance d'un traité secret, par lequel l'électeur avoit consenti à céder Philisbourg.

Le progrès des armées en Allemagne acheva de lever les difficultés. Les états du duc de Bavière étoient menacés. Il fallu prendre une résolution, sans délibérer davantage ; et les Impériaux souscrivirent aux principales demandes de la France. Ils ajoutèrent, à la vérité, une clause en faveur de

Le progrès des armées force les Impériaux à souscrire aux principales demandes de la France.

la paix d'Espagne et du rétablissement du duc de Lorraine : mais cette clause ne parut de leur part qu'un reste de bienséance.

<small>Cependant la France ne peut rasconclure définitivement sans la Suède.</small> Ces arrangemens particuliers, quoique convenus, n'étoient que conditionnels; l'exécution en étoit renvoyée à la paix générale: la France qui ne vouloit pas se séparer de ses alliés, ne pouvoit pas traiter définitivement sans la Suède; elle avoit seulement desiré qu'on arrêtât d'abord les articles qui la concernoient ; et, pour trouver moins de difficulté, elle avoit offert d'agir auprès des Suédois, et fait espérer qu'elle les porteroit à se relâcher.

<small>Elle devient médiatrice entre les Suédois et les Impériaux.</small> Les plénipotentiaires français devinrent donc médiateurs entre l'empereur et la Suède. Cette négociation étoit on ne peut pas plus délicate. Jaloux de la supériorité que prenoit la France, les Suédois se montroient plus difficiles que jamais. Ils ne se désistoient sur rien, ni sur les articles qui les regardoient, ni sur ceux des Protestans, ni sur ceux des états de l'empire: ils ne cherchoient même qu'à faire naître de nouvelles difficultés, en paroissant ne s'occuper que des intérêts de la cause commune.

Nous sommes convenus, disoient les Français, que nous nous relâcherions sur les affaires générales, à mesure que les Impériaux nous satisferoient sur nos intérêts particuliers. Mais les Suédois sentoient que le vrai moyen d'obtenir tout pour eux, étoit de demander beaucoup pour les autres; et ils s'obstinoient dans cette conduite, afin que, si la paix étoit retardée, on l'attribuât moins à leurs prétentions qu'à leur zèle pour la cause commune. Enfin ils se plaignoient de la France, qui avoit si fort avancé son traité, lorsque le leur n'étoit pas encore commencé : et si on leur répondoit que cette démarche ne leur faisoit aucun tort, puisque tout ce dont on étoit convenu, sertoit sans effet jusqu'à ce qu'ils eussent eux-mêmes conclu avec les Impériaux ; ils n'étoient pas satisfaits de cette réponse, parce qu'ils voyoient les avantages que la France prenoit sur eux dans la négociation.

Mais plus elle prend de supériorité dans la négociation, plus les Suédois se montrent difficiles.

Comme ils refusoient de s'expliquer, parce qu'ils disoient ne pas savoir les intentions de l'empereur, auquel ils reprochoient de ne leur avoir jamais fait de propositions expresses, les plénipotentiaires français

Offres des Impériaux aux Suédois.

agirent auprès des Impériaux, pour les engager à faire des offres, sur lesquelles on pût compter. Ceux-ci offrirent la Poméranie citérieure, la co-seigneurie de Wismar et le duché de Mecklenbourg, avec la disposition à perpétuité de l'archevêché de Bremen, et l'évêché de Verden.

<small>1646.
Les plénipotentiaires français écrivent à sa jet à Christine, qui desiroit la paix.</small>

Christine, alors majeure, desiroit la paix: mais on prétend que le chancelier Oxenstiern ne la vouloit pas, et c'est en effet son fils qui mettoit les plus grands obstacles à la négociation. Salvius, au contraire, qui avoit la confiance de la reine, s'ouvrit avec les plénipotentiaires français, et leur conseilla de négocier immédiatement avec la cour de Suède, leur avouant que s'il ne recevoit de nouveaux ordres, il n'étoit pas en son pouvoir de conclure. Ils suivirent ce conseil, et ils écrivirent à la reine.

<small>Succès de Turenne et de Wrangel.</small>

Pendant que la négociation traînoit, les Impériaux et les Bavarois fuyoient devant l'armée des alliés, qui étoit bien inférieure. Avec dix-huit mille hommes, au plus, Wrangel et Turenne prenoient des villes, se rendoient maîtres de la campagne, mettoient à contribution la Franconie et la Suabe, et portoient le ravage dans la Bavière. L'archiduc Léopold, hors d'état de faire subsister son armée, renvoya les Bavarois chez eux, et ramena les Impériaux en Autriche. Les alliés prirent leurs quartiers dans la Suabe. Turenne se saisissant des places situées le long du Danube, et Wrangel occupant le pays qui s'étend vers le lac de Constance, leurs partis faisoient des courses jusqu'aux portes de Munich. Ainsi finit la campagne. Ces succès rendoient les Suédois plus difficiles, et mettoient Maximilien dans la nécessité de traiter avec la France.

Dans les Pays-Bas, les Français prirent Courtrai, Mardick et Dunkerque; et en Italie, Piombino et Porto-Longone. Il est vrai qu'en Catalogne le comte d'Harcourt fut obligé de lever le siége de Lérida; mais ce n'étoit qu'une conquête de moins. Après tant de pertes, l'Espagne menacée d'en faire encore, paroissoit devoir desirer la fin de la guerre. Cependant sa négociation avec la France n'avançoit point. Elle persistoit toujours dans le dessein de conclure promptement un traité particulier avec les

L'Espagne, qui faisoit des pertes, négocioit lentement avec la France, et pressoit les états généraux de conclure un traité particulier.

états-généraux, et de faire en même temps tous ses efforts pour retarder le traité de l'empire, persuadée qu'elle pourroit alors reprendre l'avantage sur la France, ou recouvrer au moins une partie de ce qu'elle avoit perdu. Ce plan étoit sage : mais afin de pouvoir juger s'il a été conduit sagement, il faut connoître l'état des choses au commencement de la négociation : c'est-à-dire, pendant l'hiver qui a précédé la campagne de 1646.

<small>Elle feignoit de vouloir conserver toutes ses conquêtes, et l'Espagne paroissoit ne vouloir abandonner que quelques places.</small> Outre la Catalogne et le Roussillon, la France, depuis la guerre déclarée, avoit acquis dans l'Artois, Arras, Bapaume, l'Écluse, Béthune, S. Venant, Lillers, Hédin, Lens et plusieurs autres petites places ; dans la Flandre, Gravelines, Bourg-bourg, Linck, Cassel, Armentières, le Quesnoi ; dans le Hainaut et le Luxembourg, Landrecie, Maubeuge, Damvilliers, Thionville et beaucoup de châteaux ; enfin Casal en Italie. La France déclaroit ne vouloir rendre aucune de ses conquêtes, afin d'en conserver la plus grande partie : l'Espagne marchandoit, et n'offroit que quelques places afin de céder le moins

qu'il seroit possible. Enfin le Portugal, la Catalogne et la Lorraine faisoient naître encore de grandes difficultés.

Le cardinal Mazarin avoit formé le projet d'échanger la Catalogne pour les Pays-Bas. Il se flattoit même d'y réussir par l'entremise du prince d'Orange; et il s'imaginoit trouver des moyens pour ne donner d'ombrage ni aux Catalans, ni aux Provinces-Unies. Philippe IV, qui feignit de se prêter à ce dessein, proposa le mariage de l'infante avec Louis XIV, et offrit en dot les Pays-Bas. Il est vrai que les plénipotentiaires français affectèrent d'écouter cette proposition avec indifférence : mais les Espagnols se hâtèrent de répandre que le traité alloit être conclu, et on ajouta que la cession que faisoit l'Espagne, comprenoit les droits de cette couronne sur les Provinces-Unies. En faisant courir ces bruits, le conseil de Madrid vouloit alarmer les Hollandais, afin de les engager à prévenir la France par un traité particulier. La négociation étoit déjà bien avancée avec eux, puisque l'Espagne abandonnoit tout ce que la république avoit conquis. Il ne restoit plus

Philippe IV feint de vouloir céder les Pays-Bas en échange de la Catalogne.

que de légères difficultés ; et les états-généraux comptant les vaincre, faisoient les préparatifs de la campagne avec une lenteur qui dérangeoit tous les projets du cardinal. Cependant la France osoit à peine se plaindre. Plus elle craignoit de perdre son allié, plus elle le ménageoit ; et les députés, que la république avoit envoyés à Munster, ne répondoient que par des promesses vagues de remplir tous les engagemens. Il est vrai néanmoins qu'ils continuoient de déclarer à l'Espagne qu'ils ne concluroient rien sans la France ; et ils parloient ainsi, soit pour rassurer l'une, soit pour engager l'autre à leur offrir davantage.

Il paroît disposé à conclure avec la France. Cette conduite incertaine sembloit devoir avancer la paix : car d'un côté les Français se relâchoient parce qu'ils craignoient d'être abandonnés ; et de l'autre les Espagnols faisoient des offres plus considérables, parce qu'ils espéroient moins de détacher les Provinces-Unies. Peut-être encore jugeoient-ils que, s'ils paroissoient disposés à conclure avec la France, les états-généraux se hâteroient de faire leur traité particulier.

Les deux partis parurent donc se rappro- *Il prend les députés de Hollande pour arbitres.*
cher : mais l'Espagne ne faisoit pas encore
assez au gré des Français, ni même au jugement des députés de Hollande, qui l'invitèrent à faire davantage. Ils déclarèrent
même, conformément à de nouveaux ordres
des états-généraux, que la république ne
feroit point de traité particulier, et que
l'unique moyen de conclure étoit de traiter
en même temps avec la France. Les Espagnols feignirent de n'avoir pas d'autre
dessein ; et voulant écarter tout soupçon,
ils prirent les députés pour arbitres. Les
Français acceptèrent avec joie cette médiation.

La Catalogne fut le premier article qu'on *La France feint de ne vouloir pas abandonner la Catalogne.*
traita. Quoique la France se crût en droit
de la retenir pour toujours, elle proposa
de ne faire pour cette province qu'une trêve,
qui dureroit autant que celle que les états-
généraux obtiendroient pour eux : car
alors cette république préféroit une trêve
à la paix. Que si Philippe aimoit mieux
prévenir une nouvelle guerre, il pouvoit
abandonner à perpétuité toute la Catalogne,
avec les villes qu'il y possédoit encore ; et

que Louis XIV le dédommageroit, en lui restituant quelques places dans les Pays-Bas. Mais quelque parti que prît l'Espagne, la France déclaroit qu'elle n'abandonneroit point un peuple qui s'étoit mis sous sa protection ; que ce seroit une infidélité, une infamie, une lâcheté, dont elle n'étoit pas capable.

Et par cet artifice, Mazarin s'imagine engager les députés à offrir les Pays-Bas.

Elle étoit cependant résolue à l'abandonner, si on lui cédoit en échange tous les Pays-Bas. Bien persuadée que Philippe ne pourroit pas se résoudre à voir les Français établis dans le sein de ses états, elle n'offroit les Pays-Bas pour la Catalogne, qu'afin de faire naître aux députés la pensée d'un échange contraire, c'est-à-dire, de rendre la Catalogne à l'Espagne, pour en obtenir les Pays-Bas.

Cet artifice ne devoit pas réussir.

Tel étoit le caractère du cardinal Mazarin. Il alloit volontiers par des voies détournées, insistant sur les choses qu'il ne vouloit pas, et paroissant indifférent sur celles qu'il desiroit davantage. Comme il craignoit de donner de l'ombrage aux députés, il n'osoit leur déclarer ses vues sur les Pays-Bas, et il dissimuloit. Il me semble qu'il eût mieux fait de renoncer aux Pays-Bas. En effet, il étoit difficile de comprendre comment il pouvoit se flatter d'amener les Hollandais à former eux-mêmes un projet, qu'il savoit leur être odieux. Il falloit supposer que les députés, assez aveugles pour ne pas juger des desseins du cardinal par les intérêts de la France, seroient encore aveugles sur leurs propres intérêts. Or c'est ce que Mazarin ne pouvoit supposer. Si jamais l'art de négocier est porté à sa perfection, tous ces petits artifices, qui ne peuvent réussir que lorsqu'on traite avec des hommes tout-à-fait stupides, seront si usés, que la bonne foi sera la première qualité d'un habile négociateur.

Le duc de Lorraine, dont l'Espagne demandoit le rétablissement, et le roi de Portugal, que la France avoit pris sous sa protection, étoient deux articles, auxquels les deux couronnes vouloient paroître s'intéresser, et sur lesquels elles étoient bien disposées à se faire des sacrifices. En effet, après plusieurs conférences, et peu avant la prise de Dunkerque, qui se rendit le 7 octobre 1646, les députés et les médiateurs

Les Espagnols font des propositions que la France auroit dû accepter.

1646

assurèrent que les Espagnols consentiroient à tout, pourvu qu'il ne fût plus question du Portugal ; c'est-à-dire, qu'abandonnant le Roussillon et toutes les conquêtes faites sur eux dans les Pays-Bas, ils consentoient à une trêve de trente ans pour la Catalogne. Alors on parut s'accorder, ou du moins il ne restoit plus que des difficultés assez légères.

Il en survint une nouvelle par la prise de Piombino et Porto-Longone : car la France résolut de conserver encore ces deux places. Il semble que les conjonctures étoient assez belles, pour ne pas retarder la paix par de nouveaux incidens : mais le cardinal aimoit à former des projets ; son esprit, fécond en raisons, les lui rendoit toujours plausibles ; et son intérêt personnel lui faisoit craindre la fin de la guerre.

Pour alarmer les états-généraux, ils font courir le bruit du mariage de l'infante avec Louis XIV.

L'Espagne n'avoit pris les Hollandais pour arbitres, qu'afin de leur persuader de traiter séparément, si les Français, comme elle l'avoit prévu, se rendoient trop difficiles. Elle affecta même encore de penser sérieusement au mariage de l'infante avec Louis XIV ; et cette nouvelle pouvoit donner d'autant plus d'inquiétude aux Provinces-Unies, que l'infant, unique fils du roi d'Espagne, étant mort sur ces entrefaites, le mariage de sa sœur portoit dans la maison de Bourbon toute la succession et toutes les prétentions de Philippe IV.

Ce mariage étoit hors de vraisemblance : mais le peuple croit volontiers aux bruits qui se répandent, et les députés des états-généraux feignoient d'y croire, afin d'avoir un prétexte pour conclure promptement avec l'Espagne. Tout étoit arrêté. Ils avoient obtenu ce qu'ils demandoient; et, au lieu d'une trêve, on leur accordoit une paix qui assuroit, pour toujours, l'état de la république. De nouvelles conquêtes pouvoient comme Piombino et Porto-Longone, retarder encore le traité de la France ; et les Hollandais craignoient de perdre le moment favorable, s'ils laissoient au sort des armes les avantages qu'on leur offroit. Leurs intérêts d'ailleurs ne se concilioient pas avec ceux du roi de Portugal, que la France protégeoit. Ils vouloient conserver les conquêtes qu'ils avoient faites sur les Portugais dans le Brésil et aux Indes orientales, ou

Raisons des états-généraux pour conclure leur traité particulier.

même en faire de nouvelles, et par conséquent, ils devoient se liguer avec l'Espagne contre le Portugal.

Ils le concluent, mais ils en diffèrent la signature.
Les Français ne cessoient de rappeler l'article du traité d'alliance, par lequel il étoit déclaré que la France et la Hollande n'avanceroient pas leur négociation l'une plus que l'autre. Toutes ces représentations furent inutiles, et les députés conclurent leur traité particulier avec l'Espagne. Ils consentirent seulement à différer la signature, afin que le comte de Servien eût le temps de se rendre à la Haye pour conférer avec les états-généraux.

Il étoit impossible aux puissances alliées de conduire leurs négociations du même mouvement.
Il avoit été prudent aux puissances alliées de se proposer de conduire leurs négociations toutes ensemble et d'un même mouvement, mais ce projet étoit impossible dans l'exécution : car, si elles avoient un intérêt commun à traiter de concert, elles commençoient à se faire des intérêts différens, dès qu'elles en venoient chacune au détail de leurs prétentions; et les ennemis, bien loin de vouloir négocier du même mouvement avec toutes ensemble, ne songeoient, au contraire, qu'à déranger ce

concert. Il falloit donc nécessairement que l'une convînt avec eux sur quelques articles, lorsque l'autre ne savoit pas encore sur quoi compter. De-là naissoient des jalousies, des défiances et des variations continuelles. Chacune auroit voulu avancer sa négociation séparément, et retarder celle de ses alliés; parce que chacune craignoit de rester seule chargée du poids de la guerre, ou d'être forcée, par ses alliés mêmes, à faire une paix moins avantageuse.

Telles étoient les dispositions de la France même, qui reprochoit trop de précipitation à la Hollande, et qui étoit exposée au même reproche de la part de la Suède. Il falloit qu'elle prouvât qu'elle n'étoit pas trop précipitée, et que les Suédois étoient trop lents; et, en même temps qu'elle n'étoit pas trop lente, et que les états-généraux étoient trop précipités. Elle avoit donc à faire valoir, contre l'un de ses alliés, les raisons qu'elle avoit à combattre dans la bouche de l'autre. Cette situation auroit été embarrassante, si les politiques se piquoient toujours de parler de bonne foi et de raisonner exactement: mais, en général,

La France, qui se plaignoit de la précipitation de la Hollande, étoit exposée aux mêmes reproches de la part de la Suède.

ils se contentent de donner des raisons.

Pourquoi la France avoit-elle si fort avancé son traité avec les Impériaux ? C'est parce qu'elle vouloit prévenir les Suédois, et avoir sur eux tout l'avantage. Comment donc peut-elle se plaindre, si les états-généraux tiennent avec elle la même conduite ? On répondra, sans doute, que, quoiqu'elle eût arrêté les articles qui la concernoient, tout étoit encore suspendu jusqu'à ce que la Suède eût fait son traité. Mais les états-généraux répliqueront qu'ils sont dans le même cas, puisqu'ils n'ont pas encore signé. Si la France, qui retarde la paix en formant toujours de nouvelles prétentions, craint que les Provinces-Unies ne se prévalent du traité qu'elles ont fait, et ne la forcent à se désister d'une partie des choses qu'elle demande, ne donne-t-elle pas les mêmes craintes aux Suédois, et n'a-t-elle pas résolu de les forcer à se relâcher ?

Elle ne pouvoit pas exiger que les états-généraux s'arrêtassent à chaque incident qu'elle faisoit naître.

Je sais bien qu'on dira qu'elle est déterminée à ne pas abandonner la Suède, et qu'au contraire elle appréhende, avec raison, l'infidélité des Hollandais. Mais cette infidélité n'est peut-être qu'un reproche spécieux, et ce n'est pas la vraie cause de ses inquiétudes. Elle voit plutôt qu'elle exige trop des Hollandais. Comme ils ne lui sont pas attachés par un intérêt aussi pressant, que celui qui la lie aux Suédois, elle craint qu'ils ne veuillent pas se prêter à toutes ses vues, et retarder la paix à chaque incident qu'il lui plaira de faire naître. Il me semble que la franchise de Henri IV et de Sully auroit mieux réussi que les artifices du cardinal, et que, pour être en droit de faire aux Provinces-Unies le reproche d'infidélité, il auroit fallu avoir avec elles moins de dissimulation. Henri et Sully n'auroient pas eu besoin de cette dissimulation, parce qu'ils n'auroient pas formé des projets évidemment contraires aux intérêts des Provinces-Unies.

A la fin de 1646, la négociation entre la Hollande, l'Espagne et la France, étoit dans l'état que je viens de représenter. Vous verrez, dans le père Bougeant, les efforts des Français pour empêcher la Hollande de faire la paix séparément, et comment cette république suspendit la signature de son traité pendant le cours de l'année 1647.

Par la médiation des députés de Hollande, tout étoit d'accord entre l'Espagne et la France.

Ses députés continuèrent d'employer leur médiation : ils avancèrent même les choses au point, que tout étoit d'accord entre les plénipotentiaires espagnols et français ; et on n'attendoit plus pour conclure que les ordres de la cour de France.

Lorsque de nouvelles prétentions de Mazarin rompent la négociation. Alors les députés signent leur traité.

Alors les Napolitains s'étoient soulevés, et le cardinal formoit déjà de nouveaux projets. Quoiqu'il suivît en général le plan de Richelieu, il n'étoit pas en lui de se proposer un objet bien déterminé. A peine se croyoit-il arrivé à un but, qu'il vouloit tendre à un autre, et chaque événement produisoit quelque révolution dans son esprit. Il vouloit profiter de la situation des Espagnols, pour leur imposer des conditions plus dures ; ou même il étoit fâché de voir la paix se conclure dans une conjoncture où il se flattoit d'enlever le royaume de Naples à l'Espagne. Cependant il n'osoit prendre sur lui de continuer la guerre, parce qu'il eût rendu la France odieuse à l'Europe, et qu'il se fût rendu lui-même odieux à la France. Dans l'embarras où il se trouvoit, il sut mauvais gré au duc de Longueville et au comte d'Avaux de l'y avoir mis, et il en sortit avec sa dissimulation ordinaire. Après avoir réfuté, avec une humeur pleine de mépris, les raisons que ces deux plénipotentiaires apportoient pour la paix, il consentit néanmoins d'accepter les propositions qui avoient été faites : mais il y mit tant de réserves, que son consentement étoit un vrai refus. Les plénipotentiaires furent donc obligés de rompre la négociation. Heureusement pour eux, les Espagnols, qui ne connoissoient pas les dispositions du cardinal, leur fournirent un prétexte plausible, en élevant quelques nouvelles difficultés. Ils les saisirent; et, cachant les ordres qu'ils avoient reçus, ils firent croire que, si la paix ne se faisoit pas, c'étoit uniquement la faute de l'Espagne. Ce fut alors que les députés, las de tant de longueurs, conclurent conformément aux vœux des Provinces-Unies. Ils signèrent leur traité le 30 janvier 1648, et les ratifications furent échangées deux mois après.

Les Espagnols eurent lieu de s'applaudir. Ils avoient enfin brisé les liens qui unissoient contre eux la France et la Hollande. Voilà où ils avoient dirigé toutes leurs démarches : depuis le commencement des négociations ils n'avoient jamais perdu de vue cet objet principal ; ils ne s'en étoient jamais écartés. Cette conduite uniforme et constante ne pouvoit manquer de réussir mieux que les artifices du cardinal, qui, changeant toujours quelque chose à son plan, se rendoit suspect aux états-généraux, n'en tiroit souvent que de foibles secours, et les dégoûtoit de la France. Il fut certainement la principale cause de la défection qu'il leur reprochoit.

Justification des états-généraux.

« Il faut être exactement vrai, dit le
» père Bougeant, et je fais profession de
» l'être. Si les Provinces-Unies avoient eu
» connoissance de la dépêche de la cour de
» France, du 17 janvier, qui mettoit tant
» de clauses et de réserves aux accommo-
» demens proposés ; si elle avoit été bien
» informée des véritables dispositions du
» cardinal Mazarin ;.... je ne dis pas que
» cette connoissance eût absolument dis-
» pensé la république de tous les engage-
» mens solemnels qu'elle avoit pris avec la
» France...... Il faut pourtant avouer
» qu'elle auroit eu droit de se prévaloir

» de cette connoissance, pour justifier sa
» conduite, et pallier sa défection par la
» nécessité réelle ou supposée de l'état, et
» le besoin pressant de la paix. Mais ce
» n'étoit pas là le cas où se trouvoit la
» république. Elle n'avoit sur l'éloignement
» de la cour de France pour la paix, que
» des soupçons et des conjectures, dont une
» partie étoit évidemment fausse, et l'autre
» n'étoit appuyée sur aucune preuve solide.
» Les plénipotentiaires français à Munster,
» et Mr. de la Thuilerie à la Haye ne ces-
» soient de protester qu'ils vouloient sin-
» cèrement la paix. »

Cette manière d'accuser la république de Hollande me paroît bien étrange. C'est conclure qu'elle avoit tort de ce qu'elle ignoroit que la France avoit tort elle-même. Mais encore ne l'ignoroit-elle pas; car toute la conduite du cardinal déceloit assez ses dispositions. Or, pour se déterminer en politique, on n'est pas obligé d'attendre d'avoir vu les dépêches secrètes d'une cour. De fortes conjectures sont une preuve suffisante; et quand l'événement les confirme, on a lieu de s'applaudir de son discernement.

Quant aux protestations des plénipotentiaires, elles ne pouvoient pas assurer la république; parce qu'ils ne tenoient pas tous le même langage. Le père Bougeant remarque lui-même que le comte de Servien détruisoit l'ouvrage de ses collègues par des discours tout opposés, et qu'il ne dissimuloit pas même en public qu'il étoit d'un sentiment contraire. En effet, ce ministre adoptoit en courtisan les vues qu'il prévoyoit devoir être agréables au cardinal, et il ne travailloit qu'à perdre le comte d'Avaux.

Enfin si, après avoir reçu les dépêches de la cour, les plénipotentiaires n'ont pas cessé de protester qu'ils vouloient sincèrement la paix, ils n'ont continué de tenir ce langage, que parce qu'ils ont vu qu'en paroissant ne la pas vouloir, ils mettroient tous les torts de leur côté. Mais ils ont parlé contre ce qu'ils pensoient. Or il est mal-adroit de prouver la mauvaise foi des plénipotentiaires, pour prouver l'infidélité des Hollandais.

Voyons si l'état où se trouvoit la France justifiera l'éloignement du cardinal pour la paix.

En 1643 la régente avoit trouvé les fonds de 1644, 1645 et 1646 entièrement consumés. Il fallut donc chaque année avoir recours à des expédiens ruineux. Ceux qu'on avoit connus jusqu'alors, ne suffisoient pas, quoiqu'on les multipliât continuellement. On en imagina de nouveaux. Les besoins pressans de l'état ne permirent pas de choisir les moins à charge. On ne connut aucune règle dans la levée des impôts: les finances furent dissipées par l'ignorance ou par les rapines de ceux à qui elles furent confiées: le cardinal lui-même avoit peu de connoissance de cette partie de l'administration; et les abus vinrent au point que pour avoir un million, il en abandonnoit quatre ou cinq aux partisans. Vous pouvez juger par-là combien le peuple étoit foulé, et de l'état misérable où se trouvoient l'agriculture et le commerce. En un mot, au-dedans la France étoit aussi mal, qu'elle paroissoit bien au-dehors.

La France avoit besoin de la paix, parce qu'elle étoit épuisée, et que le mécontentement général menaçoit d'une révolte.

Les peuples se plaignoient; les murmures se répandoient, et croissoient tous les jours davantage; les corps commençoient à montrer leur mécontentement; le parlement refusoit d'enregistrer les édits ; les impôts les moins à charge, les plus raisonnables, trouvoient le plus d'opposition, parce qu'ils étoient nouveaux; on voyoit enfin dans les esprits des dispositions prochaines à un soulèvement général. C'est donc dans un temps, où l'état épuisé étoit menacé d'une révolte, que le cardinal s'obstinoit à ne vouloir pas la paix. Mais ce ministre, circonspect et presque timide quand il voyoit le danger de près, étoit hardi quand il le croyoit loin; et nous le verrons plein de ressources, quand il y sera enveloppé.

Après vous avoir fait connoître le commencement et la fin de la négociation entre l'Espagne et les Provinces - Unies, je vais reprendre celle de l'empire où nous l'avons laissée, c'est-à-dire au commencement de 1647.

Pendant que Servien travailloit à retarder la négociation de la Hollande, d'Avaux hâtoit celle de la Suède.

Pendant que le comte de Servien étoit à la Haye pour retarder la négociation des états-généraux, le comte d'Avaux étoit à Osnabruck, pour avancer celle des Suédois; et les deux couronnes négocioient encore à Ulm avec le duc de Bavière, qui, voyant l'ennemi dans ses états, songeoit à se détacher de l'empereur.

La négociation que le comte d'Avaux suivoit à Osnabruck, étoit exposée à mille difficultés qui naissoient les unes des autres. Il s'agissoit d'abord de faire expliquer les Suédois sur ce qu'ils demandoient pour leur satisfaction ; et comme ils ne le savoient pas trop eux-mêmes, il n'étoit pas facile de fixer leur esprit irrésolu. A peine avoient-ils donné une parole, qu'ils la rétractoient ; ou ils ajoutoient de nouvelles clauses qui changeoient tout. *Les Suédois ne s'expliquoient pas sur leur satisfaction.*

On leur offroit la Poméranie citérieure, Stetin et quelques autres villes dans la Poméranie ultérieure avec le consentement de l'électeur de Brandebourg ; ou les deux Poméranies entières, sans le consentement de l'électeur, et seulement avec la garantie de l'empereur et de l'empire. Les Impériaux auroient volontiers préféré ce dernier parti, parce que l'électeur se refusant à l'accommodement, ils se seroient crus dispensés de l'obligation de le dédommager. Les Français, au contraire, le désapprouvoient comme trop violent, et comme propre à *Offres qu'on leur faisoit.*

susciter tôt ou tard une nouvelle guerre. Enfin les Suédois n'y trouvoient pas assez de sûreté. Ils s'arrêtèrent donc sur la première proposition : mais ce ne fut qu'après avoir varié beaucoup ; encore demandèrent-ils un dédommagement pour la Poméranie ultérieure, à laquelle ils renonçoient.

On convient de dédommager, aux dépens des églises, l'électeur de Brandebourg de la moitié de la Poméranie, qu'on lui ôtoit, et la Suède de l'autre moitié, qu'on ne lui donnoit pas.

Il restoit à s'assurer du consentement de l'électeur de Brandebourg. Cependant puisque la défense de la religion protestante avoit été un des motifs de la guerre, étoit-ce sur un prince protestant qu'il en falloit prendre les frais, et sur-tout sur un prince dont le père avoit donné des secours à la Suède ? ou plutôt n'étoit-ce pas sur l'empereur, sur ses alliés et sur tout le corps de l'empire ? Ces raisons cédèrent à la force des circonstances. On faisoit d'ailleurs espérer un dédommagement à l'électeur de Brandebourg. Il abandonna donc la moitié de la Poméranie.

Il restoit encore bien des intérêts à concilier. Rien n'étoit encore fait, si on ne dédommageoit l'électeur de la moitié de la Poméranie qu'on lui ôtoit, et les Suédois, de l'autre moitié qu'on ne leur donnoit pas. Or ce dédommagement pouvoit se faire aux dépens de l'église, ou aux dépens des pays héréditaires. L'empereur ne balança pas, et l'église fut chargée de tout. Alors tous les princes d'Allemagne prirent part à cette négociation, et la multitude des intérêts contraires suscita des contestations sans nombre.

L'église protestante soutenoit qu'il n'étoit pas juste de lui faire payer les frais de la guerre, puisqu'on avoit pris les armes pour empêcher qu'elle ne fût dépouillée. L'église catholique qui continuoit de protester contre les anciennes usurpations, protestoit encore davantage, lorsqu'elle considéroit qu'on alloit lui enlever de nouveaux domaines pour les donner à des protestans. Est-ce donc là le fruit qu'elle devoit se promettre du zèle des empereurs, et sur-tout du fameux édit de restitution, publié par Ferdinand II ? Cependant les Suédois et l'électeur de Brandebourg, sans distinction d'église protestante et d'église catholique, demandoient indifféremment ce qui leur convenoit davantage; et ils auroient

Mais le dédommagement devoit-il être pris sur les Protestans ou sur les Catholiques?

voulu envahir les biens des deux églises. Enfin le comte d'Avaux s'intéressoit tout-à-la-fois à la satisfaction des Suédois, au dédommagement de l'électeur de Brandebourg, et à la conservation des biens des catholiques. Il n'étoit pas facile de concilier toutes ces choses ; il falloit persuader aux uns de faire des sacrifices, et aux autres de mettre des bornes à leurs prétentions.

Falloit-il encore dédommager les églises qu'on dépouilleroit ?

Quand on vint au détail des domaines, qu'on vouloit arracher au clergé, de nouveaux intérêts élevèrent de nouvelles disputes. Il fallut composer avec ceux qui les possédoient, et avec leurs successeurs désignés. Devoit-on les dédommager ? Quels seroient ces dédommagemens, et où les prendroit-on ? Voilà les questions qu'il falloit résoudre, et elles en faisoient naître d'autres encore. Enfin la Suède et l'électeur de Brandebourg demandoient l'un et l'autre douze cent mille richsthalers à l'empereur : somme qu'il pouvoit difficilement trouver.

Le comte d'Avaux lève ces difficultés.

Le comte d'Avaux se démêla de cette négociation compliquée, avec l'applaudissement des Impériaux, des Suédois, et de l'électeur de Brandebourg et de toute l'Europe. Tout fut conclu avant la fin de février; en sorte que le traité de la Suède se trouvant alors aussi avancé que celui de la France, la paix paroissoit devoir être prochaine. Le mois suivant parut encore la devoir hâter, par le traité de neutralité qui fut fait entre la France, la Suède et le landgrave de Hesse d'une part, et de l'autre le duc de Bavière et l'électeur de Cologne, son frère. Autant la France se promettoit d'avantages de cette dernière négociation, autant les Impériaux en craignirent les suites, se trouvant réduits par la défection des Bavarois à dix ou douze mille hommes. Aussi Maximilien fut-il exposé aux reproches les plus odieux de la part des partisans de la maison d'Autriche.

On étoit d'accord sur les principaux articles: mais le traité de paix n'étoit pas fait encore, et il restoit bien des sujets de contestations, sur lesquels les armes devoient venir au secours de la politique. Mais cette campagne ne fut pas brillante pour la France. Quoique les succès fussent variés en Flandre, l'archiduc Léopold, frère de l'empereur, y remporta de plus grands avantages. Cependant, après la conclusion du traité d'Ulm; il ne restoit plus à Ferdinand d'autres alliés, que l'électeur de Mayence et le landgrave de Darmstad. Encore ne les conserva-t-il pas long-temps, parce que le vicomte de Turenne les contraignit à prendre le parti de la neutralité. Ce général vouloit ensuite porter ses armes dans les Pays-Bas : mais à peine eut-il passé le Rhin, que ses troupes se mutinèrent; et il ne put exécuter aucun de ses projets. En Catalogne, le duc d'Enguien, qu'on nommoit le prince de Condé depuis la mort de son père, fut obligé de lever le siége de Lérida. En Italie la révolte des Napolitains est ce qui se passa de plus remarquable : événement qui avoit fait former de nouveaux projets au cardinal, et dont cependant il ne tira aucun parti.

Les Suédois se rendirent maîtres de Schweinfurt, qui facilitoit la communication entre la Westphalie et la Suabe supérieure, provinces où ils occupoient plusieurs places. Wrangel, ayant ensuite mis le siége devant Égra, força cette place après une vigoureuse résistance; et fut au moment d'enlever l'empereur, qui s'étoit approché pour la secourir.

Cependant les négociations continuoient. On avoit pourvu à la satisfaction des deux couronnes, ou du moins il ne restoit plus que des difficultés qu'on se flattoit de lever facilement. On avoit même déjà beaucoup fait pour l'empire : car l'empereur avoit accordé les principaux articles, lorsque, demandant le conseil des députés, il les prit, en quelque sorte, pour juges. La France et la Suède avoient donc rempli les engagemens de leur alliance ; et puisqu'elles étoient convenues de se relâcher sur les choses générales, lorsqu'elles seroient satisfaites sur ce qui les concernoit, il n'étoit pas naturel de continuer la guerre pour des intérêts étrangers à leur traité.

Les plénipotentiaires étoient d'accord sur les principaux articles, lorsque l'empereur voulut avoir l'avis des députés.

Mais les Suédois, qui vouloient se rendre puissans en Allemagne, en y fortifiant leur parti, épousoient les intérêts des Protestans avec autant de chaleur que les leurs propres ; et la France devenoit l'unique appui des Catholiques, que l'empereur ne pouvoit plus soutenir. Tel est l'état où l'empire avoit été réduit par le despotisme de la

Les Suédois paroissent s'intéresser vivement aux Protestans, ce qui met le comte d'Avaux dans une situation embarrassante.

maison d'Autriche : les deux couronnes y donnoient la loi, et chaque prince étoit dans la nécessité de mendier la protection de l'une ou de l'autre. Le comte d'Avaux se trouvoit dans une situation assez embarrassante ; puisque d'un côté il avoit à ménager des alliés, et à défendre de l'autre les intérêts de l'église. Quelque conduite qu'il tînt, il se voyoit exposé aux reproches des deux partis ; les Catholiques l'accusoient de les sacrifier aux Protestans, et les Protestans de les sacrifier aux Catholiques.

On convient de créer un huitième électorat pour le prince Palatin.

L'affaire palatine fut une des principales qu'on agita. Après bien des contestations de la part des Suédois, favorables au prince Palatin, elle fut décidée comme le cardinal l'avoit projeté ; c'est-à-dire, qu'on arrêta de créer pour ce prince un huitième électorat, et de lui restituer le bas-Palatinat.

Par rapport aux deux religions, on convient de rétablir les choses dans l'état où elles étoient en 1624, à quelques exceptions près.

Les griefs de religion paroissoient encore plus difficiles à juger. Il semble que le fanatisme des deux partis ne permettoit pas un accommodement : mais le fanatisme étoit bien diminué, après des dissentions si longues et si sanglantes. Les uns étoient las de la guerre, et les autres commençoient à la regarder d'un œil politique. Il s'agissoit de fixer les droits des Catholiques et des Protestans : droits que le temps, les révolutions, la mauvaise foi, les usurpations, les violences et les traités mêmes avoient rendus obscurs. Il falloit rechercher l'état où les deux partis s'étoient trouvés dans des temps différens, et rétablir les choses, comme elles l'étoient dans l'année qu'on auroit choisie. Comme ce choix n'étoit pas indifférent, les Protestans et les Catholiques voulurent chacun prendre l'année qui leur donnoit plus d'avantages. On convint cependant de l'année 1624 ; mais les Protestans y firent quelques exceptions. Quoiqu'alors Osnabruck, par exemple, eût été possédé par un Evêque catholique, les Suédois qui l'avoient depuis donné à un protestant, ne vouloient plus le rendre ; et pour terminer ce débat, il fallut décider que cet évêché seroit possédé alternativement par un catholique et un protestant. La liberté de conscience souffrit aussi de grandes difficultés ; car les Suédois prétendoient régler la religion jusques dans les pays héréditaires.

On règle la satisfaction du landgrave de Hesse.

Le landgrave de Hesse-Cassel avoit toujours été fidèlement attaché à l'alliance de la France et de la Suède. Les deux couronnes s'accordoient donc à lui procurer une satisfaction. Cependant il la demandoit si considérable, qu'il fallut la modérer, d'autant plus qu'on la prenoit sur l'église.

Les troupes suédoises demandent une satisfaction.

Ce à quoi on ne se seroit pas attendu, c'est que l'armée suédoise demanda aussi une satisfaction à l'empereur, et menaça de la prendre, si on ne la lui donnoit pas. On prévoit bien qu'on la donnera, et qu'il ne s'agira que du plus ou du moins. Puisque la Suède fait faire cette proposition par ses troupes plutôt que par ses plénipotentiaires, elle ne veut pas essuyer un refus.

Deux demandes de la France, sur lesquelles on contestoit encore.

Enfin la France insistoit sur deux articles qu'elle n'avoit pas encore obtenus. L'un que le duc de Lorraine ne seroit pas compris dans le traité, l'autre que l'empereur s'engageroit à ne donner aucun secours à Philippe IV, si la guerre d'Espagne continuoit, après que la paix auroit été faite avec l'empire. On contestoit sur ces dernières demandes, lorsque la négociation se ralentit encore.

Nous avons vu que pendant quelque temps les Espagnols pensoient à la paix, au moins en apparence. Alors les Français, qui vouloient faire tout-à-la-fois les deux traités, hâtoient la négociation de l'empire; et ce fut la raison du voyage du comte d'Avaux à Osnabruck. Quand au contraire ils virent que la cour de Madrid ne cherchoit qu'à gagner du temps, ils se ralentirent aussi ; parce qu'ils se flattèrent que les Impériaux, impatiens d'avoir la paix, presseroient eux-mêmes l'Espagne de conclure. Sur ces entrefaites, l'empereur eut quelque lieu de croire, qu'il débaucheroit les troupes bavaroises, et il jugea devoir suspendre la négociation. Comme dans ces temps-là, les troupes françaises avoient été retirées d'Allemagne, et qu'elles s'étoient soulevées, il comptoit sur de grands préparatifs qu'il avoit faits, et il croyoit pouvoir attaquer avec avantage Wrangel, qui faisoit alors le siége d'Égra. Toutes ces espérances devoient bientôt s'évanouir : mais deux autres raisons causèrent de nouveaux retardemens.

La première fut le départ du comte de Trautmansdorff. Ce ministre n'aimoit pas *de Trautmansdorff.* les Espagnols, parce qu'il les regardoit comme la cause de la situation où se trouvoit l'empereur : les Espagnols ne l'aimoient pas davantage, parce qu'ils le savoient favorable à la paix. Après avoir inutilement tenté de le perdre dans l'esprit de Ferdinand, ils vinrent à bout, à force d'intrigues, de le faire retourner à Vienne. Alors, maîtres de la négociation de l'empire, ils ne s'appliquèrent qu'à la retarder.

Et par le duc de Bavière, qui se rejoint à l'empereur. Sur ces entrefaites, le duc de Bavière rompit la neutralité, et se rejoignit à l'empereur. C'est le second incident qui suspendit d'abord la négociation, et qui bientôt la hâta, comme Maximilien le desiroit. Il la suspendit par les espérances qu'il donnoit à l'empereur. Ces espérances furent même suivies de succès; car il reprit plusieurs places sur les Suédois; et Wrangel, forcé de sortir de la Bohême, se retira dans la basse Saxe, après avoir néanmoins pourvu à la conservation de toutes les conquêtes.

Mais ce prince la hâta ensuite au moins par rapport à la France. La Suède avance plus lentement. Le changement du duc de Bavière hâta la négociation, parce que les Français trouvoient de l'avantage à traiter dans une conjoncture où la Suède avoit besoin de leurs secours; parce que les Suédois ayant fini la campagne par des revers, devoient se relâcher, plutôt que d'en hasarder une nouvelle, ne sachant pas les efforts que la France feroit pour eux, et parce qu'enfin Maximilien s'étoit joint à l'empereur, moins pour l'engager à continuer la guerre que pour le porter à la paix. Ses instances ne furent pas vaines : car Ferdinand dépêcha ses ordres à ses plénipotentiaires, et la France obtint tout ce qu'elle demandoit, excepté deux articles, dont l'un regardoit le duc de Lorraine, qu'elle vouloit exclure du traité, et l'autre le roi d'Espagne, auquel elle ne vouloit pas que l'empereur pût donner des secours. Au reste, ces deux articles étoient dans le fond si étrangers à l'empire, qu'elle se flattoit de vaincre encore à cet égard la résistance des Impériaux. La négociation de la Suède avançoit plus lentement; parce que, cette couronne voulant protéger les Luthériens et les Calvinistes, un plus grand nombre d'articles à terminer faisoit naître un plus grand nombre de contestations. C'est ainsi que finit l'année 1647.

*1648.
Cependant
la défection des
Hollandais flat-
te l'empereur de
pouvoir diviser
ses ennemis.*

Au commencement de l'année suivante, les choses changèrent encore de face : car la défection des Hollandais fit reprendre à l'empereur le projet abandonné de diviser ses ennemis. C'est en se rendant faciles d'un côté, et difficiles de l'autre, que les Espagnols détachèrent enfin les Provinces-Unies de l'alliance des Français; parce qu'en tenant cette conduite, ils ôtèrent à la république toute espérance de conclure conjointement. Or l'empereur se flatta que s'il suivoit ce même plan, il auroit le même succès. Il se proposa donc de faciliter l'accommodement des états de l'empire, espérant que lorsqu'ils n'auroient plus rien à demander pour eux, ils pourroient abandonner la Suède et la France. Si cependant les Suédois conservoient encore un parti trop puissant en Allemagne, il vouloit montrer la même facilité à terminer avec eux; toujours dans l'espérance que lorsqu'ils seroient satisfaits, ils se mettroient peu en peine de satisfaire les Français.

Il se trompoit.

Ferdinand voyoit mal. Sa situation étoit toute différente de celle des Espagnols; parce que les Hollandais, comme je l'ai remarqué, n'avoient pas besoin de la garantie de la France; et qu'au contraire, les états de l'empire, les Suédois et les Français ne pouvoient s'assurer de rien, que par un traité général qu'ils se garantiroient mutuellement. Il étoit donc aisé de juger qu'après avoir tout accordé aux états, l'empereur seroit obligé d'accorder tout encore à la Suède, dont les états soutiendroient les prétentions; et qu'ensuite il ne pourroit rien refuser à la France, puisque les états et la Suède en appuyeroient toutes les demandes. C'est ce qui arrivera. Nous commençons donc à prévoir le dénouement.

Après le traité des Provinces-Unies, le duc de Longueville avoit obtenu la permission de retourner en France. Le comte d'Avaux, disgracié par les intrigues du comte de Servien, ne tarda pas à être rappelé. Il étoit protégé par la régente, son ennemi étoit dévoué au cardinal : il falloit donc qu'il fût sacrifié. Ces deux ministres n'avoient jamais pu s'accorder. Il n'y avoit pas plus d'intelligence entre le baron Oxenstiern et Salvius, et il en étoit à-peu-près

Départ du duc de Longueville. Rappel du comte d'Avaux.

de même des plénipotentiaires des autres puissances.

Servien resta seul chargé des intérêts de la France.

Servien resta donc seul chargé de la négociation. Il ne s'agissoit plus que de rompre les mesures de l'empereur, et elles se rompoient toutes seules. D'ailleurs le duc de Bavière pouvoit beaucoup par lui-même, soit pour déterminer l'empereur à la paix, soit pour rendre les députés de l'empire favorables aux deux couronnes. Or il n'est pas douteux qu'il ne desirât de voir la fin de la guerre; et s'il étoit opposé à la Suède, la situation de ses états lui faisoit une loi de ménager au moins la France. Il continuoit même de négocier avec elle.

Le comte de Pegnaranda se retire à Bruxelles.

Le comte de Pegnaranda, premier plénipotentiaire d'Espagne, se retira à Bruxelles, ne jugeant pas de sa dignité de rester à Munster, depuis que le comte de Trantmansdorff et le duc de Longueville n'y étoient plus. Le départ des principaux ministres fit d'abord languir la négociation; et les médiateurs avoient entendu tant de fois des propositions inutiles, qu'ils ne daignoient presque plus rien écouter. En effet, il n'y avoit pas d'apparence de terminer les différends entre la France et l'Espagne : mais tout faisoit espérer que ceux de l'empire alloient être réglés.

Les députés d'Osnabruck attirèrent à eux toute la négociation. Les Protestans trouvoient un avantage à s'éloigner de Munster, où la présence du nonce pouvoit nuire à leurs intérêts ; et les plus considérables des députés catholiques étoient eux-mêmes obligés de les suivre à Osnabruck, puisque c'étoit le lieu où l'on alloit traiter de leurs prétentions et de leurs droits. Il ne resta guère à Munster que ceux qui étoient dévoués à la maison d'Autriche, et qui protestèrent inutilement contre tout ce qui se feroit à Osnabruck.

Les députés d'Osnabruck se rendent maîtres de la négociation.

Il paroissoit être de la gloire de la France, que le traité se fît dans le lieu où résidoient ses ministres : mais il étoit bien plus de son intérêt que ce fût où ses ministres auroient plus de crédit. Le comte de Servien auroit voulu sauver cette gloire de la France, si c'en est-là une : il chercha des expédiens, qui ne lui réussirent pas; et il prit sagement le parti de se rendre à Osnabruck, comme les autres.

Ils deviennent les arbitres des puissances de l'Europe.

Il n'y avoit plus que la maison d'Autriche qui se refusoit à la paix. Dans l'attente de quelque révolution, elle eût voulu tout hasarder pour retarder le moment qui devoit la dépouiller d'une partie de ses domaines, et mettre encore des bornes à sa puissance. Mais l'assemblée d'Osnabruck devient enfin l'arbitre des longues querelles de l'Europe : elle a pour elle les armées des deux couronnes; armées qui auront bientôt de nouveaux succès. Si, par conséquent, le roi d'Espagne persiste encore dans son obstination à la guerre, l'empereur au moins sera forcé à subir la loi.

Chaque puissance vouloit que l'on commençât par ses intérêts.

Il étoit impossible de terminer à-la-fois tous les differends, que l'assemblée se proposoit de régler : il importoit même peu de commencer par les Français, par les Suédois et par les états de l'empire, pourvu qu'on ne conclût le traité qu'après que tout le monde auroit été satisfait. Cependant, parce qu'on craignoit d'être moins ménagé, si on restoit en arrière, chaque parti demandoit que ses intérêts fussent réglés les premiers. Le comte de Servien ne cessoit de rappeler l'article par lequel on étoit

convenu d'avancer d'un pas égal le traité
de la France et celui de la Suède : il avoit
autant à se plaindre de la précipitation des
Suédois, que le comte d'Avaux s'étoit plaint
de leur lenteur, et les Suédois avoient les
mêmes reproches à faire aux états de l'empire. On eût dit que chaque parti ne pensoit qu'à soi, et qu'après avoir obtenu ce
qu'il demandoit, il seroit indifférent sur
tout le reste. Mais, parce que tous avoient
le même besoin d'une garantie, ils se trouvoient tous également dans la nécessité de
se soutenir ; et ils voyoient qu'aucun d'eux
ne pourroit s'assurer les avantages qu'il
obtiendroit, qu'autant qu'il procureroit
ceux des autres. Ainsi, quoique d'abord
chacun s'occupât séparément de ses intérêts, ils devoient ensuite se réunir, parce
que l'intérêt général demandoit que tous
fussent également satisfaits. Il arriva donc
que, malgré l'opposition de la plupart des
négociateurs, on suivit dans la négociation
l'ordre qu'il convenoit le mieux de suivre.

En effet, les députés de l'empire voulurent commencer, et commencèrent par
les articles qui les concernoient. C'étoit

Dans quel ordre les intérêts sont traités.

avec raison : car l'empereur devoit leur être plus favorable lorsqu'ils traiteroient séparément ; et les couronnes pouvoient s'intéresser moins à eux, lorsqu'une fois elles auroient été satisfaites. Cette conduite leur réussit : non seulement les Français et les Suédois les secondèrent, dans l'espérance d'en être ensuite secondés ; mais les Impériaux se montrèrent encore très-faciles, conformément au système que Ferdinand s'étoit fait. Cependant après avoir satisfait les états de l'empire, il n'étoit plus possible de refuser une satisfaction à la Suède, dont les états appuyoient les prétentions ; et il falloit bien en accorder encore une à la France, parce que les états et les Suédois la demandoient.

Les articles du traité de paix sont arrêtés. C'est dans cet ordre que s'acheva cette célèbre négociation : l'assemblée discuta de nouveau les articles dont on étoit convenu ; elle régla ceux qui jusqu'alors étoient demeurés indécis, elle assura les intérêts particuliers de chaque puissance, en s'occupant des intérêts communs à toutes ; enfin elle arrêta jusqu'à la forme qu'on donneroit aux articles du traité. Elle accorda une satisfaction aux troupes suédoises : le duc de Lorraine fut exclus du traité de paix, et l'empereur n'eut pas la liberté de donner des secours au roi d'Espagne. Mais dans le cours des conférences, il survint bien des difficultés où la France eut besoin de toute l'habileté du comte de Servien. Ce que j'ai dit jusqu'ici, vous fait connaître les principaux articles qui furent arrêtés : vous trouverez un précis du traité même dans le *droit public de l'Europe, fondé sur les traités.*

Le traité de paix étoit donc achevé : mais les Impériaux ne cherchoient que des prétextes pour retarder la signature; et ils eussent affecté délai sur délai, si les succès des armées confédérées n'eussent enfin arraché le consentement de l'empereur.

Les succès des armées confédérées, forcent l'empereur à le signer.

Turenne et Wrangel, s'étant joints, avoient battu les Impériaux et les Bavarois à Summer-Hausen, près d'Augsbourg, le 17 mai. Pendant qu'ils ravageoient la Bavière, que Maximilien avoit été contraint de leur abandonner, Kœnigsmark surprit la petite Prague, où le butin fut si grand, que la seule part de la reine de Suède fut

1648.

estimé sept millions d'écus. Enfin Charles-Gustave, comte Palatin des Deux-Ponts, arriva de Suède avec une nouvelle armée, et assiégea la vieille Prague. La guerre, plus allumée que jamais, parut donc préparer de nouvelles calamités à l'Allemagne épuisée; et cependant, après tant de revers, Ferdinand et Maximilien se voyoient sans ressources et dans l'impuissance de faire face à leurs ennemis. Alors tout l'empire se souleva contre l'opiniâtreté des Impériaux. Les députés bavarois proposèrent aux états de signer, et de forcer ensuite l'empereur à consentir à la paix. Déjà la plupart des autres députés suivoient cet avis, et tous paroissoient indignés de se voir au hasard de perdre le fruit d'une négociation qui duroit depuis si long-temps. Il n'étoit, par conséquent, pas possible de résister davantage. Il fallut céder, et le traité fut signé le 14 octobre 1648. L'échange des ratifications se fit le 18 février de l'année suivante.

LIVRE SEIZIÈME.

CHAPITRE PREMIER.

Depuis la paix de Westphalie jusqu'à la paix des Pyrénées.

Le traité de Westphalie fut conclu à propos pour la France, où la guerre civile venoit de s'allumer. L'administration du cardinal avoit fait des mécontens ; la jalousie les avoit multipliés, et en se multipliant, ils s'étoient enhardis. D'un côté, étoient les Frondeurs, qui, sous prétexte du bien public, prenoient les armes contre le roi, et de l'autre, les Mazarins, c'est-à-dire, le roi, la régente, et les grands qui croyoient pouvoir établir leur fortune sur la puissance du cardinal. *La guerre civile commençoit en France.*

> Les finances étoient dans un grand désordre.

Avec de l'ordre dans les finances, on auroit pu soutenir la guerre sans trop fouler le peuple. Mais Richelieu étoit ignorant dans cette partie de l'administration ; Mazarin la connoissoit encore moins : et le gouvernement, qui n'avoit que des ressources momentanées, s'épuisoit tous les jours davantage. Sully avoit détruit presque tous les abus: ils se reproduisirent, et ils se multiplièrent depuis ce ministre, plus grand que Mazarin et que Richelieu même.

> Les cris du parlement autorisoient les murmures du peuple.

Cependant le parlement crioit contre les abus, souvent avec peu de discernement, puisqu'il favorisoit les impôts les plus onéreux, et qu'il s'opposoit à ceux qui l'étoient moins. Mais il crioit ; et quoique d'ordinaire il consultât moins l'intérêt public que le sien propre, il gagnoit la confiance du peuple, assez simple pour croire qu'on se déclaroit pour lui, lorsqu'on se déclaroit contre le ministre. Ce n'est pas que les impôts fussent plus grands qu'ils le sont aujourd'hui. Ils l'étoient moins : le mal venoit du vice général de l'administration dans cette partie.

Il parut plusieurs édits bursaux, pour créer plusieurs offices, entre autres douze charges de maîtres des requêtes, pour suspendre le paiement de quatre quartiers des rentes, et pour supprimer pendant quatre ans les gages des compagnies supérieures.

Édits bursaux qui soulèvent les corps.

A la lecture de ces édits, le cri fut général. Les compagnies souveraines s'ameutent, comme la populace : on s'assemble contre les lois : on forme des associations : et les différens corps présentent des requêtes au parlement, qui est le premier à se soulever. Au reste l'intérêt personnel est l'unique cause de ces mouvemens : on ne songe point au bien public, on ne le veut pas, ou même on n'est pas capable de le connoître.

Il y avoit au parlement de Paris un conseiller-clerc, nommé Broussel, dont tout le mérite étoit de fronder le ministère. Le cardinal le fit arrêter le 26 août, avec Poitier de Blancmenil, président aux requêtes, et dès le soir le peuple prit les armes. Jean-François-Paul de Gondi, coadjuteur de Paris, et depuis cardinal de Rets, alla dans les rues en rochet et en camail pour ap-

Émeute du peuple de Paris.

1648.

paiser la sédition; mais la nuit seule la fit cesser.

<small>Le coadju-
teur est l'auteur
d'une nouvelle
sédition.</small>

Mécontent de la cour, qu'il trouvoit trop peu reconnoissante, le coadjuteur médita lui-même une nouvelle sédition. Il en forma le plan pendant la nuit. Le lendemain matin on tendit les chaînes dans les rues : on fit derrière les chaînes des retranchemens avec des barriques remplies de terre, de pierres ou de fumier; et les bourgeois à couvert tirèrent sur les troupes du roi, commandées par le maréchal de la Meilleraie. Cette journée est ce qu'on appelle la journée des barricades. La régente fut obligée de rendre les deux prisonniers. L'impuissance du gouvernement parut donc justifier les entreprises du parlement et du coadjuteur, et le peuple ne pouvoit manquer d'être séduit.

<small>La cour s'enfuit
à S. Germain, où
elle manque de
tout.</small>

<small>1948.</small>

Comme le parlement et les autres compagnies continuoient de tenir des assemblées malgré les défenses, la cour, craignant quelque nouvelle émeute, s'enfuit de Paris pour se transporter à S. Germain en Laye. Elle y manqua de tout, au point que les seigneurs et les dames couchèrent sur la paille. Il n'y eut de lit que pour Louis XIV et pour la régente. Ils manquèrent souvent l'un et l'autre du nécessaire, et ils congédièrent les pages de la chambre, faute d'avoir de quoi les nourrir. Il est bon que les grands éprouvent quelquefois la misère, pour se rappeler qu'ils sont hommes. Je souhaite, Monseigneur, que vous n'ayez pas besoin de cette leçon : mais Louis XIV, à qui elle étoit nécessaire, en perdra bientôt tout le fruit.

Pour rentrer dans Paris, il en falloit former le siége, et toute l'espérance étoit dans le prince de Condé, qui avoit suivi la cour. Cependant cette capitale levoit des troupes pour sa défense. Le coadjuteur leva lui-même à ses frais un régiment, qu'on nomma le régiment des Corinthiens, parce que ce prélat étoit archevêque titulaire de Corinthe. Les compagnies et les communautés se cotisèrent, afin de faire des fonds suffisans pour la guerre; et en se soulevant contre les impositions du cardinal, elles se mirent dans la nécessité d'en payer de bien plus considérables. Enfin le prince de Conti, jaloux du grand Condé, son frère, vint

Les rebelles, maîtres de Paris, songent à s'y défendre.

offrir ses services au parlement, et d'autres suivirent son exemple. Tels furent les ducs de Longueville, de Beaufort et de Vendôme, le prince de Marsillac, le duc de Bouillon, et le maréchal de Turenne, son frère.

Mais on voyoit que l'esprit de faction s'éteignoit.

Nous avons vu que les guerres civiles sous Louis XIII étoient bien différentes des guerres de la ligue. Celles de la Fronde en diffèrent encore davantage, en sorte qu'on voit l'esprit de faction s'éteindre peu-à-peu. Non seulement les chefs étoient divisés, mais encore ils ne savoient pas ce qu'ils se proposoient. Ils passoient continuellement d'un parti dans un autre, changeant pour changer, et n'ayant jamais d'objet fixe. Des gens de robe entreprenoient de réformer le gouvernement, et ils n'étoient capables de connoître ni les causes des abus, ni les remèdes. Ils fouloient les peuples, qu'ils se proposoient de soulager; ils leur donnoient des armes, dont ils ne connoissoient pas l'usage; ils troubloient l'état pour le bien public. Les soldats n'étoient pas des citoyens que le fanatisme armoit; c'étoient des bourgeois ornés de plumes et de rubans, qui devenoient la risée des deux partis. Le régiment du coadjuteur ayant été battu, on ne fit qu'en rire dans la ville, et on appela cet échec, *La première aux Corinthiens.* De graves magistrats, de grands capitaines, des prêtres brouillons, des seigneurs galans et de jolies femmes, voilà quels étoient les acteurs. Aucun d'eux n'avoit les qualités nécessaires à un chef de parti : c'étoit même une place presque toujours vacante que celle du chef. Les femmes s'en saisissoient ordinairement, on la leur abandonnoit par galanterie : et leurs petites intrigues gouvernoient les magistrats, les capitaines, les seigneurs et les prêtres. Le duc de la Rochefoucault avoit embrassé le parti de la Fronde pour plaire à la duchesse de Longueville, sœur du prince de Condé. Il fut blessé, et il fit ces vers.

Pour mériter son cœur, pour plaire à ses beaux yeux,
J'ai fait la guerre aux rois, je l'aurois faite aux dieux.

Quand les guerres civiles dégénèrent à ce point, elles deviennent ridicules; et c'est un symptôme auquel on peut juger que l'esprit de faction va finir.

Le parlement fait des propositions de paix. Elles sont acceptées.

Le parlement eut à peine commencé la guerre, qu'éprouvant combien il étoit peu propre à la conduire, il se hâta de faire des propositions. Elles furent acceptées; et la paix fut conclue par une amnistie générale. Mais les deux partis également timides, ne quittèrent les armes que parce qu'ils se craignoient; et comme l'un et l'autre compta sur la timidité du parti contraire, ils s'opiniâtrèrent à ne pas céder, et le traité ne satisfit aucun des deux. Le parlement continua de s'assembler malgré la cour, et la cour conserva son ministre malgré le parlement.

Caractère de Condé.

Condé, élevé parmi les armes, avoit tous les talens d'un grand capitaine : mais il avoit aussi les défauts que les succès donnent à une ame fière, haute et impérieuse. Persuadé que ses services devoient lui donner la plus grande part à la faveur, il ne se trouvoit jamais assez récompensé, et il regardoit comme un affront, si on refusoit une grâce qu'il demandoit pour quelqu'une de ses créatures. Il ne considéroit pas que s'il eût été régent ou roi même, il n'auroit pas été en son pouvoir de rassasier leur avidité. Ses valets ne manquoient pas de l'entretenir dans cet esprit : ils faisoient un crime au cardinal de tout ce qu'ils n'obtenoient pas par le crédit de leur maître ; et Condé menaçoit, persuadé qu'en intimidant il ne seroit pas exposé à de nouveaux refus. C'est ainsi qu'il se mettoit insensiblement à la tête de séditieux, et que se croyant fait pour réformer le gouvernement, il se préparoit à prendre les armes pour ses valets et pour ses créatures.

Il ne tarda pas à se déclarer ouvertement contre le cardinal, dont il venoit de prendre la défense. Il se joignit au prince de Conti et au duc de Longueville : il devient frondeur. Alors on ne trouva plus en lui le grand homme. Tout-à-fait déplacé à la tête d'un parti, il donna dans tous les piéges que Mazarin lui tendit. Il indisposa toute la Fronde, accusant le coadjuteur et le duc de Beaufort de l'avoir voulu faire assassiner. Lui-même il disposa tout pour le faire conduire sûrement en prison. En un mot, le grand Condé fut joué comme un enfant. Il fut arrêté le 18 janvier avec le prince de Conti et le duc de Longueville ; et on les

Il est arrêté avec le prince de Conti et le duc de Longueville.

1650.

conduisit d'abord à Vincennes, ensuite à Marcoussis, enfin au Havre-de-grâce.

Leur parti arme.

Ceux qui étoient attachés à ces princes, s'étant déclarés contre la cour, Turenne fit un traité avec l'Espagne et arma pour les délivrer. Les rebelles néanmoins eurent peu de succès.

Ils sont mis en liberté et Mazarin est forcé à sortir du royaume.

Pour arrêter le prince de Condé, la régente et Mazarin avoient recherché le parti de la Fronde; et le coadjuteur avoit été gagné par l'espérance du chapeau de cardinal. Les femmes avoient conduit toute cette intrigue. Mais le coadjuteur, voyant qu'on ne se pressoit pas de tenir ce qui lui avoit été promis, engagea le duc d'Orléans qu'il gouvernoit, le parlement où il avoit un grand crédit, et le parti de la Fronde, dont il étoit le chef, à se déclarer hautement pour la liberté des princes, et pour l'éloignement du cardinal. La régente fut obligée de les délivrer, et d'éloigner son ministre, qui sortit du royaume. Le peuple fit des feux de joie pour la liberté des princes, comme il en avoit fait pour leur prison; et ils rentrèrent dans Paris au milieu des acclamations le 16 février.

Le parlement rendit plusieurs arrêts contre le cardinal et le bannit à perpétuité du royaume. Mazarin continuoit cependant de gouverner la régente, qui feignit d'être raccommodée avec le prince de Condé pour le perdre plus sûrement. Ce grand capitaine ne combattoit pas à armes égales. Trompé par la dissimulation de la reine, il fut la victime des petites intrigues qu'elle trama. Il ne reconnut son erreur, que lorsqu'il se fut rendu odieux à la Fronde. Alors, pour se venger de la cour, il fut contraint de former une troisième parti. Il fit un traité avec l'Espagne, et on se prépara de part et d'autre à la guerre. Dans cette conjoncture, la cour acquit le maréchal de Turenne, qui revint sur une lettre que le roi lui écrivit.

Louis, alors majeur, rappela le cardinal au commencement de l'année suivante. Le parlement se déclara tout-à-la-fois contre Condé et contre Mazarin. Il rendit de nouveaux arrêts contre ce ministre, il mit sa tête à prix; et le duc d'Orléans, qui flottoit toujours entre les partis, leva des troupes pour forcer Louis XIV à le renvoyer : mais ce prince, toujours le même, n'avoit qu'un grand nom sans talens.

Paris ouvre ses portes à Condé.

La guerre commence, et finit presque aussitôt. L'arrière-garde de Condé ayant été défaite près de la porte S. Martin, ce prince n'eut que le temps de se jeter dans le faubourg S. Antoine. Il alloit être forcé par le maréchal de Turenne, qui commandoit l'armée royale, lorsque les Parisiens, qui jusqu'alors n'avoient été que spectateurs du combat, ouvrirent les portes à la sollicitation de Mademoiselle, fille de Gaston-d'Orléans. Cette princesse fit même tirer le canon de la bastille sur les troupes du roi. Ce combat qui se donna le 2 juillet, est remarquable par l'habileté des deux généraux qui se couvrirent d'une gloire égale.

1652.

Mais une seconde retraite du cardinal ayant soumis les Parisiens, Condé se retire dans les Pays-Bas, et le cardinal revient.

Condé dans Paris paroissoit redoutable. Mais la retraite du cardinal, qui consentit à sortir une seconde fois du royaume, ayant fait cesser tout prétexte de révolte, les Parisiens abandonnèrent ce prince, et implorèrent la clémence du roi. Condé sans crédit se retira dans les Pays-Bas, où il alla servir les Espagnols. Le duc d'Orléans eut ordre de se rendre à Blois: Mademoiselle fut exilée dans ses terres; et le coadjuteur, que la régente avoit fait cardinal, fut enfermé d'abord à Vincennes, et ensuite au château de Nantes, d'où il se sauva en 1654. Ce fut la fin de ces guerres civiles, qu'un esprit de vertige sembloit avoir allumées et conduites. Le cardinal qui fut rappelé au commencement de 1653, reprit toute son autorité, et il la conserva jusqu'à sa mort.

1652.

L'Espagne avoit profité des troubles de la France: mais elle n'avoit pas eu tous les succès, que le ministère de Madrid s'étoit promis, lorsqu'il refusa d'accéder au traité de Westphalie. Pour reconquérir tout ce qu'elle avoit perdu, il auroit fallu faire des efforts que son épuisement ne permettoit pas; et elle continuoit, comme à son ordinaire, à compter plus sur les événemens que sur ses propres forces. La France reprit l'avantage, lorsqu'elle fut délivrée de ses troubles domestiques ; et elle acquit une plus grande supériorité en 1655, par l'alliance, qu'elle fit avec Cromwel protecteur du royaume d'Angleterre.

La France s'allie de Cromwel, quid. clare la guerre à l'Espagne.

1655.

L'Angleterre n'avoit plus de roi. Cette révolution avoit eu pour cause le fanatisme

Charles I. seconduisoit en despote, qui croit

que nous avons vu commencer dans ce royaume, et la conduite inconsidérée de Charles 1er.

Depuis l'année 1629, que ce prince fit la paix avec la France et l'Espagne, et qu'il forma la résolution de ne plus convoquer de parlement, il continua d'aigrir les Anglais, en imposant des droits et des taxes arbitraires, en autorisant les entreprises odieuses de la chambre étoilée et de la cour de haute commission, et en permettant à Laud, évêque de Londres, d'employer jusqu'à la violence pour faire adopter de nouvelles cérémonies, que les Puritains sur-tout regardoient comme un reste d'idolâtrie. Charles, en un mot, se conduisoit comme un monarque convaincu que toute l'autorité réside en lui, et que les priviléges de la nation ne sont que des grâces qu'il a accordées lui-même, et qu'il peut toujours retirer. Il étoit entretenu dans cette façon de penser par les évêques, qui affectoient une sorte d'horreur pour tous ces priviléges, qui l'invitoient à les supprimer, et qui cependant ne le révétissoient de toute la puissance, que pour se rendre eux-mêmes indépendans. La faveur dont ils jouissoient auprès de lui, étoit une des choses qui déplaisoient le plus au peuple.

Malgré ce mécontentement général, le roi ne vit que des marques d'empressement et de respect, lorsqu'en 1633 il fit un voyage en Écosse. C'est que, dans le fond, le gouvernement étoit doux. Favorable à l'industrie et au commerce, il faisoit régner l'opulence avec la paix; et on étoit moins choqué de l'usage que ce prince faisoit de son pouvoir, que du pouvoir même qu'il s'arrogeoit. On ne pouvoit pas lui reprocher de fouler le peuple: mais quelque modérés que fussent les impôts, il les mettoit de sa seule autorité, et la nation ne se croyoit plus libre. Les Anglais auroient pu souffrir encore long-temps de pareilles entreprises, lorsque les Écossais, plus féroces, se soulevèrent, et donnèrent naissance aux plus grands troubles.

Cependant on étoit moins choqué de l'usage qu'il faisoit de son pouvoir, que du pouvoir qu'il s'arrogeoit.

Dans le dessein d'établir les mêmes rites et la même hiérarchie dans ces deux royaumes, Jacques Ier. avoit fait recevoir l'épiscopat en Écosse; et il avoit obtenu, ou plutôt extorqué les suffrages des assemblées

Il vouloit changer de son autorité la liturgie des Écossais.

ecclésiastiques. Charles, voulant achever l'ouvrage commencé par son père, dédaigna de convoquer des assemblées où il pouvoit trouver des oppositions, et résolut de réformer l'église d'Écosse par des voies d'autorité. En conséquence il fit publier en 1635, des canons sur la juridiction ecclésiastique, et une liturgie conforme, à peu de chose près, à celle de l'église anglicane.

<small>Ce fut alors que l'Écosse se souleva.</small>
Quoique les Anglais fussent séparés de Rome, les Écossais les regardoient encore comme idolâtres, et croyoient seuls avoir reçu du ciel la religion avec toute sa pureté. La nouvelle liturgie ralluma donc leur fanatisme; et la populace ayant commencé le tumulte, les Presbytériens se rendirent de toutes parts à Édimbourg. La noblesse, jalouse des évêques que Charles affectoit d'élever aux premières dignités de l'état, se joignit aux Presbytériens; et insensiblement tout le peuple se réunit pour s'opposer aux innovations, qu'on vouloit introduire.

<small>Quatre conseils se saisirent de l'autorité souveraine.</small>
Charles au lieu de se désister, a l'imprudence de soutenir son entreprise. Le soulèvement qui croît par degrés, éclate enfin; et il se forme quatre conseils, qui s'arrogent

toute l'autorité souveraine : le premier étoit composé de la haute noblesse ; le second, de la noblesse inférieure ; le troisième, des ministres ecclésiastiques, et le quatrième des bourgeois.

Le Covenant fut un des premiers actes de ces quatre conseils. Cet acte étoit un engagement par lequel les Écossais, renonçant à la religion romaine, s'engageoient avec serment à rejeter toute innovation, et à s'unir pour leur défense mutuelle contre toute autorité, sans excepter le roi même. *Le Covenant, acte par lequel ils jurent de s'opposer à toute innovation.*

Charles, qui sentit trop tard les conséquences de sa démarche, recula lorsqu'il n'étoit plus temps, et par sa foiblesse il enhardit les rebelles. Ils acceptèrent l'offre qu'il fit de convoquer successivement une assemblée ecclésiastique et un parlement, pour remédier aux maux dont on se plaignoit, bien assurés de dominer dans l'une et l'autre assemblée, et de se rendre maîtres des délibérations. *Charles, qui mollit, consent à convoquer une assemblée ecclésiastique et un parlement.*

En effet l'assemblée ecclésiastique tenue à Glascow en 1638, abolit l'épiscopat, la haute commission, les canons, la liturgie, et tous les réglemens que Jacques et Char- *L'assemblée ecclésiastique ordonne de signer le Covenant.*

les avoient faits, pour étendre leur autorité. Tout le monde eut ordre de signer le Covenant sous peine d'excommunication.

<small>On déclare que le parlement doit obéir lui-même à cette décision, et on arme.</small>

Tout parut alors décidé, et on ne jugea plus nécessaire de convoquer le parlement. Quel est le supérieur, de Jésus-Christ ou du roi, demandoit-on? Jésus-Christ, sans doute. Donc, lorsque l'assemblée ecclésiastique, qui est le conseil de Jésus-Christ, a jugé, le parlement, qui est le conseil du prince, n'a plus à délibérer, et doit obéir aveuglément. Il falloit armer pour donner de la force à ce raisonnement, et on arma. Le cardinal de Richelieu, qui avoit fomenté ces troubles, envoya de l'argent et des armes aux Covenantaires. Il vouloit occuper Charles en Écosse, parce que ce prince menaçoit de s'opposer aux projets de conquête que la France et la Hollande formoient alors sur les Pays-Bas.

<small>Charles, qui a besoin de subsides, convoque le parlement d'Angleterre.</small>

Contre un peuple fanatique, qui combattoit pour sa religion, Charles ne pouvoit opposer que des soldats mercenaires. Il n'arma que pour épuiser ses finances, et pour contracter des dettes; et il fallut convoquer le parlement d'Angleterre.

Cette assemblée s'ouvrit au mois d'avril 1640. Le roi demandoit des subsides, et les communes répondoient par des plaintes. Elles vouloient, avant tout, réformer le gouvernement, remédier aux abus, rétablir la liberté. La conjoncture étoit favorable. Le parlement, convoqué après onze ans, interruption dont les annales n'offroient point d'exemple, déceloit l'impuissance du roi. Il étoit manifeste que la nécessité seule l'avoit forcé à cette démarche; toute sa conduite démontroit qu'il avoit voulu supprimer ces assemblées. On auroit donc cru se forger des chaînes, si on eût contribué à soumettre les Écossais, dont la révolte étoit favorable à la liberté anglaise; et on jugeoit que, moins on secourroit le roi dans ses besoins pressans, plus il seroit facile de ruiner les prérogatives de la couronne, et de rétablir les privilèges de la nation. Charles cassa le parlement.

Mais ce roi ne veut profiter de la conjoncture pour ruiner les prérogatives de la couronne : et il la casse.

L'armée royale n'étoit pas encore en marche, et déjà les Écossais s'étoient avancés sur les frontières d'Angleterre. Ils avancèrent encore, ils se rendirent maîtres de

Les Écossais aimés demandent que le roi prenne l'avis de son parlement d'Angleterre.

Newcastle, et ils eurent la précaution de déclarer qu'ils ne vouloient pas faire la guerre aux Anglais, et qu'ils ne cherchoient le roi que pour mettre leurs très-humbles remontrances à ses pieds. Peu après ils lui adressent une requête, par laquelle ils le prioient d'écouter leurs plaintes, et l'invitoient à prendre l'avis du parlement d'Angleterre, sur les moyens de remédier à leurs maux. Par cette conduite ils tendoient à n'avoir qu'un même intérêt avec les Anglais; et, pour montrer la sincérité de leur langage, ils observèrent une exacte discipline, ils ne prirent rien sans payer, et ils eurent soin de ne point troubler le commerce.

Se voyant sans ressources, il est forcé à les convoquer. Cette conduite des Ecossais mettoit Charles dans une étrange situation. Il connoissoit le mécontentement général des Anglais. Ses trésors étoient épuisés : il ne lui restoit qu'une armée mal disciplinée, qui marchoit à regret, et qui ne pouvoit regarder les Ecossais comme un peuple ennemi. Il fallut céder. Pressé par la ville de Londres, par les instances de quelques seigneurs, et par les vœux de toute la nation, Charles convoqua le parlement pour le 3 novembre 1640.

Entre le parlement d'Angleterre et l'armée écossaise, le roi reste sans puissance. La situation où il se trouve ne lui permettra pas de casser ce parlement comme les autres; et il vient de se donner un juge. *Mais il s'est donné un juge.*

La chambre des communes, se proposant de réformer le gouvernement dans toutes les parties, reçut des plaintes des particuliers, des villes, des provinces, et commença par faire arrêter le comte Strafford, principal ministre de Charles. Peu de jours après Laud fut aussi conduit à la tour, et deux autres ministres, menacés du même sort, ne s'y dérobèrent que par la fuite. *Les communes recherchent les ministres sur leur conduite.*

Bientôt le roi se vit sans troupes, et hors d'état d'en lever: les communes lui en ôtèrent les moyens, en recherchant les gouverneurs et leurs lieutenans, sur la conduite qu'ils avoient tenue dans les comtés, et en enveloppant dans diverses accusations, un grand nombre d'officiers de la haute et de la petite noblesse. *Les gouverneurs, les lieutenans.*

En même temps, pour avoir elles-mêmes une armée, elles donnèrent une paie réglée *Elles donnent une paie à l'armée écossaise.*

aux Écossais ; et elles déclarèrent qu'elles les retiendroient, tant qu'elles croiroient en avoir besoin. Elles se trouvèrent donc tout-à-coup saisies du pouvoir souverain.

Elles abolissent tout ce qu'elles jugent contraire à la liberté. En conséquence elles abolirent la chambre étoilée, la cour de haute commission, les droits, les taxes et tous les établissemens qu'elles jugèrent contraires à la liberté de la nation. Il fut déclaré que l'approbation des deux chambres seroit nécessaire pour donner force de loi aux canons ecclésiastiques, que le parlement ne pourroit pas être dissous sans leur consentement, et qu'il seroit convoqué de trois en trois ans. Charles ratifia tout. Malgré ses complaisances il ne put pas empêcher qu'on ne fît le procès au comte Straffort, et ce ministre perdit la tête sur un échafaud.

Charles fait un voyage en Écosse, où il reçoit la loi. Charles, dépouillé d'une grande partie de son autorité en Angleterre, fit en 1641 un voyage en Écosse, où il abdiqua la couronne, au titre de roi près. Il reçut la loi du parlement, jusques-là qu'il se conforma au culte établi par les Covenantaires.

Le parlement licencie les troupes, parce qu'il A l'occasion de ce voyage, les communes licencièrent les troupes écossaises et les troupes anglaises, parce qu'elles craignoient que le roi qui devoit traverser ces deux armées, ne les fît déclarer pour lui. En effet, le bruit avoit déjà couru, qu'il avoit fait des tentatives pour les engager à le servir contre le parlement : on ajoutoit même qu'il proposoit de faire venir des troupes étrangères. Ces accusations aigrissoient ses anciens ennemis, et lui en suscitoient de nouveaux.

<small>craint qu'elles ne se déclarent pour le roi.</small>

Charles étoit en Écosse lorsqu'il apprit la nouvelle d'un soulèvement en Irlande. La vieille haine des peuples de cette île contre les Anglais n'étoit pas éteinte. Ils portoient le joug avec impatience : l'exemple de l'Écosse les encourageoit ; les troubles de l'Angleterre leur assuroient des succès : d'ailleurs, ils craignoient pour la religion catholique, s'ils devenoient sujets d'un parlement où les Puritains dominoient. La conspiration, conduite avec un grand secret, fut exécutée avec une barbarie qui ne peut se trouver que dans une nation tout-à-la-fois sauvage et fanatique. Dans le massacre qui se fit des Anglais, il périt plus de quarante mille hommes : encore ne se contentoit-on pas d'égorger ; on imaginoit les tortures les

<small>Soulèvement de l'Irlande.</small>

plus cruelles, et le nom de religion retentissoit de toutes parts. Tel étoit le sort de Charles : tous ses peuples se soulevoient, et on l'accusoit d'avoir été l'auteur de la conspiration d'Irlande, et d'en méditer une semblable en Angleterre pour faire périr tous les Protestans par la main des Catholiques.

Si l'on avoit voulu réformer le gouvernement, on le pouvoit alors. Mais le fanatisme ne devoit pas se borner à une réforme.

La puissance royale étoit comme anéantie. Il paroît donc que c'étoit le moment d'en fixer les bornes, d'assurer les priviléges de la nation, et de rétablir l'ordre et la tranquillité. Mais les chefs, qui animoient le peuple, vouloient les troubles, soit par l'espérance de s'élever, soit par l'appréhension de n'être plus rien lorsque tout seroit réglé, soit par la crainte d'être alors recherchés et punis. La disposition des esprits leur étoit favorable. Depuis l'union de l'Angleterre avec l'Ecosse, le peuple se déclaroit avec enthousiasme pour la discipline presbytérienne : il s'élevoit contre les évêques, il en demandoit la ruine ; et le parlement, qui leur avoit déjà porté plusieurs coups, allumoit encore ce fanatisme. Or la puissance des évêques et la puissance royale étant unies par des intérêts communs, la passion pour le presbytérianisme, qui rendoit tous les jours la religion anglicane plus odieuse, faisoit tous les jours haïr davantage la royauté.

Dans cette disposition générale des esprits, plus les embarras et les besoins du roi croissoient, plus le parlement osoit entreprendre. Il répandoit des terreurs paniques, il supposoit des conspirations tramées par les évêques et par le roi ; il montroit le papisme prêt à s'établir de nouveau sur la ruine de toutes les sectes. Par cet artifice il animoit les peuples, il s'en faisoit un appui, et les intéressoit à toutes ses démarches. Il acheva de soulever les esprits par une remontrance qui fut adressée à la nation. C'étoit une satyre de tout le règne de Charles. Remplie d'exagérations et de mensonges grossiers, elle étoit tracée avec les couleurs les plus noires. Il sembloit qu'on n'y avoit répandu des vérités, que pour donner plus de poids aux impostures.

Le parlement emploie jusqu'aux impostures pour perdre Charles.

C'est avec cette pièce odieuse, qu'on reçut le roi à son retour d'Écosse. Il put juger par là des nouvelles entreprises qu'on pro-

Le peuple de plusieurs provinces et celui de Londres, offrent leurs ser.

vices au parlement. jetoit. Il étoit facile de prévoir que le parlement ne mettroit plus de bornes à ses prétentions, et que tous ses pas tendroient à la ruine entière de la monarchie. En effet, les choses en vinrent au point que le roi fut contraint de sortir de Londres, où il n'étoit plus en sûreté. Il est vrai que la chambre des pairs défendoit encore les restes de la prérogative royale. Mais les communes, qui s'étoient saisies de toute l'autorité, déclarèrent qu'elles représentoient seules tout le corps de la nation. Cet enthousiasme pour la démocratie gagnoit même insensiblement tout le peuple, et l'on se voyoit au moment d'une confusion générale et d'un bouleversement total. Les habitans du comté de Buckingham présentèrent aux communes une requête signée de six mille personnes, qui promettoient de vivre et de mourir pour la défense des priviléges du parlement. La ville de Londres, les comtés d'Essex, de Herreford, de Surrey et de Bercks suivirent cet exemple. Tous les ordres, jusqu'aux plus vils, crurent devoir offrir leurs services. Les apprentifs se présentèrent avec leur requête, les porte-faix, les mendians même, enfin les femmes. Dans la terreur qu'elles avoient des papistes et des évêques, elles disoient avoir le même droit que les hommes à déclarer leur sensibilité pour les maux publics, puisque le Christ les avoit rachetées au même prix, et que le bonheur des deux sexes consistoit également dans la jouissance libre du Christ. Les communes reçurent toutes ces requêtes avec applaudissemens.

Les moyens qu'on employoit contre l'autorité royale, devenoient donc tout-à-la-fois odieux et ridicules, et par conséquent ils devoient soulever les honnêtes gens, à qui il restoit encore quelques lumières. Aussi Charles avoit-il dans le parlement un parti considérable, qui auroit pu devenir le plus nombreux, si ce prince se fût conduit avec plus de prudence. Mais les chefs des communes profitoient de ses fautes : en entretenant la fureur d'un peuple aveugle, ils intimidoient tous ceux qui auroient voulu s'opposer à leurs entreprises, et le parti du roi étoit forcé au silence. *Le parti que le roi conserve dans ce corps est forcé au silence.*

Le calme étoit seul à craindre pour les communes. Des esprits rassis pouvoient ou- *La guerre commence.*

vrir les yeux, et revenir au gouvernement monarchique, auquel on étoit accoutumé depuis tant de siècles. Le moment du plus grand fanatisme étoit donc une conjoncture favorable pour porter les derniers coups, et la guerre civile commença.

Le roi s'étoit retiré dans les provinces du nord, où il avoit trouvé des sujets fidelles, parce qu'elles étoient plus éloignées de la contagion. Son parti, fortifié de la principale noblesse, se grossissoit de tous ceux qui commençoient à mieux juger des vues des communes, et qui voyoient une nouvelle tyrannie s'élever au milieu de l'anarchie. Quoiqu'il fût encore plus foible que le parlement, il se sentit assez de forces pour montrer de la fermeté ; et il avoit préféré la guerre aux conditions honteuses que les communes avoient voulu lui imposer.

Le parlement d'Angleterre demande des secours aux Ecossais. La guerre se faisoit depuis un an, avec des succès variés, lorsqu'en 1643, le parlement demanda des secours aux Ecossais. Il étoit assuré de ne pas essuyer un refus : car si le roi recouvroit son autorité en Angleterre, il devenoit assez puissant pour pouvoir rétracter toutes les concessions que l'Écosse lui avoit arrachées. Les Covenantaires trouvoient d'ailleurs, dans leur fanatisme, un motif pour répondre favorablement. Fiers d'avoir établi le presbytérianisme dans leur nation, ils n'ambitionnoient plus que la gloire de le répandre au-dehors. Or une nouvelle alliance avec le parlement d'Angleterre sembloit hâter ce moment desiré. Les circonstances ne permettoient pas de douter du succès : car le peuple anglais avoit en général les évêques en horreur, et les communes, qui ne cessoient de les humilier, déclaroient vouloir réformer l'église, à l'exemple de leurs frères du nord.

Cependant c'étoit au parlement d'Ecosse à ordonner des levées de troupes et d'argent, et Charles ne pouvoit consentir à rassembler un corps qui devoit s'armer contre lui. On y suppléa. Des officiers publics, à l'instigation du clergé, le convoquèrent, et enlevèrent au roi la seule prérogative qui lui restoit. Les deux parlemens firent alliance : les Ecossais armèrent. L'année 1644 se passa en marches, en combats, en négociations, et rien ne fut encore décidé.

Outre les Puritains, anciens ennemis du

<small>confondoient a-
vec les Presby-
tériens, se ren-
doient insensi-
blement maîtres
du parlement.</small> gouvernement, et les Presbytériens, qui faisoient tous les jours des progrès, il étoit sorti du sein du fanatisme une nouvelle secte, quienchérissoit sur toutes les autres : c'est celle des Indépendans.

Non seulement les Indépendans proscrivoient l'épiscopat, ainsi que les Presbytériens; ils ne vouloient pas même de prêtres. Ils prétendoient que tout homme a droit d'exercer les fonctions du sacerdoce; ils rejetoient comme frivoles les cérémonies de l'église pour donner un caractère à ses ministres : ils condamnoient tous les établissemens ecclésiastiques ; ils abolissoient tout gouvernement spirituel. Leur système politique portoit sur les mêmes principes. Ce n'étoit pas assez d'abolir la monarchie et l'aristocratie : ils se déclaroient encore contre toute distinction d'ordre et de rang: ils vouloient une égalité parfaite dans une république absolument libre et indépendante.

Dans un temps où le fanatisme règne, la secte qui le porte plus loin, doit nécessairement dominer. Les Presbytériens étoient néanmoins en plus grand nombre dans le parlement; et les Indépendans, n'osant encore se déclarer, se confondoient avec eux. Mais sous le manteau du presbytérianisme, ils parvenoient aux emplois, ils se fortifioient insensiblement, et ils vinrent à bout de leurs desseins par l'adresse de leurs chefs, Vane et Cromwel.

Ils répandirent dans le public que les généraux songeoient plus à prolonger la guerre qu'à la finir; et que tant que les membres du parlement exerceroient les emplois civils et militaires, ils n'auroient garde de travailler pour la paix, qui devoit leur enlever toute leur considération. De semblables discours furent répétés en chaire par des prédicateurs, dans un jour de jeûne qu'on avoit ordonné pour implorer l'assistance du ciel.

Ils se prononcent de forcer les membres du parlement à renoncer aux emplois civils et militaires.

Le lendemain, Vane harangua les communes sur les plaintes des prédicateurs : il remarqua que tous avoient tenu en même temps le même langage : il conclut que cet accord étoit une inspiration du S. Esprit : et il conjura l'assemblée pour la gloire de Dieu et de la patrie, de mettre à part tout intérêt personnel, et de renoncer à tout emploi civil et militaire : ajoutant que l'absence des membres, occupés à les remplir, rendoit la chambre déserte, et diminuoit l'autorité de ses résolutions. Il donna lui-même l'exemple, en remettant la charge de trésorier de la marine, qu'il possédoit depuis long-temps. Cromwel applaudit à ce discours, et entreprit de faire voir combien il seroit avantageux de suivre les conseils de Vane.

Ils réussissent dans ce dessein. Cette proposition souffrit bien des difficultés de la part des Presbytériens. Mais enfin, après de grands débats, les Indépendans l'emportèrent; et les membres qui avoient des emplois s'en démirent.

Par ce moyen ils font passer toute la puissance militaire entre les mains de Cromwel. Pendant que ces choses se passoient, Cromwel avoit été chargé de conduire un corps de cavalerie. Son absence ayant été remarquée, on dépêcha pour son retour; et Fairfax, à qui on avoit donné le commandement de l'armée, eut ordre de le remplacer. Mais ce général écrivit au parlement, pour obtenir qu'on lui laissât, pendant quelques jours, le lieutenant-général Cromwel, dont il assuroit que les lumières lui étoient utiles pour le choix des nouveaux officiers ; et peu après il demanda qu'on le lui accordât pour toute la campagne. C'est par ces artifices que les Indépendans exécutèrent leurs desseins, et firent passer toute la puissance militaire entre les mains de Cromwel. Car le chevalier Fairfax, quoique bon capitaine, étoit un homme simple, facile à gouverner.

La campagne de 1645 fut funeste à Charles. Défait par les Anglais, il n'eut d'autre ressource que de se jeter entre les bras des Ecossais, qui le livrèrent, et même le vendirent au parlement d'Angleterre à la fin de 1646.

Charles se livre aux Écossais, qui le vendent auparavant.

La captivité de ce prince fut le terme de l'autorité du parlement. L'armée se révolta, enleva le roi, se rendit maîtresse de Londres, chassa du parlement tous ceux qui étoient contraires au parti des Indépendans ; et il n'y resta plus que quelques factieux fanatiques, qui firent périr Charles sur un échafaud, le 30 janvier 1649. Toute la nation frémit du coup qui trancha les jours de ce malheureux monarque, et chacun se reprocha de ne l'avoir pas servi, ou d'avoir eu part aux troubles.

Les Indépendans, qui ont chassé de ce corps tous ceux qui leur sont contraires, le font périr sur un échafaud.

Alors la maison d'Autriche venoit d'être humiliée, et la maison de Bourbon manquoit du nécessaire.

Cette mort tragique arriva précisément la même année et le même mois que Louis XIV, fuyant de sa capitale, se réfugia à S. Germain, où ce monarque, qui venoit d'humilier la maison d'Autriche, manquoit du nécessaire. Alors Henriette sa tante, veuve de Charles et fille de Henri IV, étoit retirée à Paris, où elle vivoit dans la plus grande pauvreté : sa fille, qui épousa depuis le frère de Louis XIV, étoit obligée de garder le lit, n'ayant pas de bois pour se chauffer. Voilà l'état où une longue guerre, de grands capitaines, d'habiles ministres, de grands négociateurs, et une pacification qu'on admire, laissoient les puissances qui donnoient la loi à l'Europe. Vous le voyez, Monseigneur; les Bourbons sont hommes, et quelquefois misérables, et ils le sont dans le moment où ils paroissent couverts de gloire. L'exemple est récent.

L'ordre que j'ai suivi a rapproché deux guerres civiles d'un caractère bien différent, et il vous sera facile de comprendre que, si la France fut tout-à-coup tranquille, l'Angleterre devoit être encore bien agitée.

Tout étoit dans une confusion qu'il se- *Désordre où se trouvoit l'Angleterre.* roit difficile de représenter. Jamais peuple n'avoit été divisé par tant de factions; et toutes ces factions, plus ou moins fanatiques, formoient, dans leur délire, des systêmes de religion et de gouvernement, et prenoient leurs rêves pour des inspirations. Il ne restoit plus de lois : tout étoit soumis aux passions, auxquelles une imagination déréglée lâchoit la bride : chacun se faisoit des principes à son gré; et l'impunité du passé enhardissoit pour l'avenir.

Le seul avantage que la nation anglaise *La nation anglaise, devenue plus courageuse et plus entreprenante, avoit besoin d'un chef.* retira de sa situation, c'est qu'elle étoit devenue propre aux plus vigoureuses entreprises. Le génie militaire s'étoit réveillé pendant les guerres civiles : quantité de gens obscurs s'étoient élevés par leurs talens: ils conservoient leur courage actif auquel ils devoient leur fortune : ils pouvoient, s'ils étoient bien conduits, assurer au moins la tranquillité de l'état sur le despotisme : il ne leur falloit qu'un chef.

Cromwel fut ce chef. Il avoit toutes les *Elle le trouve dans Cromwel.* qualités pour réussir dans le temps où il vivoit, de l'hypocrisie, de l'audace et de la fermeté. Je doute que, dans un autre siècle, il eût eu occasion de faire connoître ses talens, ou seulement de les connoître lui-même. Il acquit du crédit dans le parlement et dans l'armée par son fanatisme. Il parvint à la puissance souveraine par des crimes; il gouverna en grand homme. Mais, pendant qu'il faisoit trembler ses concitoyens sous son despotisme, et qu'il rendoit l'Angleterre redoutable aux nations étrangères, il redoutoit tout lui-même, toujours entouré d'amis faux et d'ennemis irréconciliables, toujours exposé aux complots des différens partis, toujours menacé par le fanatisme, prêt à s'armer d'un poignard.

Cromwel casse le parlement, qui tentoit de diminuer son autorité.

Chargé de porter la guerre en Irlande et en Écosse, il soumit ces deux royaumes. Aussitôt après une autre guerre commença contre la Hollande. L'amiral Blake s'y distingua, et le parlement affecta de relever les avantages qu'il remportoit sur mer. Il se plaignit des dépenses que coûtoit l'armée de terre, il insista sur la nécessité d'en licencier une partie. Il vouloit abattre la puissance de Cromwel, qui lui faisoit ombrage; mais il n'étoit plus temps: ce général, maître des troupes, cassa le parlement sans trouver d'opposition. Accompagné de soldats, il parut au milieu de l'assemblée comme un homme inspiré: *Retirez-vous* leur dit-il, *vous n'êtes plus le parlement; le Seigneur vous a rejetés; il en a choisi d'autres pour achever son ouvrage.*

Il créa ensuite un nouveau parlement, en faisant venir, des différentes parties des trois royaumes, ceux que le ciel avoit choisis. *Jamais*, leur dit-il, *je n'aurois osé me promettre de voir le Christ si hautement reconnu.* Il parloit en fanatique à des fanatiques, qui, croyant avoit reçu le S. Esprit dans toute sa plénitude, extravaguoient, et croyoient former un plan de république. Les ambassadeurs de Hollande, qui vouloient négocier avec ce parlement, furent fort étonnés de trouver des saints, qui prétendoient devoir d'abord les épurer pour les rendre utiles au grand œuvre de subjuguer l'Antechrist. Cromwel, honteux de son ouvrage, cassa ce parlement ridicule, et fut déclaré protecteur par l'armée, qui régla la forme du gouvernement.

Il en crée un composé de fanatiques, qu'il casse encore. Il est déclaré protecteur par l'armée.

Cependant l'Angleterre étoit formidable au dehors, et Cromwel donne la loi dans le traité qu'il fait avec la France.

Pendant que l'Angleterre offroit au-dedans de pareilles scènes, elle étoit formidable au-dehors. Elle paroissoit acquérir l'empire de la mer. Elle n'avoit jamais joué un plus beau rôle avec les nations étrangères. Elle accorda la paix aux étatsgénéraux; et, tout-à-la-fois recherchée par les deux couronnes qui se faisoient la guerre, elle fit un traité avec la France. Cromwel dicta les conditions avec hauteur, et le cardinal Mazarin les accepta.

Avantage que l'Angleterre trouva dans l'alliance de la France. Mort de Cromwel.

On reproche au protecteur de n'avoir pas connu les vrais intérêts de sa nation. Il devoit, dit-on, soutenir l'Espagne dans sa décadence, et maintenir la balance entre les deux couronnes. On ne remarque pas que dans l'état où cette monarchie étoit réduite, ce projet eût été chimérique; qu'il ne suffisoit pas de la soutenir; qu'il auroit fallu la relever malgré les vices de sa constitution, et qu'il étoit plus raisonnable à l'Angleterre de se préparer à devenir un jour elle-même la rivale de la France. Mais il s'agissoit d'abord de s'agrandir. Or Cromwel en étoit bien plus sûr avec l'alliance de Louis XIV qu'avec celle de Philippe IV; car il pouvoit se promettre des conquêtes en Amérique et en Flandre. En effet il enleva la Jamaïque, que l'Angleterre a conservée; et en 1658, il acquit Dunkerque, qui lui ouvroit les Pays-Bas. La flotte anglaise bloquoit le port, et Turenne, qui conduisoit le siége, remporta la fameuse bataille des Dunes sur le prince de Condé. La place capitula le 23 juin, et fut livrée aux Anglais comme on en étoit convenu. Cromwel mourut le 3 septembre de la même année, âgé de cinquante-huit ans. Ce fut à propos : car le mécontentement gagnoit l'armée. Les conspirations se renouveloient sans cesse ; et jusqu'à ses enfans, tout le monde s'éloignoit de lui, et lui reprochoit ses crimes. Richard son fils, qui lui succéda dans le protectorat, abdiqua bientôt une puissance, que Cromwel auroit eu bien de la peine à conserver.

La guerre entre la France et l'Espagne, finit en 1659. Le traité fut conclu le 7 novembre par le cardinal Mazarin et Don Louis de Haro, dans l'île des Faisans, sur la rivière de Bidassoa. On céda plusieurs places de part et d'autre ; le duc de Lorraine fut rétabli ; le prince de Condé ré-

Traité des Pyrénées. 1659.

vint, et rentra dans ses gouvernemens et dans tous ses biens ; la France promit de ne point donner de secours au roi de Portugal; et le mariage de l'infante Marie-Thérèse avec Louis XIV, fut arrêté, sous la condition de la renonciation à la succession d'Espagne. Léopold, qui avoit succédé à Ferdinand III son père, et qui souhaitoit d'épouser l'infante, n'omit rien pour traverser ce mariage.

Charles est établi sur le trône d'Angleterre. Les royaumes du nord font la paix.

1660.

Les troubles continuoient en Angleterre. Il n'étoit pas possible aux factions de s'accorder sur la forme du gouvernement. Monck, un des généraux de l'armée, profita de ces divisions pour rétablir les Stuarts. Il affecta un zèle républicain, et il prépara si bien les choses, que Charles II, fils aîné de Charles Ier, fut reçu parmi les acclamations du peuple, et rétabli sur le trône de ses pères en 1660. La même année, les royaumes de Suède, de Pologne et de Danemarck, firent la paix sous la médiation de la France. Il semble qu'on respire enfin quand on voit le calme se répandre dans presque toute l'Europe.

CHAPITRE II.

Depuis la paix des Pyrénées jusqu'à la paix de Nimègue.

Dans l'espérance de secouer le joug d'un parlement qui s'étoit rendu odieux, les différens partis oublioient leurs animosités, et attendoient avec impatience la fin des désordres, lorsque Monck, qui s'étoit déclaré pour la liberté, et qui par-là avoit gagné la confiance du peuple, prit sur lui de rappeler les membres qui avoient été exclus avant qu'on fît le procès à Charles. Comme ces membres étoient le plus grand nombre, la plupart des Indépendans prirent le parti de se retirer, et le parlement fut, en quelque sorte, renouvelé. Les membres rétablis commencèrent par faire quelques réglemens; et après avoir ordonné eux-mêmes leur propre dissolution, ils convoquèrent un nouveau parlement.

Quel étoit le parlement qui rappela Charles II.

L'amour de la liberté n'étoit plus le même : on se reprochoit un aveuglement qui avoit causé tant de maux : on ne voyoit pas qu'il fût possible d'établir quelque forme de gouvernement, sans soulever encore les factions les unes contre les autres. Parmi tant de divisions, il paroissoit qu'on ne pouvoit retrouver la paix que sous un monarque : les Presbytériens, qui avoient été victimes des Indépendans, formoient, à cet égard, les mêmes vœux que les Royalistes ; et, comme ces sentimens étoient généralement répandus, il arriva que, dans toutes les provinces, les suffrages du peuple tombèrent sur ceux qu'on savoit être favorables à la monarchie. Tel fut le parlement qui rétablit Charles. Il ne mit point de condition à son rappel ; parce que, dans l'impatience de jouir du repos, il eût été effrayé du retardement que pouvoit apporter la lenteur d'une négociation. En cela il ne fit que se conformer aux vœux des peuples.

Bonnes et mauvaises qualités de Charles. Charles II avoit les qualités qui séduisent : une figure mâle, un air engageant, de l'esprit, de la pénétration, du jugement, un caractère doux et une affabilité singulière.

Il paroissoit avoir oublié dans ses malheurs qu'il étoit prince, et sur le trône il ne paroissoit plus s'en ressouvenir. Mais il avoit des défauts, qui ne se montroient pas d'abord. Sa paresse, qui lui donnoit de l'éloignement pour toute sorte de travail, rendoit inutiles les qualités de son esprit. Sa bonté n'étoit pas un sentiment de l'ame; ce n'étoit que l'effet de sa nonchalance. Son affabilité dégénéroit en familiarité et paroissoit peu décente. Il étoit le même pour tous ceux qui l'approchoient, les accueillant également, n'en aimant aucun, et se méfiant de tous. On lui reproche encore d'avoir été ingrat envers ceux qui l'avoient servi avec zèle, et d'avoir été livré aux plaisirs, jusqu'à dissiper ses revenus. Il est doux pour un prince lâche, qui aime à dissiper, d'être absolu. C'étoit aussi tout ce que Charles ambitionnoit : mais cette ambition lui suscitera des affaires qui contrarieront sa nonchalance.

Le contraste de ses adversités et de la révolution subite, qui venoit de le rétablir, intéressoit en sa faveur, et ne permit de remarquer d'abord que ses qualités aimables. Le parlement, soumis et respectueux, lui

Le parlement, quoi que soumis et respectueux, paroît prendre des mesures contre le despotisme.

acorda des subsides, fixa ses revenus à douze cent mille livres sterling; c'étoit plus qu'aucun autre roi d'Angleterre n'avoit eu : enfin il fit périr par les supplices dix de ceux qui avoient condamné Charles Ier. Il donna cependant avec beaucoup d'économie : les fonds mêmes qu'il assigna pour les revenus de la couronne, ne faisoient pas les deux tiers des douze cent mille livres ; et en se réservant de remplir dans la suite ses engagemens, il parut vouloir tenir le roi dans la dépendance. Néanmoins Charles, qui n'avoit pas en général lieu d'en être mécontent, le congédia en lui témoignant combien il étoit satisfait.

<small>Un nouveau parlement renonce au droit des armes; mais il ne donne que de légers subsides. 1661.</small>

Ce parlement avoit été principalement composé de Presbytériens : celui qui s'assembla l'année suivante fut encore plus favorable, parce que les Royalistes et les Anglicans y dominoient. Non seulement il condamna toutes les maximes qui tendent à la révolte : il déclara même qu'aucune des deux chambres, ni les deux ensemble n'ont pas le droit des armes ; et il porta la soumission jusqu'à renoncer au droit de se défendre contre le souverain. C'étoit donner à la couronne une prérogative sans bornes. Mais le plus grand nombre des membres étoit encore si frappé des derniers désordres, qu'il étoit plus porté à prendre des précautions contre la révolte des sujets, que contre l'ambition du roi. Ils firent encore un acte fort avantageux à la monarchie : ce fut de rétablir l'église anglicane dans le même état où elle étoit avant les guerres civiles ; et dans cette vue ils ordonnèrent à tous les ecclésiastiques de suivre cette communion, sous peine de perdre leurs bénéfices. Les Presbytériens, qui ne voulurent pas se soumettre, furent appelés Non-conformistes. Mais ce parlement, si pénétré des principes de la monarchie, la rendoit impuissante par l'économie avec laquelle il donnoit des subsides : s'il vouloit qu'on ne lui portât pas des coups, il paroissoit vouloir qu'elle fût assez foible pour qu'elle n'en pût pas porter elle-même.

Les revenus de la couronne, trop bornés pour les charges de l'état, étoient encore dissipés par les prodigalités du monarque. Il ne restoit à Charles que des dettes. Dans cette situation, il résolut de vendre Dunker- *Pour fournir à ses dépenses, Charles vend Dunkerque à la France.*

que dont la garnison lui coûtoit chaque année cent mille livres sterling; et il la livra pour quatre cent mille à la France.

Il en est blâmé.

Il fut généralement blâmé, parce que Dunkerque, entre les mains des Français, pouvoit faire beaucoup de tort au commerce de l'Angleterre. Il l'eût été encore plus, si l'on eût connu dès-lors l'ambition de Louis XIV; car l'acquisition de cette place donnoit à la France de grands avantages pour s'étendre du côté des Pays-Bas.

A la sollicitation des communes, qui lui promettent des subsides, il fait la guerre à la Hollande.

Les communes offrirent enfin à Charles une occasion d'obtenir des subsides. Jalouses du commerce florissant des Provinces-Unies, elles cherchèrent des prétextes pour faire la guerre à cette république; et, quoiqu'elles n'en trouvassent que de bien frivoles, elles promirent au roi de lui donner toutes sortes de secours, s'il vouloit entrer dans leurs vues. Elles s'imaginoient qu'après avoir abattu la puissance des Hollandais, l'Angleterre seroit en possession de tout le commerce; et la guerre fut déclarée.

1664.

Les Anglais, comme les Hollandais, désirent bientôt la paix.

Les combats sur mer ne sont pas décisifs comme sur terre : souvent on se ruine pour ruiner son ennemi, sans rien acquérir, et la nation qui a le plus de ressources, reprend bientôt tous ses avantages. Les Anglais eurent lieu de connoître la supériorité que la Hollande avoit à cet égard ; et ils commencèrent à se lasser de la guerre : les Hollandais qui l'avoient entreprise malgré eux, et dont le commerce souffroit beaucoup, desiroient la paix : Charles, plus nonchalant qu'ambitieux, n'étoit pas capable de persister dans des projets, où il trouvoit de grands obstacles : le Danemarck venoit d'ailleurs d'armer pour les Provinces - Unies, ainsi que la France, alliée de cette république. Il est vrai que cette dernière puissance agissoit foiblement, et qu'elle paroissoit plutôt montrer ses forces que donner des secours. Louis XIV, qui ne vouloit ni la prospérité ni la ruine de la Hollande, formoit alors un projet, qui le mettoit dans la nécessité de ménager le roi d'Angleterre.

La paix se négocioit à Bréda. On étoit d'accord sur les principaux articles ; et les difficultés qui restoient, paroissoient si légères, qu'elles n'auroient dû apporter aucun retardement. Mais de Wit, pensionnaire de Hollande, prolongeoit la négocia-

Le pensionnaire de Wit venge la patrie. Paix de Bréda.

tion, dans l'espérance d'humilier les Anglais, et de venger sa patrie de l'injuste guerre qu'ils lui avoient faite. Il jugea que Charles, dans l'espérance d'une paix prochaine, songeoit plus à ménager ses finances, qu'à prendre des mesures contre l'ennemi. Il ne se trompa point. L'Angleterre étoit dans la plus profonde tranquillité, lorsque le pensionnaire avoit fait tous ses préparatifs. La flotte hollandaise entra dans la Tamise, où elle brûla plusieurs vaisseaux ; elle menaça toutes les côtes d'Angleterre ; et elle eût pu faire une descente, si elle eût été soutenue par les Français. Mais Louis XIV, qui vouloit maintenir la balance entre ces deux puissances maritimes, n'avoit garde de contribuer à la supériorité de l'une ou de l'autre.

1667. La paix fut signée à Bréda le 10 juillet. Une nouvelle scène va s'ouvrir.

A la mort de Philippe IV, Louis XIV réclame les Pays-Bas, quoiqu'il eût renoncé aux droits de sa femme.

Philippe IV, roi d'Espagne, mort au mois de septembre 1665, laissoit la couronne à son fils, Charles II. Or, parce que dans quelques provinces des Pays-Bas l'ordre de succession exclut les enfans d'un second mariage pour donner la préférence à ceux du premier, Louis réclama les Pays-Bas pour Marie-Thérese, sa femme, née d'un premier lit. Il est vrai qu'il avoit renoncé à tous les droits de cette princesse : mais il regardoit cette renonciation comme nulle, sur ce principe : qu'un père ne sauroit, par aucun acte, frustrer ses enfans de leurs droits. On répondit qu'il avoit donc traité de mauvaise foi ; que l'Espagne ayant accepté la renonciation, comme une sûreté réelle, la France étoit censée l'avoir donnée comme telle ; qu'il n'y avoit point eu de violence, qu'on avoit contracté librement; et que, par conséquent, on devoit de part et d'autre remplir également les conditions du traité. Mais les rois n'ont point de juge, et leurs querelles se décident par les armes.

Louis XIV avoit été fort mal élevé. Né avec des dispositions heureuses, qu'on ne voulut pas cultiver, il n'eut aucun goût pour la lecture, aucune connoissance de l'histoire, aucune notion même des beaux arts : en un mot, on rendit stériles les dispositions que la nature avoit mises en lui, parce qu'en ne l'accoutumant pas à s'appliquer, on le rendit peu capable d'application. Comme ses maîtres ne savoient pas lui faire

Louis XIV étoit né avec d'heureuses dispositions, qu'une mauvaise éducation avoit rendues inutiles.

goûter l'étude, et qu'ils n'osoient le contrarier, Louis se livroit à ses caprices, ne faisoit que changer d'objets, et ne contractoit pas l'habitude d'une attention soutenue. Il retenoit les faits parce qu'il avoit de la mémoire, il les racontoit même avec grâce : mais il paroissoit avoir de la peine à saisir une suite de raisonnemens; et ce qu'il ne comprenoit pas du premier coup, il lui arrivoit rarement de le comprendre.

La régente et Mazarin auroient voulu laisser durer son enfance.

Quoiqu'il eût été déclaré majeur à treize ans et un jour : en 1651, la régente et Mazarin ne songeoient pas assez à le former peu-à-peu dans l'art de gouverner. Jaloux de l'autorité, ils vouloient l'un et l'autre faire durer l'enfance du roi. Louis, abandonné, obéissoit aux penchans de son âge et se dégoûtoit de toute application, pour se livrer à des amusemens frivoles. Il avoit vingt ans, et il ne s'occupoit encore que de ballets, de mascarades, de tournois, de comédies, de chasses, de jeux et d'intrigues d'amour.

Honteux de ne disposer de rien, il desire de s'instruire ? Mazarin le fait travailler avec lui.

Bien loin d'avoir de l'autorité, à peine avoit-il du crédit. Il ne disposoit d'aucune grâce : il n'avoit que la voie de la recommandation et des prières auprès du cardinal et de la régente. Ses courtisans ne manquèrent pas de lui en faire quelque honte, et de l'inviter à prendre les rênes du gouvernement. La confiance qu'il avoit donnée à Mazarin, et la méfiance qu'il avoit de lui-même, ou peut-être encore le dégoût du travail l'en empêchèrent. Cependant quoiqu'affermi dans le dessein de laisser l'administration à ce ministre, il parut desirer de prendre quelques connoissances de ses affaires. Le cardinal ne se refusa pas à un desir aussi louable : mais il mourut peu de temps après, en 1661.

Le roi n'ayant plus de premier ministre, gouverna par lui-même, tenant conseil tous les jours, et travaillant séparément avec les secrétaires d'état. Il prit d'autant plus de goût à ce travail, que ses ministres ne cherchoient qu'à le lui rendre agréable, et le flattoient continuellement pour gagner sa confiance. Ils l'accoutumèrent si fort à s'entendre louer, que, quoique convaincu de son ignorance, dont il faisoit quelquefois des sujets de plaisanteries, il commença à croire qu'il avoit naturellement tous les

Après la mort de ce cardinal, il travaille avec ses ministres, qui lui persuadent qu'il fait tout, et qu'il fait tout par lui-même.

talens de son état; et bientôt il se crut capable de former lui-même ses ministres. Le Tellier, qui avoit le département de la guerre, excelloit sur-tout dans l'art de flatter. Il sut toujours persuader au roi, qu'il étoit le seul auteur des projets qui réussissoient; et pour l'intéresser à la fortune de Louvois, son fils, qu'il avoit instruit dans le même art, il lui fit croire que Louvois étoit son élève, et qu'il tenoit de lui toutes ses lumières. Vous pouvez prévoir qu'une trop grande confiance fera faire des fautes à Louis XIV.

Il goûte moins Colbert, qui le sert sans le flatter.
Il ne faut pas confondre avec de tels ministres, Colbert, qui eut dans son département les finances et le commerce. Il avoit été l'homme de confiance de Mazarin, et ce cardinal, qui l'avoit recommandé à Louis XIV comme propre à l'administration des finances, avoit donné une preuve de son discernement, et fait un présent au roi et à l'état. Mais trop grand pour flatter son maître, comme le Tellier et Louvois, Colbert en fut aussi beaucoup moins écouté; et lorsqu'il mourut, en 1683, il étoit hors de la faveur. Ce fut à lui néanmoins que

Louis XIV dut toute sa puissance. Sans Colbert, jamais il n'eût été capable de soutenir les grandes entreprises, dans lesquelles il s'engagea par de mauvais conseils ; et sans ces malheureuses entreprises, qui mettoient dans la nécessité de fouler les peuples, Colbert eût enrichi le prince et les sujets. Étant donc forcé par les circonstances à mettre des bornes à ses grands desseins, il n'en exécuta qu'une partie. Cependant dès l'année 1666, il avoit mis un si grand ordre dans les finances, et rendu le commerce si florissant, que la France se trouvoit des forces, dont elle ne s'étoit pas doutée avant l'administration de ce sage ministre. En voici la preuve. En 1660, le peuple payoit quatre-vingt-dix millions d'impôts : les charges de l'état montoient à cinquante-cinq millions ; et le roi, à qui il n'en restoit que trente-cinq, n'étoit pas même au courant : deux années de son revenu étoient consumées d'avance. En 1666 les impositions produisoient quatre-vingt-treize millions : les charges de l'état étoient réduites à trente-quatre, et il en restoit au roi cinquante-neuf. Les revenus de la couronne étoient donc considérablement augmentés, et cependant Colbert avoit soulagé les peuples. Vous pouvez lire à ce sujet les *Recherches et considérations sur les finances de France.*

<small>La France étoit épuisée.</small> Il auroit fallu une longue paix, pour réparer les pertes que la France avoit faites depuis François II. Certainement la population devoit être fort diminuée, et le royaume par conséquent étoit encore foible par lui-même. S'il paroissoit donc puissant, c'est que Colbert savoit donner du ressort à toutes les parties. Il étoit puissant, surtout par rapport aux autres états de l'Europe, qui avoient fait de pareilles pertes, et qui n'avoient point de Colbert. La population ne s'étoit accrue que dans les Provinces-Unies; c'étoit une raison pour qu'elle fût moindre ailleurs, puisque cette république avoit été l'asyle des familles persécutées.

<small>Cependant les courtisans ne parloient que de la puissance de Louis XIV, et malheureusement c'étoit telquefois dans des circonstances où ils ne paroissoient pas le flatter.</small> Si Louis XIV eût été plus éclairé, il eût mis toute sa gloire à faire le bonheur de ses peuples, et il ne se fût servi de sa puissance que pour entretenir la paix en Europe. Il ne falloit qu'écouter Colbert, étudier avec lui, et le laisser faire. Mais ses courtisans ne l'entretenoient que de sa puissance, et

chaque instant l'étaloit à ses yeux. Elle se montroit sur-tout dans ces fêtes magnifiques qu'il donnoit souvent à sa cour, et où il paroissoit avec un air majestueux, tel qu'on peindroit le maître du monde. C'est au milieu d'une de ces fêtes, qu'en 1662 un légat vint s'humilier devant lui, pour faire satisfaction d'une insulte que les gardes du pape avoient faite à l'ambassadeur de France, et la même année le roi d'Espagne avoit essuyé une humiliation à-peu-près semblable. Le baron de Watteville, son ambassadeur à Londres, ayant insulté le comte d'Estrade, ambassadeur de France, sur lequel il vouloit prendre le pas, Philippe IV fut obligé d'envoyer un ambassadeur extraordinaire pour déclarer à Louis XIV, en présence de tous les ministres étrangers, que ses ambassadeurs céderoient par-tout la préséance aux ambassadeurs de France. Comment dans de pareilles circonstances, Louis, jeune encore, n'auroit-il pas été ébloui lui-même d'un éclat qui éblouissoit ses courtisans, et qui portoit la terreur jusques dans une monarchie, auparavant redoutable à la France et à l'Europe?

Pouvoit-il se ressouvenir de ces tems malheureux où il n'avoit pas un page pour le servir, et où il n'étoit pas en état de tirer de la misère Henriette sa tante, veuve de Charles Ier ? Il les oublia donc, et il ne vit plus que sa grandeur.

Entretenu dans cette illusion par Louvois, il entreprend de faire valoir les droits qu'il se fait sur les Pays-Bas.

1667.

Il fut toujours entretenu dans cette illusion par Louvois, qui, voulant se rendre nécessaire, et tout-à-la-fois flatter la foiblesse de son maître, lui présenta la Flandre comme un pays sur lequel il avoit des droits, et dont il devoit se saisir par les armes. La guerre fut aussitôt décidée. En une seule campagne, quarante mille hommes, commandés par les plus habiles généraux, envahirent sous les yeux de Louis, Charleroi, Ath, Binche, Menin, Comines, Deinse, Tiel, Tournai, Bergues, Furnes, Armentières, Courtrai, Douai, Oudenarde, Alost, Lille. Ces villes, sans magazins, sans fortifications, sans munitions, ne firent presque point de résistance ; car, quoique cette invasion eût été prévue, les Espagnols ne s'y étoient pas préparés. Au commencement de l'année suivante, et pendant l'hiver, Louis conquit encore la Franche-

Comté en moins d'un mois. Condé commandoit sous lui.

A ses premiers succès, obtenus sans obstacles, le roi, qui, dans le vrai, avoit servi sous Condé, s'imagina être un conquérant: il se crut puissant, parce que l'Espagne étoit foible : et il n'eut plus d'autre ambition, que de reculer ses frontières et de se rendre redoutable, sans considérer qu'il répandoit l'alarme chez ses voisins, et qu'il pouvoit armer contre lui toute l'Europe. Son principal avantage étoit dans ses généraux et dans ses ministres, bien supérieurs à ceux des autres puissances : avantage qu'il connoissoit peut-être trop peu, car il croyoit déjà être tout par lui-même.

L'invasion de la Flandre faisoit connoître que si Charles II, roi d'Espagne, dont la santé étoit languissante, mouroit sans enfans, Louis formeroit des prétentions sur la couronne de ce prince. Il semble donc que les puissances de l'Europe auroient dû prévenir la réunion de ces deux royaumes; c'est ce dont elles ne parurent pas s'occuper.

L'empereur Léopold, qui avoit eu pendant quelques années la guerre avec les *de régner despotiquement en Hongrie.*

Turcs, faisoit alors tous ses efforts pour soumettre la Hongrie, ou plutôt pour y établir son despotisme. Dans le dessein d'usurper sur les priviléges de la nation, il traita de rebelle un peuple qui ne vouloit pas être esclave. Il saisit par surprise quelques chefs du patriotisme ; il leur fit trancher la tête sous prétexte d'une prétendue conspiration ; et il répandit dans tout le royaume des troupes qui, vivant à discrétion comme en pays ennemi, forcèrent enfin les Hongrois à se révolter véritablement. Pendant qu'il donnoit tous ses soins à dépeupler la Hongrie pour y régner en despote, il ne pouvoit pas porter son attention sur ce qui se passoit ailleurs.

Les princes de l'empire ne s'alarmoient pas de l'agrandissement de la France, qu'ils s'imaginoient les devoir protéger, parcequ'elles les avoit protégés.

Malgré le traité de Westphalie, il y avoit peu d'union entre les membres de l'empire. L'empereur, les électeurs et les autres princes formoient trois partis; et la diète étoit au moins troublée par des contestations qu'on ne terminoit pas. Les Allemands, accoutumés à se précautionner contre l'ambition de la maison d'Autriche, ne s'apercevoient pas encore que la maison de Bourbon devenoit beaucoup de jour en jour plus formidable. Ils continuoient de la regarder comme une puissance, qui devoit les protéger contre l'empereur. C'est pourquoi en 1658, Louis XIV fut reçu dans une alliance que les électeurs ecclésiastiques et d'autres princes avoient faite pour leur défense commune, et qu'on nomme la ligue du Rhin; et en 1668, plusieurs persistoient encore dans leurs engagemens avec la France. Il est difficile que tout un corps, tel que celui de l'empire, sache changer à propos de vue et de politique. Les princes d'Allemagne ne pensoient donc point à s'opposer aux progrès de Louis XIV, ou ceux qui y pensoient, ne savoient encore quelles mesures prendre. Les républiques et les princes d'Italie étoient encore plus favorables au roi de France, parce qu'ils croyoient voir leur élévation dans l'abaissement d'une puissance qui occupoit le royaume de Naples et de Lombardie. *L'Italie ne craignoit que la maison d'Autriche.*

Les Hollandais jugeoient mieux du danger, parce qu'ils en étoient plus près : mais cette république étoit trop foible contre toutes les forces de la France, et d'ailleurs elle étoit troublée par deux factions. *Les Hollandais qui jugeoient mieux, étoient trop foibles, et troublés par des factions.*

Ils craignoient le Stathoudérat, contre lequel ils songeoient à prendre des précautions.

Frédéric-Henri étoit mort en 1647, et avoit laissé le Stathoudérat à Guillaume II son fils. Guillaume ne parut pas aussi bon républicain que ses aïeux : il se rendit suspect par son ambition ; et peut-être eût-il causé une guerre civile, s'il eût gouverné long-temps. Après sa mort, qui arriva en 1650, les partisans de la liberté, effrayés du danger qu'ils avoient couru, songèrent à mettre des bornes au Stathoudérat, ou même à exclure de cette dignité le fils posthume de Guillaume II.

Le pensionnaire de Wit avoit donné l'exclusion à Guillaume III, qu'il avoit élevé.

De Wit, pensionnaire de Hollande, et qui gouvernoit alors la république, donna tous ses soins à l'éducation de Guillaume III. qui étoit né huit jours après la mort de son père. Il ne négligeoit rien pour le former aux affaires, voulant, disoit-il, le rendre capable de servir la patrie, s'il arrivoit jamais que des circonstances lui missent l'administration entre les mains. En même temps il tâchoit de prévenir ces circonstances, et en 1667 il avoit fait rendre un édit, par lequel Guillaume et ses descendans étoient exclus à perpétuité du Stathoudérat.

Guillaume avoit alors dix-sept ans. On voyait déjà le fruit de l'éducation qu'il avoit reçue : les vertus et les talens se développoient en lui. Il paroissoit aimer la république : il paroissoit dans la résolution d'en vouloir dépendre entièrement, et les peuples regardoient comme une injustice l'exclusion qu'on venoit de donner à un prince, auquel ils s'intéressoient. L'édit avoit augmenté le nombre de ses partisans. On le comparoit à ses ancêtres, dont on se rappeloit les services : on le jugeoit digne, à toutes sortes de titres, de la même confiance et des mêmes honneurs.

Cette exclusion donnoit de nouveaux partisans à ce prince, qui montroit des vertus.

Ce jeune prince étoit fils d'une sœur du roi d'Angleterre. Il étoit donc à craindre que Charles, qui ne demandoit qu'à troubler la Hollande, ne donnât des secours à la faction de Guillaume. C'est pour cette raison que de Wit étoit resté jusqu'alors dans l'alliance de la France. Mais un danger plus pressant ayant changé toutes ses vues ; il ne voyoit plus que l'Angleterre, qui pût arrêter les progrès de Louis XIV.

Parce qu'il étoit fils d'une sœur du roi d'Angleterre, de Wit étoit resté dans l'alliance de la France.

Les Anglais ne pouvoient voir sans jalousie la supériorité que prenoient les Français.

Alors il change de plan, et la triple alliance,

qu'il a médité, force Louis XIV à la paix.

Charles, voulant donc faire une chose agréable à la nation, chargea le chevalier Temple, son ministre à Bruxelles, de se concerter avec le pensionnaire. Ces deux habiles négociateurs conclurent en quatre ou cinq jours un traité, auquel la Suède accéda, et par lequel ces trois puissances se proposoient d'offrir leur médiation, et de forcer la France et l'Espagne à la paix. Aucune d'elles néanmoins ne s'étoit encore préparée à la guerre. La Suède étoit bien loin pour être redoutable, et pour s'intéresser vivement aux Pays-Bas. Les Hollandais n'avoient point de troupes de terre : et Charles étoit toujours indolent, irrésolu et sans argent. Cependant le ministère français ayant pris l'alarme, la triple alliance, qui ne pouvoit que menacer, eut tout le succès qu'on s'étoit promis. La négociation ne fut même pas longue : car le traité fut conclu et signé trois mois après à Aix-la-Chapelle. Louis rendit la Franche-Comté, et conserva toutes les conquêtes faites dans les Pays-Bas.

1665.

Le traité en est conclu à Aix-la-Chapelle.
1668.

Louis songe à se venger de la Hollande.

Louis XIV avoit fait une paix assez glorieuse, pour se promettre de nouveaux succès. Il s'en promit, et dans sa confiance, il songea sur-tout à se venger de la Hollande, qui avoit eu la plus grande part à la triple alliance. Pour y réussir, il se proposa de déterminer l'Angleterre à rompre les engagemens qu'elle avoit contractés avec cette république.

Sous prétexte de visiter ses conquêtes, le roi se transporta dans les Pays-Bas avec toute sa cour, et fournit à la duchesse d'Orléans l'occasion de passer en Angleterre, pour voir son frère, Charles II, ou plutôt pour négocier un traité avec ce prince.

1670. La duchesse d'Orléans, qui passe en Angleterre, trouve le roi son frère, dans des dispositions favorables au dessein de Louis.

Charles donnoit alors toute sa confiance à Clifford, Ashley, Buckingam, Arlington et Landerdale; et le public nommoit Gabale le conseil composé de ces ministres, parce que les lettres initiales de ces cinq noms forment le mot de *cabal*. Les vues de la cabale, autant qu'on en peut juger par la conduite de ces cinq ministres, étoient de rendre le roi tout-à-fait indépendant du parlement. Pour y réussir, on proposoit une alliance avec la France contre la Hollande; parce que sous le prétexte de la guerre, il seroit facile de lever et d'entretenir un corps de troupes dans le royaume, et que Charles pourroit encore obtenir de Louis XIV des secours pour soumettre ses sujets rebelles. Ce projet étoit assez mal concerté : on devoit juger que si le roi de France s'y prêtoit, ce seroit moins pour rendre Charles absolu, que pour faire naître des troubles en Angleterre. De pareilles vues s'accordoient néanmoins avec le caractère de Charles, que l'économie des communes laissoit dans l'indigence, et qui ne pouvoit pas prendre sur lui d'avoir une confiance entière pour ses peuples. Telles étoient les dispositions où la duchesse d'Orléans trouva son frère. Il lui fut donc aisé de sortir de sa négociation avec succès. Elle lui laissa, pour maintenir l'alliance entre les deux couronnes, une demoiselle de sa suite dont il devint amoureux, et qui a été connue sous le titre de duchesse de Portsmouth.

Les deux rois déclarent la guerre à la Hollande. 1672.

Les deux rois déclarèrent la guerre aux Provinces-Unies. Comme ils n'avoient pas de raisons solides, ils employèrent les prétextes les plus frivoles : ils se plaignirent de quelques médailles et de quelques peintures injurieuses à leurs majestés. Ils auroient mieux fait de ne pas publier des déclarations, qui ne faisoient que dévoiler davantage leur injustice. Charles eut en particulier la mortification de perdre toute la confiance de son peuple. Car dans la vue de trouver plus de facilité dans son parlement, il avoit feint de vouloir rester fidelle au traité de la triple alliance : et ce motif lui avoit fait obtenir des subsides considérables. Mais les Anglais, qui voyoient avec chagrin que ces subsides étoient destinés à remplir les vues de la France, ne lui pardonnoient pas d'avoir employé la mauvaise foi, pour sacrifier plus sûrement les intérêts de la nation.

Les Provinces-Unies cultivoient le commerce et la marine, et dans la sécurité où les laissoient la paix avec l'Espagne et leur alliance avec la France, elles avoient licencié la plus grande partie des troupes de terre, et négligé d'entretenir la discipline dans celles qui leur restoient. Jalouses de leur liberté, elles avoient sur-tout congédié un grand nombre d'officiers expérimentés, qui paroissoient trop attachés à la maison d'Orange. Elles n'eurent donc pour toute défense que quelques troupes levées à la hâte, avec lesquelles on ne pouvoit ni tenir la campa-

Cette république n'étoit pas en état de se défendre.

gne, ni mettre des garnisons suffisantes dans les places.

<small>Conquêtes de Louis XIV. Troubles qu'elles causent en Hollande.
1672.</small>

Contre un pays si mal défendu, Louis XIV, qui avoit engagé dans son alliance l'évêque de Munster, et l'électeur de Cologne, marcha à la tête de cent soixante-dix-sept mille hommes. Il prit, dans peu de mois, plus de quarante villes fortifiées, et envahit les provinces de Gueldres, d'Utrecht et d'Over-Issel. Guillaume III, que la république avoit mis à la tête des troupes, se retira dans la province de Hollande, mettant toute sa ressource dans la force naturelle du pays. Cependant le peuple tourna sa rage contre le pensionnaire. Regardant comme l'auteur de ses maux, celui dont il avoit admiré jusqu'alors la prudence et l'intégrité, il le massacra avec son frère, et il se souleva, contre les magistrats qu'il força à reconnoître le prince d'Orange pour Stathouder.

<small>Cette république met toute sa ressource dans le jeune prince d'Orange, qu'elle fait stathouder.</small>

Ce jeune prince, car il n'avoit encore que vingt-deux ans, se montra digne d'être le chef de la république. Il rendit le courage aux plus consternés. Les factions cessèrent. Tout se réunit sous lui, et le désespoir fit prendre une nouvel essor à l'amour de la liberté. Les écluses étoient ouvertes : le pays étoit inondé. La mer formoit une barrière à l'ennemi.

L'empereur avoit d'abord vu sans inquiétude les préparatifs de Louis XIV contre les Provinces-Unies. Il avoit promis de ne leur point donner de secours : il desiroit même l'humiliation de cette république; et plusieurs autres puissances d'Allemagne adoptoient cette politique aveugle. Il ouvrit enfin les yeux, lorsqu'il considéra qu'après la conquête de la Hollande, les Pays-Bas Espagnols seroient menacés; et il fit une ligue avec le roi d'Espagne, l'électeur de Brandebourg et les états-généraux. Louis fut obligé d'évacuer plusieurs des places conquises.

L'empereur, qui d'abord avoit desiré l'humiliation des Hollandais, fait une ligue contre Louis.

1673.

Mais le parlement d'Angleterre étoit l'allié, sur lequel les Hollandais pouvoient le plus compter : il commençoit à soupçonner les desseins de la cabale. Charles connut qu'il n'obtiendroit rien pour une guerre que les communes désapprouvoient. Il frémit, en prévoyant les suites d'un mécontentement qui se montroit déjà, et il fit sa paix avec les états-généraux.

Le roi d'Angleterre fait la paix avec la Hollande.

1674.

Toute l'Allemagne se déclare contre Louis à qui il ne reste que l'alliance de la Suède.

L'électeur de Cologne et l'évêque de Munster furent aussi contraints de prendre le même parti, et les princes d'Allemagne, qui avoient été neutres jusqu'alors, se déclarèrent encore pour l'empereur. C'est ainsi que la France perdoit ses alliés, se faisoit des ennemis, et se voyoit réduite à faire face de tous côtés. Le roi de Suède, qui avoit abandonné les vues de la triple alliance, restoit seul à Louis XIV: mais il ne pouvoit lui donner aucun secours, parce qu'il entra en guerre avec le Danemarck.

Cependant Louis a de grands succès.

Dans cette conjoncture les Français furent obligés de changer d'objet. Ils abandonnèrent les Provinces-Unies; et de tant de conquêtes, ils ne purent conserver que Grave et Mastricht : leurs efforts se portèrent sur les Pays-Bas et sur le Rhin : ils conquirent la Franche - Comté et plusieurs places en Flandre, et ils pénétrèrent dans le Palatinat. Cependant la guerre se faisoit aussi en Danemarck, en Suède, sur la mer Baltique, sur l'Océan, sur la Méditerranée, sur les frontières d'Espagne, et en Sicile, où la France donna des secours aux Messinois, qui s'étoient révoltés contre les Espagnols. C'est ainsi que la république de Hollande vit tout-à-coup le danger s'éloigner d'elle. Les autres puissances avoient armé pour la secourir, et elle continuoit la guerre pour les secourir elle-même.

Cette guerre finit en 1678 par le traité de Nimègue, dont Louis XIV dicta les conditions. Elle fut donc glorieuse par les succès des généraux, si elle ne le fut pas par les motifs qui la firent entreprendre. Le ministère français sut diviser les ennemis, ou plutôt profiter de leur peu de concert. Les états-généraux, auxquels on rendoit Mastricht, la seule place qu'ils n'avoient pas recouvrée, déclarèrent à leurs alliés que, s'ils n'acceptoient pas les conditions que Louis XIV leur offroit, ils feroient leur paix séparément; et en effet ils la signèrent le 10 août. Le traité assuroit à la France la Franche-Comté, Cambrai, Aire, S. Omer, Valenciennes, Tournai, Ypres, Bouchain, Cassel, etc. Il ne restituoit à l'Espagne que Charleroi, Courtrai, Oudenarde, Ath, Gand, le pays de Limbourg, qui avoient été donnés à la France par le traité d'Aix-la-Chapelle. Enfin il obligeoit le roi de Da-

Pacification de Nimègue.
1678.

1678.

nemarck et l'électeur de Brandebourg à rendre tout ce qu'ils avoient enlevé à la Suède. Les puissances intéressées se plaignirent de la Hollande, qui en les abandonnant, s'unissoit encore à Louis XIV pour leur faire la loi. Toutes cependant, les unes après les autres, acceptèrent les conditions qu'on leur prescrivoit : l'Espagne le 17 septembre 1678 ; et dans l'année suivante, l'empereur le 5 février ; l'électeur de Brandebourg le 29 juin ; et le roi de Danemarck le 2 septembre.

<small>Causes des succès de Louis dans cette guerre.</small> Il faut attribuer les succès de la France dans cette guerre et dans cette négociation, à la supériorité de ses généraux, à la foiblesse de chacun de ses ennemis en particulier, et au peu de concert de toutes les puissances confédérées.

L'Espagne, aussi foible par l'usage qu'elle faisoit de ses forces, que parce qu'elle en avoit peu, étoit dans l'impuissance de défendre tout-à-la-fois les Pays-Bas et sa frontière du côté des Pyrénées ; et cependant elle avoit encore à rétablir son autorité dans la Sicile, où les Messinois s'étoient révoltés.

Les Hongrois, toujours opprimés, faisoient une diversion, et mettoient l'empereur hors d'état d'agir vigoureusement contre la France. Les princes de l'empire s'embarrassoient mutuellement : les uns ne s'étoient pas déclarés encore ; les autres avoient pris un parti sans avoir de plan arrêté. Or la force d'une confédération ne consiste pas dans le nombre des alliés ; il faut un chef qui ait assez de talens pour en diriger les mouvemens, et qui paroisse avoir assez d'expérience pour mériter la confiance de tous les membres. Guillaume III étoit le seul qui eût les talens nécessaires : mais trop jeune encore, il ne pouvoit pas prendre assez d'autorité. Il essuya des contradictions de la part de sa république : les gouverneurs des Pays-Bas n'entrèrent pas dans ses vues ; les princes d'Allemagne rompirent souvent ses mesures ; et il paroît même avoir été quelquefois trahi. Il levoit des siéges, il perdoit des batailles : néanmoins les contradictions, les trahisons, les revers, rien ne pouvoit l'abattre. Son courage lui restoit, et ce courage suscitera bien des affaires à la France.

L'Angleterre auroit balancé la puissance de la maison de Bourbon, si Charles n'eût pas eu d'autres vues que celles de son parlement. Mais pour avoir abandonné la France, il ne s'étoit pas joint aux confédérés. Il pouvoit être au moins l'arbitre de l'Europe; il pouvoit prescrire les conditions de paix : sa médiation avoit même été acceptée. Cependant il ne voulut jamais tirer avantage d'une conjoncture aussi favorable, quoique les communes, inquiètes des progrès de Louis XIV, l'invitassent à prendre les armes, et lui fissent quelquefois des remontrances d'un ton à lui donner de l'inquiétude. Il ne voyoit de toutes parts que des sujets de crainte. Il se méfioit des communes comme elles se méfioient de lui. Il n'osoit les contredire ouvertement; et il n'osoit pas non plus se rendre à leurs instances; parce qu'il appréhendoit qu'après l'avoir engagé dans une grande guerre, elles ne profitassent de ses besoins pour l'obliger au sacrifice de quelque partie de sa prérogative. C'est ainsi qu'après avoir perdu la confiance de ses peuples, il ne croyoit plus leur pouvoir donner la sienne : et dans cette position, il étoit incapable de prendre un parti. D'ailleurs, s'il se déclaroit ouvertement pour les confédérés, il renonçoit aux secours qu'il attendoit de la France pour assurer son autorité; et s'il se déclaroit pour Louis XIV, il soulevoit le parlement et la nation. Cette incertitude parut dans la conduite qu'il tint, comme médiateur. Toujours flottant entre la crainte et la fermeté, il agit avec une lenteur qui servit la France, peut-être plus utilement que s'il eût pris les armes pour elle. Car dans ce cas, il n'eût point obtenu de subsides : il n'eût donc pu donner aucun secours, et il eût été sans doute bien embarrassé.

L'état de l'Angleterre étant aussi favorable à l'agrandissement de la France, les Provinces-Unies, qui voyoient la foiblesse de la maison d'Autriche, et le peu de concert des confédérés, ne furent plus sensibles qu'aux dépenses que la guerre entraînoit, et aux pertes qu'elles faisoient tous les jours par la ruine de leur commerce. Elles abandonnèrent donc des alliés, sur lesquels elles ne pouvoient plus compter, et elles firent la paix.

Vous voyez que Louis XIV réussit moins par ses propres forces, que parce que ses ennemis ne surent pas se réunir. Il eût pu succomber, si un chef habile eût été l'ame de la confédération.

CHAPITRE III.

Depuis la pacification de Nimègue jusqu'à celle de Ryswick.

LA grandeur de Louis XIV paroissoit à son plus haut période. Il avoit fait des conquêtes : il avoit donné la loi à toutes les puissances confédérées : il ne devoit pas naturellement craindre qu'une nouvelle ligue se formât contre lui. Tous ses ennemis, divisés et mécontens les uns des autres, se reprochoient mutuellement des fautes ou des trahisons ; et l'expérience de leur dernière confédération ne leur promettoit pas plus de succès, s'ils se réunissoient de nouveau contre la France.

<small>Les ennemis de la France avoient été trop humiliés, pour songer à se réunir de nouveau contre elle.</small>

En usant de ses avantages avec modération, le roi eût dissipé les alarmes qu'il avoit données à l'Europe ; il eût répandu la sécurité parmi des puissances, qui ne pouvant compter les unes sur les autres, ne

<small>Mais Louis veut être craint. La flatterie lui exagère sa puissance ; et Guillaume III s'étudie à répandre des terreurs paniques.</small>

cherchoient que des prétextes pour se persuader qu'elles n'avoient rien à craindre de lui; et s'il ne les eût pas forcées à se faire un système contraire aux vues qu'elles avoient eues jusqu'alors, il ne les eût pas mises dans la nécessité de recourir à l'empereur, et d'abandonner le système pour lequel elles avoient combattu et négocié si long-temps. Mais Louis ne voyoit hors de ses frontières que des ennemis qu'il avoit vaincus, et qu'il se flattoit de vaincre encore. Déjà les Français se croyoient un peuple conquérant, et demandoient à être conduits à de nouvelles conquêtes. Ils célébroient à l'envi la gloire du vainqueur qui les gouvernoit. Des poëtes, qui se faisoient lire malheureusement, lui promettoient le plus vaste empire. Il étoit le héros de la nation dans les monumens publics, dans les spectacles, dans les fêtes, dans les conseils de ses ministres. Toujours l'objet de la flatterie de ses sujets, il paroissoit encore la terreur de ses voisins. Le prince d'Orange affectoit de le craindre : il l'accusoit d'aspirer à la monarchie universelle : il répandoit l'alarme dans les cours, et cette terreur panique, qui suscitoit des ennemis à Louis, le confirmoit dans l'idée que lui donnoient de sa puissance, ses derniers succès, et ses courtisans. C'est ainsi qu'au-dehors, comme au-dedans du royaume, tout concouroit à lui faire illusion. Cependant il eût été effrayé lui-même, s'il eût mieux apprécié la fausse gloire dont il s'enivroit. Ce qu'il avoit acquis par le traité de Nimègue, valoit à peine, dit l'abbé de S. Pierre, vingt millions une fois payés, et dans le cours de six ans, la guerre lui avoit coûté plus de quatre-vingt mille hommes, et plus de trois cent cinquante millions. Quand les conquêtes se font à ce prix, une monarchie est bientôt épuisée, pour peu qu'elle recule ses frontières. Mais Louis ne songeoit pas à faire ces calculs; et Louvois, qui n'avoit garde de les lui mettre sous les yeux, entretenoit le prestige qui l'égaroit.

La gloriole de Louis XIV, pour parler comme l'abbé de S. Pierre, n'étoit donc qu'un épouvantail; mais cet épouvantail pouvoit réunir encore les ennemis de la France, et leur aprendre à se mieux concerter. Il falloit donc ne rien négliger pour

Il eût fallu dissiper les alarmes de l'Europe.

dissiper les alarmes que le prince d'Orange s'étudioit à répandre. Louvois les accrut au contraire, et leur donna quelque fondement par les démarches dans lesquelles il engagea son maître.

1682. Mais Louvois paroît se concerter avec le prince d'Orange, pour forcer l'Europe à redouter Louis.

Louis érigea deux chambres, l'une à Metz, l'autre à Brisach. Il cita devant ces tribunaux plusieurs princes allemands. Il les somma de lui rendre des terres, sur lesquelles il formoit des prétentions ; et sur les décisions de ses propres sujets, il se saisit de tout ce qui étoit à sa bienséance. Quelques-unes de ses prétentions pouvoient être fondées : mais après que le traité de Nimègue paroissoit avoir terminé tous les différends, il faut convenir que cette manière de se faire justice étoit odieuse ; et elle le devenoit encore davantage par l'insolence des magistrats, qui composoient ces tribunaux.

Mais Louis se croyoit plus puissant, à proportion qu'il étoit plus craint ; et sa passion étoit de montrer sa puissance. Louvois songeoit donc à le faire craindre ; il rapportoit là toutes ses entreprises. Pendant

1681.

qu'il achetoit du duc de Mantoue, Casal,

capitale du Montferrat, il se rendoit maître de Strasbourg par surprise. Il saisissoit toutes les occasions de vexer les puissances voisines. Si elles se plaignoient, il leur faisoit un crime de leurs plaintes ; on menaçoit de les punir, comme on eût menacé des peuples rebelles. L'alarme se répandit donc. Louvois plaisoit à son maître, parce qu'il le faisoit redouter ; et la guerre qui se préparoit, rendoit Louvois nécessaire.

On avoit cru que les projets de Louis XIV se borneroient à la conquête des Pays-Bas, et les Allemands auroient volontiers sacrifié l'Espagne à l'ambition de ce prince. Mais les arrêts des chambres de Metz et de Brisach, et la prise de Strasbourg avoient déjà décelé d'autres vues ; lorsque trois camps, que Louvois forma du côté de l'Allemagne, donnèrent de nouvelles inquiétudes. L'un étoit en Bourgogne, l'autre sur la Sare, et le troisième sur la Saône. Le Roi les alla visiter. Il jouit de sa puissance, il jouit du plaisir de l'étaler presque aux yeux de ses voisins, et bientôt après il commença les hostilités.

Grâces à Louvois, Louis se faisoit craindre sur terre. Seignelai, fils de Colbert, étoit secrétaire d'état, et avoit le département de la marine. Jaloux du ministre de la guerre, il voulut plaire par les mêmes moyens; et il chercha l'occasion de rendre le roi redoutable sur mer.

Lorsqu'il s'élève une guerre entre deux puissances, tout peuple voisin est certainement en droit de se déclarer pour l'une ou l'autre, suivant ses intérêts ; et la puissance contre laquelle il se déclare, est en droit de le traiter en ennemi, tant que la guerre dure. Mais lorsque la paix est faite, il seroit absurde de lui faire un crime de ses engagemens, comme il seroit peu glorieux de se venger, parce qu'on est le plus fort. Or en plusieurs occasions la république de Gênes avoit préféré l'alliance de l'Espagne, parce que les Espagnols l'avoient toujours ménagée, qu'ils n'avoient jamais rien entrepris sur elle, et que les principales familles de cette république avoient de grandes terres dans le royaume de Naples, et des rentes considérables sur le Milanès. Louis, conseillé par Seignelai, crut qu'il étoit de sa gloire de punir des républicains

qui osoient se mettre sous la protection
d'un autre prince ; et comme on ne pouvoit
pas même leur reprocher d'avoir commis
aucune hostilité, on les accusa d'avoir formé
le dessein de brûler les vaisseaux français
dans les ports de Marseille et de Toulon.
Du Quesne, le premier homme de mer
que la France eût alors, fut commandé
avec une escadre considérable, pour forcer
la république de Gênes à faire satisfaction,
et il fit voile sous les ordres de Seignelai :
ce ministre voulut paroître conduire une
entreprise, dont le succès étoit facile, et
qu'il croyoit devoir lui mériter le bâton
de maréchal. Les Français commencèrent
par jeter dix mille bombes qui brûlèrent
une partie de la ville ; ils firent ensuite une
descente dans le faubourg de Saint-Pierre
d'Arena, qui fut entièrement consumé. Les
Génois eurent alors de quoi s'excuser auprès du roi d'Espagne : ils étoient certainement à l'abri de tout reproche. Ils consentirent donc à la satisfaction que Seignelai exigea d'eux. Les conditions du traité
furent que le doge se rendroit à la cour avec
quatre sénateurs ; que contre les lois de la

république il conserveroit sa dignité pendant son absence; et que, s'humiliant devant le roi, il témoigneroit, avec les expressions les plus soumises, combien la république avoit de regret d'avoir déplu à sa majesté, et combien elle desiroit d'en mériter à l'avenir la bienveillance. Le doge, Francesco Maria Imperiali, remplit toutes ces conditions avec l'approbation de tous les courtisans. On eut soin de publier le discours qu'il avoit prononcé ; et le roi jouit dans toute l'Europe du plaisir qu'il avoit eu de voir le chef d'une république à ses pieds. Il est vrai que ce spectacle coûtoit cher aux Français; car le bombardement de Gênes avoit mis dans la nécessité de lever sur les peuples cinq à six millions d'extraordinaire.

Mot du doge. Louis XIV habitoit alors Versailles, qui fut achevé peu après. C'étoit le moment où l'on parloit avec le plus d'enthousiasme de ce monument qu'il élevoit à sa grandeur. Parce que d'un vilain lieu, d'un repaire de bêtes, il avoit fait un château digne d'être le séjour de la cour la plus brillante et la plus magnifique, on disoit qu'il avoit fait quelque chose de rien : c'étoit l'expression familière. On ne comptoit pas un milliard que ce quelque chose pouvoit avoir coûté. On s'attendoit qu'un républicain loueroit comme un courtisan, et on lui demanda ce qu'il trouvoit de plus singulier à Versailles : *C'est de m'y voir*, répondit le doge.

Si Seignelai copioit si bien Louvois, Louvois ne restoit pas en arrière. Pendant qu'on bombardoit Gênes, le maréchal de Créqui faisoit le siége de Luxembourg, et cette place se rendit après vingt-quatre jours de tranchée ouverte. La guerre avoit recommencé l'année précédente au sujet du comté d'Alost, que la France prétendoit lui avoir été cédé par l'Espagne. Vous demanderez ce que faisoient les ennemis.

Le maréchal de Créqui se rend maître de Luxembourg.

Les réunions que les chambres de Metz et de Brisach faisoient à la couronne de France, avoient excité dans l'Allemagne des mouvemens grands et vagues, qui, en 1681, aboutirent en un congrès, tenu à Francfort, pour discuter les droits de Louis XIV. Mais on oublia l'objet pour lequel on s'étoit assemblé. Tout le temps fut con-

L'Allemagne cependant paroissoit vouloir s'opposer aux entreprises de Louis.

sumé en débats entre les princes de l'empire et en contestations sur le cérémonial.

<small>Mais Léopold accabloit les Hongrois, et Vienne étoit assiégée par les Turcs.</small>

L'année suivante, les cercles du haut-Rhin, de Suabe et de Franconie conclurent, à Laxembourg, une alliance avec l'empereur pour la défense de l'empire contre les réunions. Le roi de Suède, les électeurs de Saxe et de Bavière, le duc de Lunébourg et le landgrave de Hesse-Cassel, accédèrent à ce traité, ainsi que l'Espagne; et tous ces confédérés convinrent de rassembler trois armées sur le Rhin. Comme il n'est pas raisonnable de se faire des ennemis dans ses états, quand on a un ennemi redoutable au-dehors, Léopold, dans cette conjoncture, auroit dû suspendre au moins le projet d'opprimer les Hongrois, et tourner toutes ses forces contre Louis. Mais tout occupé d'établir son despotisme sur ce peuple, il médita la guerre contre la France, et se mit hors d'état de la faire. Les Turcs, appelés par Teckeli, qui étoit à la tête des révoltés, fondirent sur l'Autriche, et mirent le siége devant Vienne en 1683. Il fallut donc employer contre eux les forces qu'on avoit destinées contre la France.

L'empereur se sauve à Passau, pendant que Jean Sobieski, roi de Pologne, marche contre les Turcs, les met en déroute, se rend maître de leur camp, de leurs bagages, et délivre Vienne. Il vouloit, après sa victoire, saluer Léopold ; et Léopold vouloit l'assujettir à un cérémonial qu'il n'eût pas exigé sans doute, lorsqu'il fuyoit à Passau. Il se relâcha cependant : mais il étoit trop humilié pour témoigner de la reconnoissance au vainqueur, qui venoit de sauver l'Autriche et l'empire. Il le reçut froidement. Le roi de Pologne néanmoins lui donna des conseils, il lui montra ses vrais intérêts, il tenta de lui faire accepter les propositions raisonnables que faisoit Teckeli. L'empereur, toujours aveugle et obstiné, voulut continuer la guerre contre les Hongrois et contre les Turcs. La frontière d'Allemagne restoit donc sans défense du côté du Rhin ; l'Espagne étoit trop foible pour agir sans le secours de l'empire ; les Provinces-Unies étoient épuisées ; et la France soutenoit ses entreprises sans craindre la ligue de Luxembourg. Les états-généraux, voulant rétablir la paix, ne trouvèrent d'au-

Lorsque Jean Sobieski a délivré Vienne, la Hollande, qui voit l'impuissance des ennemis de Louis, propose une trêve qui est acceptée.

tre moyen, que de proposer une trêve de vingt ans, pendant laquelle LouisXIV conservoit tout ce qu'il avoit acquis depuis la pacification de Nimègue. Elle fut acceptée.

1685.

L'Angleterre étoit alors occupée d'une prétendue conspiration qu'accréditoit du parlement rendoit vraisemblable.

Les Anglais ne se mêloient point alors des affaires du reste de l'Europe. Ils étoient occupés d'une prétendue conspiration, dont on accusoit les Jésuites. Le pape, disoit-on, ayant déclaré que l'Angleterre, l'Écosse et l'Irlande lui étoient dévolues par l'hérésie du prince et des peuples, avoit transporté tous ses droits à la société des Jésuites, qui se proposoit d'assassiner le roi et de prendre possession de ces trois royaumes. Toutes les circonstances de ce complot étoient presque autant d'absurdités ; et les délateurs, qui n'en donnoient aucune preuve, étoient des hommes perdus et sans aveu. Ils ne vouloient qu'acquérir de la considération auprès du peuple, que l'ombre du papisme effrayoit toujours. En effet, ils se virent bientôt sous la protection du parlement, ils en obtinrent des gratifications : leurs dépositions en eurent plus de poids, et la terreur devint si générale, que douter c'eût été se rendre suspect soi-même. Le roi fut obligé de paroître approuver les mesures qu'on vouloit prendre contre une conspiration à laquelle il ne croyoit pas. Cependant depuis quelques années les Protestans d'Angleterre avoient de l'inquiétude, et ce n'étoit pas sans fondement.

Le frère de Charles II, le duc d'Yorck, qui s'étoit converti pendant son exil, se déclara publiquement catholique en 1671. Or comme la conversion de l'héritier présomptif de la couronne flattoit les Catholiques de l'espérance de détruire un jour les hérésies, elle ne pouvoit pas ne pas répandre l'alarme parmi les Protestans. Ils voyoient avec frayeur que le papisme menaçoit de reparoître sous un nouveau règne. Ils craignoient même qu'il ne se hâtât de faire des progrès sous Charles, qu'ils soupçonnoient d'être dans les mêmes sentimens que son frère. Ils fondoient leurs soupçons sur les liaisons que ce prince avoit avec la France, et sur les tentatives qu'il avoit faites pour introduire une tolérance générale: car ils l'accusoient de ne vouloir tolérer les Non-Conformistes, qu'afin de procurer aux Catholiques le libre exercice de leur religion.

On étoit des sou... sur la religion de Charles, et craignoit le duc d'Yorck qui s'étoit converti.

Telles étoient les frayeurs des Protestans quand on crut découvrir la conspiration des Jésuites. Plusieurs circonstances avoient accru l'épouvante; ceux qui vouloient troubler, fomentoient les craintes du peuple; le duc d'Yorck devenoit tous les jours plus odieux, et l'esprit des communes paroissoit se préparer à la révolte, lorsque le roi cassa le parlement. C'étoit néanmoins le même parlement qu'il avoit assemblé le mois de mai 1661. Après avoir tenu des sessions à diverses reprises, il finit avec l'année 1670. Charles se flattoit que la dissolution de ce corps, qui entretenoit les préventions du public, rétabliroit une sorte de calme; et qu'il pourroit former un nouveau parlement, dont les membres seroient plus modérés. Cependant celui qu'il venoit de congédier, presque entièrement composé de royalistes, lui avoit d'abord été très-favorable. Il en avoit ensuite perdu la confiance par sa faute. La conversion du duc d'Yorck avoit donné de nouvelles inquiétudes: la conspiration, attribuée aux Catholiques, avoit achevé d'aliéner les esprits; parce qu'on jugeoit que le gouvernement ne leur

Charles casse le parlement.

seroit que trop favorable. Enfin l'Écosse, tout-à-fait subjuguée, gémissoit sous l'oppression des ministres de Charles, et faisoit craindre un pareil sort aux Anglais.

A la manière dont se firent les élections, le roi prévit quel seroit l'esprit du nouveau parlement. Les peuples, persuadés que la religion, la liberté et la vie des citoyens étoient dans un danger manifeste, avoient fait tomber leur choix sur les sujets qui montroient le plus d'audace. Le desir général de la nation étoit sur-tout d'exclure le duc d'Yorck des couronnes d'Angleterre et d'Irlande. Or un peuple qui menace de changer la succession, n'est pas loin de menacer le souverain même. Une conjoncture aussi critique demandoit de la vigilance, de la prudence, de la fermeté. Charles le sentit, il fit un effort ; et, trouvant des ressources dans son esprit, il se montra tel qu'il devoit être. *Le nouveau parlement est plus séditieux encore.*

On avoit exécuté quelques-uns des prétendus conspirateurs. On continuoit de faire le procès à d'autres. Le peuple demandoit le sang de ces malheureux. Sa fureur se fût irritée davantage, si elle eût trouvé des *Il exclut le duc d'Yorck du trône. Il le bannit, il est encore cassé.*

obstacles. Charles laissa donc un libre cours à ces procédures. Mais parce que la présence de son frère entretenoit la haine et les soupçons, il engagea ce prince à se retirer à Bruxelles. Voulant ensuite lui assurer la couronne, il proposa au parlement de mettre à l'autorité royale toutes les limitations, qu'on jugeroit nécessaires pour assurer la religion et la liberté sous un prince catholique. Celles qu'il proposoit lui-même, dépouilloient le souverain des principales prérogatives; et si on ne les trouvoit passuffisantes, il offroit d'en accepter d'autres. Le duc d'Yorck eût mieux aimé être exclus; parce qu'une entreprise injuste lui laissoit tous ses droits, et lui formoit un parti; et Charles qui prévoyoit que les communes se refuseroient à tout accommodement, vouloit faire retomber tous les torts sur elles. En effet non seulement elles exclurent le duc d'Yorck du trône; elles le bannirent encore du royaume. Charles cassa ce parlement, lorsqu'il méditoit de nouvelles entreprises; et l'ordre fut donné pour de nouvelles élections.

On lui fait des Cependant, comme il ne se pressoit pas

d'assembler le nouveau parlement, il fut vivement sollicité; et il lui vint de toutes parts des suppliques à ce sujet. Afin de se refuser à ces instances, il se fit adresser d'autres suppliques, dans lesquelles on montroit beaucoup de respect pour sa personne, une grande soumission à son autorité, et une vraie horreur contre ceux qui prétendoient lui prescrire un temps pour l'assemblée du parlement. Il y eut donc deux partis qui se distinguèrent par les noms de *Pétitionnaires* et d'*Abhorrans*; ils se donnèrent encore ceux de *Whigs* et de *Torys*; parce que les abhorrans ou royalistes comparoient les pétitionnaires aux fanatiques d'Écosse, qu'on nommoit Whigs; et que les pétitionnaires comparoient les abhorrans aux brigands d'Irlande, qu'on nommoit Torys. Cependant quelque animés que fussent ces deux partis, on n'en devoit pas appréhender les mêmes excès, qu'on avoit vus sous le dernier règne. Car, depuis que l'ambition avoit démasqué l'hypocrisie, on jetoit des ridicules sur le jargon des enthousiastes; le fanatisme avoit cessé, on n'osoit plus se montrer; et la religion entroit moins

suppliques pour en convoquer un autre. Il s'en fait faire pour n'en pas convoquer.

Parti des Pétitionnaires ou Whigs et parti des Abhorrans ou Torys.

dans la haine du papisme, que la crainte de perdre la liberté.

Nouveau parlement qui se rend odieux à la nation.

Le parlement s'assembla le 12 octobre 1680. Les communes renouvelèrent le bill d'exclusion; elles sévirent contre les abhorrans: la liberté des citoyens fut violée chaque jour par leurs jugemens arbitraires: et il n'y eut bientôt qu'un cri contre leurs violences. Le despotisme qu'elles s'arrogeoient, devenoit d'autant plus odieux, que Charles affectoit beaucoup de modération, et offroit toujours de limiter la puissance royale.

Le peuple commence à voir le peu de fondement de la conspiration, qui l'avoit effrayé.

Sur ces entrefaites le vicomte de Stafford, condamné par le parlement comme un des conspirateurs, fut exécuté. C'étoit un homme respectable par son âge, et dont toute la vie assuroit l'innocence. Tout le peuple fondit en larmes à la vue du courage de ce vertueux vieillard. Malgré ses preventions, il ne put se persuader que Stafford fût coupable. Il eut honte de sa crédulité, il ouvrit les yeux, et rejeta comme autant d'impostures tous les bruits qu'on avoit fait courir. Le sang de Stafford est le dernier qui fut versé pour cette prétendue conspiration.

Le roi casse le parlement, et

Pendant que les communes accumuloient

sur elles les reproches de tous les citoyens, elles procuroient à Charles de nouveaux partisans. Ce prince, dont les qualités aimables faisoient oublier les torts, s'attachoit encore tous ceux qui se souvenoient des dernières guerres civiles. L'horreur, qui en étoit encore présente, soulevoit contre les communes, qui violoient la liberté des citoyens sous prétexte de la défendre. On étoit donc bien éloigné de vouloir approuver et soutenir leurs violences. Le roi, qui avoit prévu ce moment, le saisit : il cassa le parlement, et il en convoqua un autre à Oxford. Il pensoit qu'il pourroit peut-être se réconcilier avec les communes, lorsqu'elles seroient éloignées de Londres où elles trouvoient des factieux qui les soutenoient; et que si au contraire elles persistoient dans leurs violences, il seroit autorisé à rompre tout-à-fait avec elles, et à ne plus convoquer de parlement.

<small>en convoque un autre à Oxford.</small>

Le nouveau parlement s'assembla au mois de mai 1681. Le roi jugea qu'il étoit temps de parler aux communes avec plus de fermeté. Il leur offrit encore d'agréer tous les moyens de pourvoir à la sûreté publique : mais il leur déclara que, comme

<small>Il casse encore ce dernier.</small>

il ne prétendoit point au gouvernement arbitraire, il ne le souffriroit jamais dans les autres. Cependant les communes, qui étoient à-peu-près composées des mêmes membres, se portèrent à de nouvelles violences; et le roi, saisissant le moment où elles étoient désavouées par la nation, à qui elles se rendoient de plus en plus odieuses, se hâta de casser le parlement.

La nation applaudit à cette démarche.

Cette dissolution subite et imprévue étourdit les communes. Leur parti dispersé resta sans forces : de toutes parts on félicita le roi d'avoir échappé à la tyrannie des parlemens : les maximes les plus favorables à la monarchie retentirent dans tout le royaume ; et la nation parut courir d'elle-même à la servitude. C'est ainsi que le peuple passe subitement d'une extrémité à l'autre.

Le roi gouverne en monarque absolu.

Les communes avoient toujours cru que le besoin des subsides tiendroit le roi dans leur dépendance. Mais Charles devint économe. Il fit des retranchemens considérables dans sa maison. Il fut en état d'entretenir une petite armée. Il put agir et il agit en monarque absolu. Londres se ressentit bientôt de cette révolution. Cette ville perdit une partie de ses priviléges, et l'exemple de la capitale fut une loi aux autres de se soumettre. Il est vrai que Charles, qui s'étoit occupé jusqu'alors à éteindre l'esprit de faction, se vit dans la nécessité d'agir lui-même en chef de parti; situation fâcheuse pour un prince. Ce fut une source d'injustices et d'oppression.

C'est l'effet des conspirations, lorsqu'elles sont découvertes et punies, d'affermir l'autorité par la terreur qui se répand. Il y en eut une en 1683. Les coupables furent recherchés et punis avec tant de rigueur, que le gouvernement en devint odieux. Mais on n'osoit pas se révolter, et d'ailleurs toute la haine retomboit sur le duc d'Yorck, à qui Charles avoit confié l'administration. Le roi en reprenant l'autorité, avoit repris son indolence. Cependant il n'approuvoit point le gouvernement dur de son frère, parce qu'il paroissoit en prévoir les suites: il songeoit au contraire à gagner l'affection de tous ses sujets. Dans cette vue, il méditoit un nouveau plan; il se proposoit d'écarter tous les ministres qui déplaisoient au peuple: et il projetoit même de convo-

Plus affermi après une conspiration qu'il découvre, il reprit son indolence lorsqu'il mourut.

quer un parlement, lorsqu'il mourut le 6 février.

Jacques II lui succède sans opposition.

Jacques II, qui se trouvoit saisi de l'autorité, monta sur le trône. Personne ne lui contesta ses droits. Les Whigs, subjugués comme les Torys, oublièrent les motifs qu'ils avoient eus de l'exclure, lorsqu'il n'étoit que duc d'Yorck : il se hâta de promettre qu'il n'entreprendroit rien contre la religion anglicane ni contre la liberté; et le peuple, comptant sur cette parole, ne conçut aucune inquiétude. Effrayé, quand il se rappeloit le passé, il préféroit une confiance aveugle à tous les avantages d'une révolution qu'il n'avoit pas le courage d'entreprendre. Les villes et les corps s'empressèrent de donner des marques de respect et de soumission à leur nouveau souverain : mais ce fut avec des expressions serviles, qui faisoient connoître qu'il étoit plus craint qu'aimé.

Il soulèvera le peuple en abusant de son autorité.

Les Anglais avoient appris, par leur expérience, qu'un peuple ne doit jamais se révolter contre son roi légitime. Les maux qu'ils avoient soufferts, les avoient convaincus de leur devoir; et cette démonstration étoit à la portée des esprits les plus grossiers. Jacques II va bientôt démontrer aux rois, qu'en abusant d'un pouvoir légitime, on met dans l'ame du peuple le plus soumis, le désespoir à la place du devoir.

Charles II avoit joui pendant sa vie d'un revenu, que le premier parlement de son règne lui avoit accordé. Ce revenu étoit expiré avec lui. Jacques II se l'attribua de sa seule autorité. C'étoit se faire une idée bien étrange de sa prérogative, ou respecter bien peu les droits de la nation. Cependant comme il eût été imprudent de ne pas mieux assurer ses revenus, le parlement fut convoqué bientôt après. Il étoit presque tout composé de Torys : car depuis que les communautés avoient perdu leurs priviléges, le roi s'étoit rendu maître des élections.

Il s'attribue d'abord des revenus qu'il devoit demander au parlement.

Au lieu d'accorder à Jacques un revenu fixe, comme à Charles II, il étoit de l'intérêt de la nation de lui fournir seulement des subsides par intervalles. C'étoit le seul moyen de tenir dans la dépendance un prince, qui se trouvoit d'ailleurs revêtu de toute l'autorité. Cependant les communes

Il les obtient ensuite du parlement qu'il convoque.

lui accordèrent pour sa vie les revenus dont Charles avoit joui. Elles y ajoutèrent même encore, de sorte que Jacques, en y comprenant son apanage en qualité de duc d'Yorck, eut deux millions sterling de rente. Elles étoient si intimidées, que le roi ne crut pas devoir les ménager. C'est en menaçant qu'il obtint des revenus aussi considérables : car il fit entendre, qu'en vertu de sa prérogative, il se les procureroit sans l'aveu du parlement.

Monmouth décapité. Pendant que ces choses se passoient, le duc de Monmouth, fils naturel de Charles II, et qui avoit trempé dans la conspiration de 1683, fit une descente en Angleterre, comptant sur l'affection que les peuples lui avoient toujours témoignée. Mais si on étoit mécontent, on n'osoit encore le déclarer. Monmouth fut vaincu, fait prisonnier, décapité, et il parut n'avoir pris les armes, que pour augmenter l'autorité de Jacques. Cependant cet événement fut suivi de tant de cruautés et de tant d'imprudences, qu'il devint funeste au roi même.

Jacques protège ouvertement les Catholiques, Persuadé que tout devoit désormais plier sous le joug, Jacques ne parla plus qu'en

maître absolu. Il auroit pu protéger les Ca- *et casse le Parlement qui lui résiste.*
tholiques, sans le déclarer ouvertement ; le
parlement n'eût pas osé paroître vouloir
pénétrer ses desseins. Mais il déclara qu'il
les dispensoit des lois qui avoient été faites
contre eux ; et il ne permit pas d'ignorer
que la religion anglicane étoit menacée.
Les deux chambres commencèrent donc à
lui résister. On demanda dans l'une et dans
l'autre, si le roi, en vertu de sa prérogative,
pouvoit dispenser des lois. Cette question
occupa le public : il se répandit plusieurs
écrits à ce sujet : la haine du papisme se ralluma, et les chaires entretinrent la frayeur
du peuple. Jacques ayant alors cassé le
parlement, on jugea qu'il n'en vouloit plus
convoquer : car il n'étoit pas possible d'en
former un plus dévoué à la monarchie.

Un événement étranger accrut l'incendie qui venoit de naître. Louis XIV révoqua l'édit de Nantes, donné par Henri IV *Sur ces entrefaites, Louis XIV révoque l'édit de Nantes. 1685.*
en 1598, et tous les autres édits rendus
depuis en faveur de la religion prétendue
réformée. Cette révocation fut dans la suite
suivie de déclarations, d'arrêts du conseil
et de différens ordres, qui dégénérèrent en

une véritable persécution. Les temples des Huguenots furent démolis, et l'exercice du calvinisme fut absolument défendu.

Et on lui fait croire qu'il a extirpé l'hérésie, parce qu'il a envoyé des dragons contre les hérétiques.

Le roi vouloit détruire l'hérésie : on ne peut qu'applaudir à son zèle : mais il faut reconnoître que les moyens n'étoient pas prudens. Nous voyons aujourd'hui ce qu'il auroit pu prévoir lui-même : c'est qu'il n'a servi ni l'église, ni l'état. Défendre aux Huguenots l'exercice de leur religion, et envoyer contre eux des dragons, c'étoit les persécuter pour en faire des hypocrites, ou pour les chasser du royaume. Cependant on fit croire à ce prince qu'il avoit extirpé l'hérésie ; c'est-à-dire, que tous les Huguenots étoient convertis, ce qui étoit une imposture ; ou qu'ils avoient tous abandonné la France, ce qui étoit heureusement un mensonge. Il eût perdu plus de trois millions de sujets.

Huguenots qui se réfugient en Angleterre, font craindre les mêmes persécutions de la part de Jacques.

Plus de cinq cent mille néanmoins sortirent du royaume. C'étoit sur-tout ceux à qui l'industrie assuroit de quoi vivre partout. Ils portèrent chez l'étranger les arts et les manufactures, qui enrichissoient la France. Ils y portèrent encore l'horreur des persécutions; et les Anglais, qui avoient donné asyle à plus de cinquante mille, crurent voir Jacques marcher déjà sur les traces de Louis.

Les démarches de ce prince ne confirmoient que trop les soupçons de ses sujets. *Toutes les sectes se réunissent contre la religion romaine.* Comme il étoit plus absolu en Écosse, il y dissimuloit moins ses desseins; et il les montroit ouvertement en Irlande, où les Catholiques dominoient. Les Anglais prévoyoient donc le danger dont leur religion étoit menacée. L'église anglicane s'opposoit à la tolérance générale que le roi vouloit introduire; parce qu'elle jugeoit qu'il n'affectoit de tolérer toutes les sectes, que dans la vue de favoriser ensuite la religion romaine à l'exclusion de toutes les autres. Les non-conformistes, qui auroient profité de cette tolérance, ne se laissoient pas prendre à cet appât. En vain Jacques tentoit tout pour les attirer dans son parti. Ils pensoient qu'après s'être servi d'eux pour ruiner les Anglicans, il voudroit ensuite les ruiner eux-mêmes; et dans cette prévention ils étoient disposés à se réunir à l'église anglicane contre l'église romaine.

Jacques envoie une ambassade au pape, pour réconcilier son royaume avec l'église.

Les Catholiques ne faisoient pas alors la centième partie du peuple : cependant le roi parloit et agissoit déjà comme si sa religion eût été dominante. Le comte de Castelmaine fut envoyé à Rome avec la qualité d'ambassadeur extraordinaire pour obtenir du pape qu'il réconciliât l'Angleterre avec la communion romaine. On eût dit que tout le royaume étoit converti, et qu'il ne restoit plus à faire que la cérémonie d'une réconciliation. Si cette démarche déplut aux Anglais, qui se souvenoient qu'un acte du parlement déclaroit haute trahison toute communication avec le pape ; elle ne déplut pas moins au pape même, qui la trouva de la plus haute imprudence. L'ambassadeur fut fort mal reçu. Innocent XI, qui étoit sur le saint siége, avoit toujours conseillé au roi de ne rien précipiter : il n'entroit qu'à regret dans un projet, dont il prévoyoit le peu de succès.

Confiance aveugle des Catholiques d'Angleterre.

Un nonce vint à Londres. On lui fit une réception publique. Il sacra des évêques, qui publièrent des instructions pastorales avec la permission du roi, et déjà les Catholiques étoient assez indiscrets pour dire qu'ils iroient bientôt en procession dans la capitale. Ils comptoient sur la puissance d'un monarque, qu'ils jugeoient absolu : que devient néanmoins cette puissance, lorsque le souverain aliène insensiblement tous ses sujets ?

Jacques voulut ouvrir les universités aux Catholiques, et les violences dont il usa, avoient soulevé tous les esprits, lorsqu'il publia une seconde déclaration pour établir la tolérance. Il ordonna qu'elle seroit lue dans toutes les églises. Cette entreprise étoit une usurpation manifeste sur les droits de la nation : car le parlement avoit déclaré plusieurs fois, avec le consentement du prince, que le roi même ne pouvoit pas dispenser des lois portées contre ceux qui ne professoient pas la religion anglicane. Le clergé ne croyant donc pas devoir obéir, six évêques firent des remontrances au roi, et le supplièrent de ne pas insister sur la lecture publique de sa déclaration. Ils furent conduits à la tour.

Il fait conduire à la tour six évêques, qui refusent de publier une déclaration sur la tolérance.

1688.

Le peuple, qui les regardoit comme des martyrs, courut en foule sur leur passage. Il se prosterna devant eux, il demanda leur

Le peuple et l'armée s'intéressent au sort de ces évêques ;

bénédiction : les soldats, saisis du même esprit, se jetèrent aux pieds de ces prélats qu'ils conduisoient à regret ; et tout le monde imploroit la protection du ciel. Cependant les évêques exhortoient le peuple à la crainte de Dieu, à respecter leur roi ; et à rester fidelles : langage qui redoubloit l'intérêt qu'on prenoit à leur sort.

Et applaudissent au jugement qui les déclare innocens.

Depuis la révolte de Monmouth, Jacques faisoit camper ses troupes pendant l'été sur une hauteur près de Londres. Il étoit dans le camp, lorsqu'il entendit tout-à-coup des cris de joie qui se répandoient autour de lui. C'est que les évêques venoient d'être jugés, et avoient été déclarés innocens. Il ne pouvoit donc pas ignorer qu'il étoit seul, avec une poignée de Catholiques, contre le peuple et contre son armée même. Cependant il s'opiniâtra dans ses entreprises, et il usa de nouvelles violences. Tel fut son aveuglement.

...aur ... l l l avoit formé la grande alliance contre Louis XIV.

Alors, presque toutes les puissances de l'Europe se réunissoient contre Louis XIV, et dans le cours des années 1686 et 1687 elles avoient conclu à Augsbourg une ligue qu'on nomma la grande alliance. Le prince d'Orange étoit l'ame de cette confédération. Il l'avoit formée lui-même. La guerre de 1667, faite malgré les renonciations, l'invasion de la Hollande, les chambres de Metz et de Brisach, la surprise de Strasbourg, la prise de Luxembourg, le bombardement de Gênes, les persécutions des Huguenots, tant d'entreprises peintes avec les couleurs qui font craindre de nouvelles injustices de la part d'un prince ambitieux, sont les motifs qu'il employa auprès des souverains dont il voulut réunir les forces contre la France. Il avoit d'ailleurs un intérêt personnel à la guerre, puisqu'elle assuroit sa puissance dans les Provinces-Unies; et il n'étoit pas peu flatté de se voir le chef d'une ligue aussi formidable, et d'imaginer qu'il pourroit humilier Louis XIV.

Il avoit épousé Marie, fille aînée du roi d'Angleterre, et il étoit alors l'héritier présomptif de ce prince. Jacques, considérant les secours qu'il en pourroit tirer pour l'exécution de ses desseins, le sollicita d'y concourir; et dans la vue de l'y déterminer, il lui fit espérer qu'il accéderoit à la ligue

Gendre de Jacques, et son héritier présomptif, il refuse de concourir aux projets de ce roi.

d'Augsbourg, et qu'il l'aideroit de tout son pouvoir. Mais Guillaume, qui étoit déjà cher aux Anglais par les projets qu'il méditoit contre la France, ne vouloit pas les aliéner pour favoriser une religion qu'il ne professoit pas. Jacques en fut si offensé, qu'il parut ne chercher que des prétextes pour déclarer la guerre aux Provinces-Unies.

Il s'attache les Anglais, qui ne balancent plus à l'appeler au trône lorsqu'ils voient que Jacques a un fils.

Jusqu'alors le prince d'Orange ne s'étoit jamais permis d'autoriser les cris des Anglais contre leur roi : il ne garda plus les mêmes ménagemens. Considérant qu'il devenoit l'unique ressource de la nation ; il chargea son envoyé à Londres de s'expliquer ouvertement sur la conduite du roi, de lui faire des représentations en public, et de ne rien négliger pour gagner toutes les sectes. Bientôt tous les yeux se tournèrent sur lui, et il fut appelé au trône par les vœux de la noblesse et du peuple. Cependant il n'osoit encore se livrer à son ambition : car il craignoit de hasarder une couronne, que les lois assuroient à la princesse sa femme; et les Anglais protestans, effrayés d'une guerre civile, paroissoient vouloir attendre le moment où Marie seroit appelée à la succession. Mais la reine d'Angleterre ayant accouché d'un prince, le 10 juin, la nation réduite au désespoir, ne balança plus, et Guillaume, sollicité de toutes parts, fit ses préparatifs pour détrôner son beau-père. La naissance d'un prince de Galles avoit été l'objet des vœux du roi Jacques, qui se crut plus assuré sur le trône, et des Catholiques, qui jugèrent la religion mieux affermie : mais elle hâta la ruine du roi et celle des Catholiques.

Louis XIV songeoit alors à prévenir les projets de ses ennemis. Quoique la ligue d'Augsbourg ne parût d'abord que défensive, il ne douta pas qu'elle ne devînt offensive bientôt. Il avoit d'ailleurs pour prétextes de commencer la guerre, les droits de la duchesse d'Orléans sur la succession de son frère l'électeur Palatin, ceux du cardinal de Furstemberg à l'archevêché de Cologne, et le refus de l'empereur à convertir la trève de vingt ans en une paix perpétuelle. Mais il trouvoit dans sa politique des raisons qu'il ne publioit pas.

Depuis 1684 les Impériaux avoient eu

de grands succès en Hongrie. La couronne venoit d'être déclarée héréditaire dans la maison de l'empereur; Joseph, son fils aîné, avoit été couronné; et les Turcs, défaits plusieurs fois, chassés de quantité de places, ayant encore perdu Bellegrade au commencement de septembre de l'année 1688, paroissoient hors d'état d'arrêter les progrès de leurs ennemis, et ne desiroient plus que la paix. Léopold devoit la leur accorder, afin de pouvoir tourner toutes ses forces contre la France. Dans l'impuissance de suffire à ces deux guerres à-la-fois, il étoit de son intérêt de conclure avec le plus foible de ses ennemis, et de se borner à soutenir les efforts de la ligue d'Augsbourg. C'est ce que Louis XIV voulut prévenir. Il se hâta donc de commencer les hostilités, et par cette diversion il engageoit les Turcs à continuer une guerre qui étoit une diversion pour la France. Son armée se porta sur le Rhin, où elle trouva peu d'obstacles. Il commença ses conquêtes par la prise de Kell, le 20 septembre, et dans cette campagne il se rendit maître de tout le Palatinat, de Mayence, de Philisbourg, de Manheim, de Spire, Worms, Trèves; et le cardinal de Furstemberg reçut garnison française dans toutes les places fortes de l'électorat de Cologne.

Cette guerre couvrit les desseins du prince d'Orange. Il paroissoit armer contre Louis XIV, et il préparoit tout pour faire une descente en Angleterre. D'Avaux, ministre de France à la Haye, découvrit cependant le but de ces préparatifs. Louis se hâta d'en informer le roi Jacques, auquel il offrit des secours. Il proposoit de joindre une escadre à la flotte anglaise, de faire passer un corps de troupes en Angleterre, ou de porter une armée dans les Pays-Bas. Ce dernier moyen eût été capable d'arrêter les Hollandais chez eux. Toutes ces offres furent rejetées. Jacques voyoit de l'inconvénient à les accepter ; il ne pouvoit croire les desseins qu'on attribuoit à son gendre, et il n'imaginoit pas que tous ses sujets fussent au moment de se révolter.

Sous prétexte d'armer contre la France, Guillaume se prépare à faire une descente en Angleterre.

Bientôt le prince d'Orange ne dissimula plus. Il publia un manifeste, dans lequel, après un grand détail des abus qui soulevoient le peuple contre le gouvernement

Il débarque.

de Jacques, il déclaroit qu'il ne se proposoit de passer en Angleterre avec une armée, qu'afin de convoquer un parlement libre, et de pourvoir à la sûreté de la nation. Il mit à la voile avec une flotte d'environ cinq cents vaisseaux, sur laquelle il avoit plus de quatorze mille hommes de troupes, et il débarqua le 5 novembre à Torbay.

1688.

Jacques abandonné, se retire en France.

Les peuples commencent à se déclarer pour lui. Les officiers de l'armée royale croient ne pouvoir en conscience combattre contre le prince d'Orange. Plusieurs désertent. Le lord Churchill, depuis duc de Marlborough, qui avoit la confiance du roi, qui lui devoit toute sa fortune, est un des premiers; et il en entraîne plusieurs. De ce nombre, est le prince Georges de Danemarck, qui avoit épousé la princesse Anne, fille de Jacques. Cette princesse, élevée dans la religion protestante, ainsi que Marie sa sœur, abandonne encore son père. Toutes les troupes font connoître leur mécontentement, et le malheureux monarque voit de toutes parts des trahisons qui l'enveloppent. Ainsi la fidélité, la reconnoissance, le sang, les devoirs les plus sacrés, tout cède au torrent des préventions du peuple. Jacques fuit, est arrêté, échappe, et se retire en France.

Ce prince craignit sans doute le sort de son père : mais les circonstances étoient bien différentes. L'exécution de Charles I n'avoit été que le crime d'une armée fanatique, poussée par un hypocrite ambitieux. Pouvoit-on rien appréhender de semblable d'une nation qui avoit en horreur cet attentat, et qui ne conservoit plus le même fanatisme? Le prince d'Orange pouvoit-il être comparé à Cromwel? et devoit-on présumer qu'il voudroit se frayer un pareil chemin au trône ? Il eût été bien embarrassé, si le roi ne se fût pas enfui : il le sentit, et il lui facilita lui-même les moyens de s'évader. Comme il ne restoit plus d'obstacle à son ambition, le parlement, assemblé au mois de janvier suivant, déclara le trône vacant par la fuite de Jacques; il réduisit la prérogative royale à de justes bornes; il détermina les privilèges de la nation; et il donna la couronne au prince d'Orange et à la princesse Marie.

Le parlement met des bornes à la prérogative, et donne la couronne à Guillaume.

1689.

La révolution d'Angleterre donna de nouvelles forces à la ligue d'Augsbourg, à laquelle les Hollandais et les Anglais accédèrent bientôt après. Les confédérés se proposoient de réduire la France aux termes des traités de Westphalie et des Pyrénées, et d'aider la maison d'Autriche, dans le cas où Charles II, roi d'Espagne, mourroit sans héritiers, à se mettre en possession de la monarchie espagnole.

Les Hollandais et les Anglais accèdent à la grande alliance.

Louis XIV, voyant l'orage qui le menaçoit, fit ravager le Palatinat, le Wurtemberg et le Margraviat de Bade, pour mettre une barrière entre les Impériaux et lui. Les campagnes furent ruinées, et on brûla près de quarante villes et un grand nombre de villages. Si le conseil de Versailles, qui ordonnoit de sang froid ces incendies, ne se crut pas cruel, parce qu'il les jugeoit nécessaires au salut du royaume, il pouvoit au moins se reprocher la nécessité où il étoit de les commettre, puisqu'il avoit forcé tant d'ennemis à se réunir contre la France. C'est sur Louvois principalement que tombent ces reproches : c'est lui qui fut l'auteur de ces ordres sanguinaires : et

Ordres sanguinaires, donnés par les conseils de Louvois.

il faut rendre justice à Louis XIV ; il en eut horreur dans la suite. On croit que ce fut une des causes qui l'indisposèrent contre ce ministre.

La France, attaquée de toutes parts, porte ses armes tout-à-la-fois dans les Pays-Bas, sur le Rhin, en Italie, en Espagne et en Angleterre. Elle mettoit sa confiance dans des armées nombreuses et bien disciplinées, dans une marine puissante, dans les fortifications de ses places frontières, et dans les succès passés dont le souvenir donnoit un nouveau courage aux soldats.

La France tient tête de tous côtés.

Les confédérés comptoient leurs forces, et se flattoient de l'accabler : ils ne prévoyoient pas que ces forces nombreuses n'agiroient jamais ensemble ; qu'elles s'affoibliroient par la lenteur qui accompagne toutes les opérations d'une ligue, et qu'elles se diviseroient parce que l'intérêt particulier feroit oublier l'intérêt général. L'empereur, toujours en guerre avec les Turcs avec lesquels il auroit pu et dû faire la paix, ne donnera que de foibles secours à ses alliés. L'Espagne, toujours plus épuisée, ne songera qu'à sa défense, et se dé-

La grande alliance n'est pas aussi redoutable qu'elle le paroît.

fendra mal. Les princes de l'empire, souvent divisés, concerteront mal leurs mesures. Léopold fera naître des troubles en Allemagne, en voulant créer un neuvième électorat en faveur du duc de Brunswick-Lunébourg-Hanover, et les armées ne paroîtront guère sur le Rhin, que pour se tenir sur la défensive.

<small>Guillaume devoit porter presque tout le faix de la guerre.</small>

Ce sera donc à Guillaume, roi d'Angleterre et stathouder de Hollande, à porter presque tout le faix d'une guerre offensive: mais, habile à remuer l'Europe, jusqu'au moment où elle prend les armes, il n'a plus la même habileté, lorsqu'elle est armée, ou du moins il cesse d'être heureux. Les Anglais méditeront la ruine de la France, dont ils sont jaloux : ils embrasseront avec passion la cause commune de l'Europe : ils auront de l'enthousiasme, comme ils en ont toujours eu : ils entreprendront témérairement, et, mal secondés, ils se conduiront mal encore. Tel est en général le caractère des confédérations : elles paroissent moins formidables, à proportion que les alliés sont en plus grand nombre

Puisque Guillaume étoit l'ame de la confédération, et que les Anglais devoient fournir les principales forces, il falloit, comme on a fait, entreprendre de rétablir Jacques sur le trône ; et, faisant d'assez grands efforts pour entretenir des troubles en Angleterre, mettre Guillaume hors d'état de se mêler des affaires du continent. C'étoit l'avis de Seignelai, peut-être parce qu'il étoit secrétaire de la marine. Louvois, qui avoit le département de la guerre, pensoit autrement, et son avis prévalut. Le roi embarrassé dans les projets de ses ministres, qui avoient chacun des vues particulières, ne démêla pas ses vrais intérêts. Pendant toute la guerre, on ne fit donc pour Jacques, que de foibles tentatives, qui ne pouvoient réussir : il eût été mieux de ne rien tenter, et de menacer toujours. Je ne parlerai point de ces vaines entreprises sur le royaume d'Angleterre; et je n'indiquerai ce qui se passoit ailleurs que pour vous donner une idée générale des principaux événemens.

La France devroit donc tourner ses forces contre l'Angleterre. Ce ne fut pas l'avis de Louvois.

Dans la première campagne les succès des alliés se bornèrent à la prise de Mayence

1689. Succès de la France dans les

Cinq premières campagnes. 1690.

et de Bonn. Dans la seconde ils furent défaits trois fois. Le maréchal de Luxembourg gagna la bataille de Fleurus près de Charleroi sur le prince de Valdeck. Tourville, vice-amiral, et Château-Renaud battirent à la hauteur de Dieppe, les flottes combinées des Hollandais et des Anglais. Enfin Catinat défit le duc de Savoie, près de l'abbaye de Staffarde, et se rendit maître de Saluces, de Suse et de plusieurs villes du Piémont, pendant que Saint-Ruth soumettoit toute la Savoie, excepté Montmélian. Les trois campagnes suivantes furent marquées par de nouveaux succès. Le maréchal de Luxembourg gagna les batailles de Leuze, de Steinkerque et de Nervinde; la première sur le prince de Valdeck, et les deux autres sur le prince d'Orange. Le maréchal de Catinat fit encore des conquêtes en Piémont. Elles furent ensuite suspendues, parce qu'il se trouva trop foible contre le duc de Savoie, à qui l'empereur avoit envoyé plus de vingt mille Allemands. Forcé de se tenir sur la défensive, il ne put pas même empêcher les ennemis de pénétrer dans le Dauphiné, où ils brûlèrent Gap et quelques villages. Mais il reprit ses avantages, et défit le duc de Savoie à la Marsaille. Le roi prit Mons et Namur. Les Français eurent encore des avantages en Allemagne sous les ordres du maréchal de Lorges, et du côté des Pyrénées sous ceux du maréchal de Noailles. On se fit enfin sur mer beaucoup de mal de part et d'autre.

Ces succès peuvent être brillans dans une histoire : mais ils coûtent cher aux peuples, et ils ne font honneur qu'aux généraux. Louis XIV se sentoit trop foible pour les soutenir. Afin de se rendre redoutable, il avoit le premier entretenu de grandes armées, et Louvois, qui lui avoit donné ce conseil, ne consideroit pas sans doute que les ennemis en auroient de pareilles. Il auroit donc fallu qu'il eût été possible au roi d'augmenter toujours à proportion le nombre de ses troupes. Mais cette politique a un terme.

Ces succès l'avoient épuisée.

La dépense extraordinaire pour la campagne de 1693, montoit à plus de quarante millions, à vingt-neuf livres quatorze sous le marc. Les quatre campagnes précédentes avoient coûté chacune autant ou davantage. Ainsi la dépense extraordinaire, pour ces

Dépenses qu'ils avoient occasionnées.

<small>Expédiens mineux auxquels on avoit eu recours.</small>

cinq années, passoit deux cent millions.

Si l'on n'avoit pas déjà tiré des peuples à-peu-près tout ce qu'ils pouvoient payer, une augmentation sur les impôts ordinaires auroit pu fournir assez de fonds pour ces dépenses, et ce moyen eût été le plus simple. Mais en 1689, cette augmentation eût été une surcharge. Il fallut donc avoir recours à d'autres expédiens. Les édits bursaux se multiplièrent chaque année. On créa de nouveaux offices, on créa des rentes, on vendit une augmentation de gages à tous les officiers, et on fit une réforme sur les monnoies. De vingt-six livres quinze sous, le marc d'argent monnoyé fut porté à vingt-neuf livres quatorze, ce qui devoit, disoit-on, produire au roi un dixième de bénéfice, c'est-à-dire, cinquante millions; car il y avoit alors dans le royaume, au moins cinq cent millions d'espèces. L'effet ne répondit pas à ce calcul, parce que les cinq cent millions ne furent pas portés aux hôtels des monnoies, et parce que les faux-monnoyeurs et les étrangers partagèrent avec le roi les profits de la réforme. Si l'on n'avoit pas prévu cette diminution, il falloit au moins prévoir les pertes que l'état feroit, lorsqu'on payeroit les impositions avec la nouvelle monnoie. On ne devoit pas ignorer que le commerce est troublé par ces changemens d'espèces, et que les étrangers en retirent tout le profit : car ils nous payent avec notre monnoie foible, et ils gagnent un dixième sur nous ; cependant ils veulent être payés avec la monnoie forte, qui a seule cours chez eux, et ils gagnent encore un dixième. Il faut donc perdre, ou ne pas commercer avec eux. Il est vrai qu'après quelque temps les différentes monnoies se balancent, qu'on se met au pair, et que par conséquent on peut cesser de faire des pertes. Mais on a souffert de celles qu'on a faites.

Cette mauvaise opération, qui ruinoit le commerce, fut faite la première année de la guerre, 1686. On ne pouvoit pas plus mal choisir son temps. A la fin de la campagne de 1693, tous les expédiens se trouvoient épuisés : les finances étoient retombées dans un désordre plus grand que celui où elles étoient avant Colbert. Les revenus du roi diminuoient chaque année de plusieurs millions, quoique pour les augmenter on

Désordres dans les finances.

eût accru chaque année la misère des peuples : on ne connoissoit d'autre ressource que d'employer par routine les moyens qu'on avoit déjà employés. Si la guerre continuoit, les besoins devenoient tous les jours plus grands ; et cependant on devoit craindre d'augmenter encore la misère des peuples, et de diminuer en même temps les revenus de l'état, comme en effet l'un et l'autre arriva.

Foible ressource du ministère.

Peu avant l'édit de la réforme des espèces, le gouvernement avoit ordonné de porter aux hôtels des monnoies toutes les pièces d'argenterie qui excéderoient le poids d'une once. Le roi donna l'exemple et envoya une partie de la sienne. Cette refonte produisit deux millions cinq cents et quelque mille livres. Cette foible ressource, au commencement d'une guerre, fait voir combien il en restoit peu. Des retranchemens sur des choses superflues en auroient procuré de plus considérables. Il falloit, par exemple, cesser de bâtir. Car dans le cours de cette guerre, les dépenses en bâtimens montèrent à dix-sept millions neuf cent quarante-sept mille trois cent quatre-vingt-neuf livres.

Louvois n'étoit plus. Il étoit mort en 1691. Quoiqu'on ne puisse lui refuser d'avoir eu de grands talens pour sa place, il a été la vraie cause des malheurs de la France. On peut même conjecturer que Louis XIV le reconnut, si comme on l'assure, il avoit résolu de le disgracier. Quoi qu'il en soit, lorsqu'il ne fut plus livré aux conseils de ce ministre, il commença d'ouvrir les yeux. Il ne connut pas sans doute tout le désordre de ses finances, et toute la misère des peuples : car les rois peuvent difficilement imaginer ces choses, et on les leur dit encore moins. Mais il ne put se dissimuler sa foiblesse. Il falloit qu'elle fût grande, puisqu'il s'en apperçut au milieu de ses succès les plus brillans. Il revint donc de ses idées d'ambition : son expérience lui en montroit la vanité : la piété, qu'il goûtoit alors, les condamnoit, et son âge commençoit à lui faire desirer le repos. Se trouvant dans ces dispositions, il fit les premières avances; et il invita le roi de Suède à se porter pour médiateur.

Louis, malgré ses succès, commence à s'appercevoir de sa foiblesse.

Les propositions de Louis le Grand (car dès 1680 on lui avoit donné ce titre, qu'il

Il fait des propositions de paix, qu'on ne croit pas sincères.

mérita mieux, lorsqu'il cessa d'ambitionner des succès qui le font donner si mal à propos) les propositions de Louis le Grand, dis-je, étoient avantageuses aux ennemis. Mais on avoit de la peine à les croire sincères. On soupçonnoit qu'il n'entroit en négociation, que pour diviser les alliés; et, dans la supposition où il voudroit sincèrement la paix, on concluoit qu'il falloit faire un dernier effort pour l'accabler. La guerre continua.

Campagne de 1694. Pendant la campagne de 1694, il ne se fit rien de considérable en Allemagne ni en Italie. Aux Pays-Bas les Français se tinrent sur la défensive, et le roi Guillaume, avec une armée considérable, borna tous ses succès à la prise d'Hui. En Catalogne, le maréchal de Noailles battit les Espagnols, et se rendit maître de quelques places. Enfin les Anglais tentèrent, avec peu de succès, de bombarder les villes maritimes de France; et les Français n'entreprirent rien sur mer. Seignelai, qui avoit formé la marine, étoit mort en 1690, et les flottes françaises n'étoient plus si formidables.

Le peuple qui se croit exposé En 1695 la capitation fut établie pour la première fois. L'année précédente, les revenus, toutes charges prélevées, avoient été de cent deux millions. Le nouvel impôt en produisit vingt-un. Les revenus de 1695 auroient donc dû être de cent vingt-trois. Il ne furent que de cent douze.

Aux invasions des ennemis, se soumet à la capitation sans murmure.

La capitation fut reçue sans murmure, et même avec joie. C'est que le peuple commençoit à s'effrayer. Nos flottes ne couvroient plus les mers; nous n'avions sur terre que de petites armées; le prince d'Orange venoit de prendre Namur; nos côtes étoient menacées; et on se croyoit exposé de toutes parts aux invasions des ennemis. Dans cette conjoncture, les Français persuadés qu'un dernier effort ameneroit la paix, se prêtèrent volontiers à suppléer à l'épuisement des finances. Il est triste de voir que cette année on ait dépensé plus de deux millions en bâtimens, et l'année suivante plus de trois.

Parce que les alliés bombardoient nos villes maritimes, nous bombardâmes Bruxelles. Le dommage que nous fîmes à cette capitale des Pays-Bas, fut estimé à plus de vingt millions. Il semble que l'esprit de

Bombardement de Bruxelles.

cette guerre fût de se détruire mutuellement, sans espérance d'en retirer aucun avantage, et même avec certitude de se ruiner soi-même : on y réussit, car toutes les puissances étoient dans le dernier épuisement.

Pacification de Riswyck.

En 1696, on fit de part et d'autre de grands projets, qu'on n'exécuta pas. Le roi, qui desiroit sincèrement la paix, cherchoit depuis long-temps à détacher le duc de Savoie de la ligue d'Augsbourg. Cette négociation réussit enfin. Le duc consentit à une neutralité pour l'Italie, et força les Espagnols et les Allemands à l'accepter. Alors tous les confédérés, excepté l'empereur et l'Espagne, songèrent à traiter avec la France. Les conférences se tinrent l'année suivante à Riswyck sous la médiation du roi de Suède. La paix fut signée avec l'Angleterre, la Hollande et l'Espagne, dans le mois de septembre, et avec l'empereur et l'empire, dans le mois d'octobre. Les traités de Westphalie et de Nimègue servirent de base à celui de Riswyck. La France reconnut le roi Guillaume pour légitime souverain d'Angleterre, et promit de

1697.

ne le troubler ni directement, ni indirectement. Elle restitua à l'empereur, à l'empire et à l'Espagne, tout ce dont elle s'étoit saisie, en vertu des arrêts des chambres de Metz et de Brisach : de plus, à l'empire, le fort de Kell ; à l'empereur, Brisach et Fribourg ; au roi d'Espagne, Luxembourg, le comté de Chinei, quantité de villes et de villages, réunis à la couronne de France depuis le traité de Nimègue, et toutes les places prises en Catalogne. Le duc de Lorraine, qui avoit été dépouillé, fut rétabli ; et le duc de Savoie acquit Pignerol, qui depuis 1630 ouvroit ses états aux armées françaises. La guerre de l'empereur avec les Turcs finit environ un an après, par le traité de Carlowitz, dont le roi Guillaume fut le médiateur.

Fin du cinquième volume.

TABLE DES MATIÈRES.

HISTOIRE MODERNE.

LIVRE TREIZIÈME.

CHAPITRE PREMIER.

De la France jusqu'au ministère du cardinal de Richelieu, pag. 1.

Marie de Médicis est déclarée régente par un arrêt du parlement qui est confirmé dans un lit de justice. Elle ne laisse aucune autorité au conseil, où elle admet tous ceux qu'elle n'ose refuser. Concini, à qui elle donne sa confiance, fait une fortune rapide. Elle ruine les finances. Les princes confédérés prennent Juliers. Marie abandonne le duc de Savoie. Double alliance avec l'Espagne. Les Huguenots en prennent l'alarme : mais Marie les divise en gagnant quelques-uns des chefs. Les grands se font des intérêts contraires et ne savent plus former des partis. Les Huguenots étoient divisés en deux partis. Bouillon se joint au prince de Condé. Marie négocie pour abandonner Saint-Jean d'Angeli au duc de Rohan qui s'en est rendu maître. Condé arme. Marie propose un accommodement. Condé avoit publié un manifeste. Le duc de Rohan refuse de se joindre à cette ligue. Les mécontens obtiennent ce qu'ils demandent. Louis XIII déclaré majeur. Derniers états généraux. Le roi oublie ce qu'il leur a promis. Condé met le parlement dans son parti. Arrêté du parlement. Le roi lui defend de passer outre. Remontrances du parlement. Elles entretiennent le mécontentement du peuple. Les Huguenots se joignent à Condé. Les mécontens font la loi. Les récompenses que Marie donne aux rebelles, invitent à de nouvelles révoltes. Bouillon ne songe qu'à troubler. Le maréchal d'Ancre fait arrêter Condé. Récompenses prodiguées. Le maréchal d'Ancre change tout le ministère. Les mécontens arment encore : mais l'évêque de Luçon donne de la fermeté au gouvernement. Faveur d'Albert de Luines qui est d'intelligence avec les mécontens. Il songe à éloigner Marie de Médicis. Il obtient l'ordre d'arrêter le maréchal d'Ancre. D'Ancre est tué. Marie est reléguée à Blois. Les mécontens reviennent à la cour. On fait le procès à la mémoire de Concini et à la Galigaï. Marie, échappée de sa prison, menace, et puis se prête à un accommodement. Elle se joint aux mécontens qui prennent les armes. Elle revient à la cour. Guerre avec les Huguenots. Marie entre au conseil. Elle y fait entrer l'évêque de Luçon, qui se saisit bientôt de toute l'autorité.

CHAPITRE II.

De la France et de l'Angleterre jusqu'à la prise de la Rochelle, pag. 28.

La conduite de la régente divisoit les partis, et les faisoit renaître. Richelieu se propose d'abattre les grands, et de mettre les Huguenots hors d'état de se soulever. Il se proposoit encore d'humilier la maison d'Autriche. Obstacles à ses desseins. Guerre avec les Huguenots. Les Catholiques ne pardonnent pas au cardinal la paix à laquelle le roi est forcé. Richelieu se ménage tout-à-la-fois dans l'esprit du roi et dans l'esprit de la reine-mère. Marie propose le mariage de Gaston avec l'héritière de Montpensier. Ce projet partage toute la cour. Complot des grands contre Richelieu. Il est éventé. Autre complot, qui ne leur réussit pas mieux. Richelieu feint de vouloir se retirer, et obtient une garde. Fin des intrigues occasionnées par le projet du mariage de Gaston. Assuré de son crédit, Richelieu écarte tout ce qui peut faire obstacle à son ambition. Les Anglais prennent part à la guerre des Huguenots. Jacques I s'imaginoit que sa prérogative lui donnoit une autorité sans bornes. Les Anglais accoutumés à obéir, paroissoient avoir la même idée de la prérogative, et ne contestoient rien. Conduite qu'auroient dû tenir les rois d'Angleterre, pour conserver cette puissance, qui n'étoit fondée que sur l'opinion. Comment une conduite différente la ruinera tout-à-fait. Combien le fanatisme des Écossais étoit à redouter. Jacques cependant se croit absolu en Écosse, depuis qu'il est roi d'Angleterre. Trois sectes dans la Grande-Bretagne. Autant les Épiscopaux étoient favorables aux prétentions de Jacques, autant les Calvinistes d'Écosse et les Puritains d'Angleterre y étoient contraires. Jacques soulève les partis en croyant les concilier. Les parlemens timides et respectueux cherchoient à composer avec le roi pour mettre des bornes à la prérogative. Mais Jacques et Charles I ne pensoient pas que la prérogative pût être limitée. Les Puritains combattront le despotisme de ces deux rois. Les communes avoient acquis beaucoup d'autorité. Mais un usage donnoit au roi le pouvoir de changer à son choix les membres de cette chambre. Cet usage est aboli. Les communes se refusent à la réunion des deux royaumes. Conspiration des poudres. Effet qu'elle produit sur les esprits. Jacques casse le parlement qui tentoit de mettre des bornes à la prérogative. Autre parlement, moins docile que le premier, et que le roi casse encore. On n'avoit que des idées confuses de la prérogative royale et des priviléges du parlement. Jacques rend aux états-généraux des places qu'ils avoient cédées en garantie. Il conservoit encore de l'autorité en Angleterre et sur-tout en Écosse. Il change en Écosse les cérémonies religieuses, sans qu'on paroisse lui résister. En Angleterre les Puritains le rendent suspect et odieux. Avant Henri VII la gouvernement de l'Angleterre tendoit à l'anarchie. La monarchie commence sous ce prince et les Anglais se familiarisent avec l'idée d'une autorité absolue et sans bornes. Sous Jacques les communes commencent à raisonner sur cette autorité. Les jurisconsultes, le clergé et les courtisans la defendoient par de mauvais raisonnemens. Les Puritains l'attaquoient par des raisonnemens aussi mauvais. Quelles idées on se fera à ce sujet. Par des complaisances forcées, Jacques enhardit les communes et voit commencer le parti des Whigs opposé à celui des Torys. Sujets de mécontentement qu'il donne aux communes. Elles font des remontrances. Jacques qui en est offensé, raisonne, menace et casse le parlement. On raisonne dans tout le royaume sur cet événement, et chacun devient Whigs ou Torys. Elèves que Jacques formoit. Buckingham conduit en Espagne Charles qui épouse ensuite Henriette, sœur de Louis XIII. Un nouveau parlement que le roi veut gagner par des complaisances fait un bill qui sera le fondement de la liberté. Intrigues de Buckingham, qui fait déclarer la guerre à l'Espagne. Expédition mal concertée. Mort de Jacques. Charles I, dans les mêmes préjugés que son père, n'imagine pas qu'on puisse résister à son pouvoir absolu. Il demande avec confiance les subsides nécessaires pour soutenir la guerre contre l'Espagne. Mais les communes veulent profiter d'une circonstance, qui le mette dans la dépendance du parlement. Il n'obtient que 112000 livres sterling. Il casse le parlement lorsque les communes désapprouvoient les secours qu'il avoit voulu donner à Louis XIII contre les Huguenots. Autre parlement plus hardi que les précédens. Il est encore cassé, et on écrit de part et d'autre pour se justifier. Charles déclare la guerre à la France. Buckingham paroît à la vue de la Rochelle et invite les Rochellois à la révolte. Il est forcé à se retirer lorsque la Rochelle est assiégée par Louis XIII. Après avoir usé de violence pour lever des impôts arbitraires, Charles convoque un parlement. Le nouveau parlement se conduit avec plus de prudence que le roi. Pétition de droit qui assure la liberté des citoyens. Charles est forcé à confirmer ce bill. En reconnoissance, les communes lui accordent des subsides. La flotte anglaise est témoin de la prise de la Rochelle qu'elle veut secourir. Comment cette ville fut prise. Charles casse le parlement, qui tendoit à le dépouiller de ses revenus. Il fait la paix avec la France et avec l'Espagne.

LIVRE QUATORZIÈME.

CHAPITRE PREMIER.

Exposition préliminaire à la guerre qui fut terminée par le traité de Westphalie, pag. 85.

Scène compliquée qui se prépare. Quels en sont les acteurs. Il faut commencer par une exposition générale. L'ambition des papes avoit troublé l'Europe. De-là les sectes luthériennes. L'imprimerie rendoit les erreurs contagieuses. Progrès rapides du luthéranisme. Charles-Quint croyoit que l'hérésie lui préparoit des conquêtes. Première cause de jalousie entre la maison d'Autriche et la maison de France. Leur rivalité ne produit que des projets mal concertés. Henri VIII étoit entre elles dans une position, dont il ne savoit pas tirer avantage. On sentoit qu'il falloit tenir la balance entre elles. Élisabeth est la première qui ait connu la politique. Les Provinces-Unies avoient secoué le joug de l'Espagne, et se gouvernoient avec défiance. Henri IV avoit porté la politique à sa perfection. Celle de Charles-Quint avoit produit un effet contraire à celui qu'il en avoit attendu. Ferdinand I se déclara pour la tolérance, ainsi que Maximilien II. La mort de Henri IV avoit rompu les mesures prises pour l'abaissement de la maison d'Autriche. Mais il restoit deux partis : l'union évangélique et la ligue catholique. Rodolphe II avoit été dépouillé par Mathias, qui soulève les Protestans. La Bohème se révolte contre Mathias. Les duchés de Clèves et Juliers avoient déjà armé l'union évangélique et la ligue catholique. Mathias meurt, et ne laisse presque que des titres à Ferdinand II. Alors les électeurs s'étoient rendus les législateurs de l'empire.

CHAPITRE II.

État des principales puissances au commencement de la guerre, pag. 104.

La naissance du luthéranisme et l'avénement

de Charles-Quint sont une époque où commence un nouvel ordre de choses. Gustave Wasa avoit toujours conservé l'alliance de Frédéric I et de Christian III. Éric XIV, son fils aîné, perdit la couronne. Jean III qui avoit détrôné son frère, troubla la Suède, et eut la guerre avec Frédéric II fils de Christian III et père de Christian IV. Sigismond, son fils, fut élu roi de Pologne. Mais les états de Suède donnèrent la couronne au duc Charles, son frère, et l'assurèrent à Gustave-Adolphe, fils de Charles. Les royaumes du nord étoient électifs. Peuplades qui en sont sorties. Les Provinces-Unies sont une association de plusieurs républiques indépendantes. Il y a dans chaque province un conseil toujours subsistant. Les états-généraux sont composés des députés des sept provinces. Les députés ne peuvent rien prendre sur eux, et l'unanimité est nécessaire en affaires majeures. Ils prennent les ordres des états provinciaux où l'unanimité est encore une condition essentielle. Députés préposés à l'armée. Combien ce gouvernement ralentit les opérations de toutes ces républiques. Le stathoudérat a paré cet inconvénient. Puissance du stathouder. Cette puissance a sauvé la république, et peut lui être funeste. A peine les Provinces-Unies goûtent la paix, qu'elles sont troublées par des disputes de religion. On agitoit des questions sur des choses dont nous ne pouvons pas même parler. Arminius dit que nous pouvons résister à la grace. Gomar le dénonce au synode de Roterdam. Arminius prend pour juge le grand-conseil. Les deux partis disputent en pré-

sence des états de Hollande. Ils se calomnient.
Les états de Hollande ordonnent la tolérance.
Les deux partis s'excommunient et les séditions
commencent. Les états de Hollande sont pour les
Arminiens ou Remontrans, et le stathouder
Maurice est pour les Gomaristes ou Contre-remontrans. Maurice, prince d'Orange, médite la perte
de Barnevelt. Il arme. Il fait arrêter Barnevelt et
deux autres pensionnaires. Il fait condamner les
Remontrans dans le synode de Dordrect. Barnevelt
a la tête tranchée. Les villes de Flandre avoient
été florissantes par le commerce. Les Provinces-Unies étoient devenues l'asyle de ceux qui fuyoient
la persécution. L'industrie les avoit rendues puissantes. Sous quel point de vue il faut considérer
la France. Les dissipations de Marie de Médicis,
et le désordre des finances avoient ruiné le royaume.
Les nouveaux offices, qu'on créoit à l'exemple
de François I, y avoient contribué. Compte que
le marquis d'Effiat rend des finances. Abus dans
la recette et dans la dépense. Les revenus se trouvoient dissipés d'avance. Cependant la guerre de
la Valteline et le siége de la Rochelle coûtoient
encore plusieurs millions. Augmentation des impositions, des charges et de la recette dans l'espace de 30 ans. Quelles sont les vraies richesses
d'un état. Elles ne se trouvent pas dans une plus
grande quantité d'argent. Les trésors de l'Amérique n'enrichissent l'Espagne que pour un moment. Ils y passent pour ruiner l'industrie. Ils n'y
restent pas. État de l'Espagne au commencement
du dix-septième siècle. **Combien il est difficile à**

cette monarchie de se relever. Les lois de l'empire étoient sans force. Deux religions ennemies donnoient au corps germanique des vues mieux determinées. Charles - Quint avoit accru leur haine réciproque. L'union évangélique étoit formée de deux sectes ennemies. L'électeur de Saxe étoit peu fait pour fortifier le parti auquel il s'attachoit. Les peuples de l'empire étoient moins foulés que les autres. Mais ils étoient pauvres parce qu'ils avoient peu d'industrie. Ambition de la maison d'Autriche. L'Europe veut l'humilier.

CHAPITRE III.

De la guerre de l'empire jusqu'à l'année 1635, pag. 152.

Frédéric V, électeur Palatin, accepte la couronne de Bohême. Le prince de Transilvanie faisoit une diversion en sa faveur. Ferdinand II avoit pour lui le roi de Pologne, l'électeur de Saxe et le duc de Bavière. Frédéric est abandonné par l'union évangélique. Il perd la bataille de Prague et la Bohême. Ferdinand met Frédéric au ban de l'empire. Mansfeld qui défendoit le haut Palatinat, feint de traiter avec les Impériaux, et leur échappe. Les Impériaux achevoient la conquête du Palatinat. Frédéric congédie Mansfeld et le duc de Brunswick. Les provinces de l'empire sont dévastées. Mansfeld et le duc de Brunswik menacent la Champagne. Mansfeld préfère le service des États-Généraux aux offres des autres puissances. Il joint le prince d'Orange, et fait lever le siége de Berg-op-zoom. L'union évangélique ne subsistoit plus. Le duc de Brunswick avoit été défait et Mansfeld étoit hors d'état de rien entreprendre. Ferdinand II ne trouvant plus d'obstacles, donne le Palatinat à Maximilien de Bavière. Ferdinand croyoit assurer sa puissance en semant des divisions, et se hâtoit trop de la montrer. Ligue qui se forme contre lui. Richelieu se borna à faire restituer la Valteline aux Grisons. On avoit inutilement négocié à cet effet. Il arma, et la Valteline fut enlevée aux Espagnols. Christian IV forme une ligue contre l'empereur. Après de mauvais succès, les circonstances lui procurent des conditions de paix plus avantageuses qu'il ne devoit espérer. Alors la maison d'Autriche vouloit enlever Mantoue au duc de Nevers. Le cardinal vouloit, malgré Marie de Medicis, le maintenir dans la possession de ce duché. Ligue en faveur du duc de Nevers. Le cardinal prend dans cette guerre la qualité de lieutenant-général. Mazarin négocie la paix, et la fait. Richelieu dissipe une intrigue qui se tramoit contre lui. Combien il étoit nécessaire à Louis XIII. Édit de restitution donné par Ferdinand. Tous les protestans obéissent, excepté les électeurs de Saxe et de Brandebourg. Ferdinand se conduit en despote. Mais la diète de Ratisbonne qui le force à licencier une partie de ses troupes, et à déposer Walstein, ne lui accorde aucune de ses demandes. Les protestans, assemblés à Leipsick, demandent l'abolition de l'édit de res-

titution et la liberté des princes de l'empire. Mais
ils avoient besoin de trouver des secours dans les
puissances étrangères. Gustave Adolphe faisoit
fleurir ses états. Il avoit fait une paix glorieuse
avec la Russie, et forcé à une trêve Sigismond roi
de Pologne. Sollicité à déclarer la guerre à Ferdinand, il avoit plusieurs motifs pour s'y déterminer.
Caractère de ce héros, que Ferdinand osoit mépriser. Il prend ses mesures pour surmonter les
difficultés qu'il prévoit. Il commence la guerre avec
quinze mille hommes. Succès de sa première campagne. Il a besoin de quelque action d'éclat, pour
enhardir les ennemis de Ferdinand à s'unir à lui.
Il fait alliance avec la France. Par le traité il offroit la neutralité aux princes catholiques et s'engageoit à ne rien changer à la religion. Au commencement de la campagne, Gustave s'ouvre la
Silésie. Tilly prend et ruine Magdebourg. Ferdinand pour forcer les Protestans à prendre les armes
pour lui, porte la guerre dans leurs états. Gustave,
fortifié de plusieurs alliés, marche contre Tilly.
Bataille de Leipsick. Gustave soumet tout depuis
l'Elbe jusqu'au Rhin qu'il passe. L'électeur de
Saxe, au lieu de le seconder, s'arrête tout-à-coup.
Walstein fait la loi à l'empereur qui le recherche.
Alors Marie de Médicis, d'abord prisonnière à
Compiègne pour avoir médité la perte du cardinal,
s'étoit ensuite retirée dans les Pays-Bas où Gaston
d'Orléans la suivit. Gustave accorde la neutralité
à l'électeur de Trèves, et la refuse à d'autres
princes, qui ne la demandoient pas sincèrement.
Gustave se rend maître de la Bavière : mais les

Impériaux reprennent la Bohême, et font des progrès dans la basse-Saxe. Gustave ne peut forcer les Impériaux dans leur camp. Bataille de Lutzen où il perd la vie. Pendant ce tems-là le duc de Montmorenci qui avoit armé pour Gaston, laissoit sa tête sur un échafaud, et Gaston se retiroit dans les Pays-Bas. La mort du roi de Suède divisoit les ennemis de Ferdinand. Il ne paroissoit pas que la Suède pût conserver la supériorité. L'empereur n'attendoit plus que le moment de se venger. Il semble que la Suède ne pouvoit penser qu'à faire une paix moins désavantageuse. Mais Oxenstiern, dans l'assemblée des Protestans à Hailbron, les engage à se réunir de nouveau et conserve la supériorité aux Suédois. Oxenstiern restitue aux enfans de Frédéric les conquêtes que Gustave avoit faites dans le Palatinat. Il renouvelle l'alliance avec la France, et on offre encore la neutralité aux princes catholiques. Les provinces de l'empire sont dévastées par les armées. Cependant Walstein humilioit Ferdinand autant par ses services que par ses hauteurs. Il se rend suspect, et Ferdinand le fait assassiner. Les Impériaux chassent les Suédois de la Bavière, mettent le siége devant Nordlingue. Les Suédois perdent la bataille de Nordlingue, et leur parti paroît ruiné.

CHAPITRE IV.

Depuis que la France prit les armes contre la maison d'Autriche jusqu'à la mort du cardinal de Richelieu, pag. 207.

Pourquoi la France n'avoit donné que peu de secours aux Suédois. Après la mort du roi de Suède, elle se propose de faire de plus grands efforts. Mais Richelieu attend le moment d'agir à propos. Objets que ce ministre se proposoit. Accord entre la France et la Suède. La France partage les Pays-Bas avec les Provinces-Unies. Raisonnemens de ceux qui blâmoient le cardinal de s'être engagé dans la guerre contre la maison d'Autriche. Raisons qui faisoient augurer des succès pour la France et pour ses alliés. La trève est renouvelée entre la Suède et la Pologne. Préparatifs de la France. Ses mauvais succès dans les Pays-Bas, sur le Rhin, en Italie. Le duc de Rohan se maintient dans la Valteline. Les Espagnols ferment la Méditerranée aux Français. La maison d'Autriche faisoit ses efforts pour diviser ses ennemis, et traiter de la paix séparément avec chacun d'eux. Richelieu vouloit que la paix se fit par un traité général : mais la Suède paroissoit se prêter aux vues de la maison d'Autriche. La France avoit cédé l'Alsace au duc Bernard. Siége de Dole. Irruption des Espagnols en Picardie. Ils se retirent. L'armée, que Gallas avoit conduite en Bourgogne, est ruinée. Victoire de Wistok. La France refuse de reconnoître Ferdinand III. La maison d'Autriche feint de vouloir la paix. La France ne veut pas paroître s'y refuser. Elle demande des sauf-conduits. L'épuisement général rendoit la paix nécessaire. Mais chaque puissance l'éloignoit, parce qu'aucune ne pouvoit s'assurer encore des conditions assez avantageuses. Difficultés de la maison d'Autriche sur les sauf-conduits. Ces difficultés font tomber sur elle le reproche qu'elle faisoit à la France de s'opposer à la paix. Événemens des campagnes de 1637 et 1638. La France et la Suède s'engagent à ne pas traiter séparément. Cependant la Suède négocioit secrètement : mais trompée par l'empereur, elle cesse de tromper la France, et s'unit sincèrement à cette couronne. Charles I veut entrer en négociation avec les puissances de l'Europe, et Richelieu fomente les troubles de l'Écosse. Négociations sans effet avec le prince de Transilvanie. Artifices de la cour de Vienne pour séparer la Suède de la France. Négociations sans effet. Événemens de la guerre pendant les négociations. La France acquiert les places qu'occupoit le duc Bernard. Elle a de grands succès pendant que les Suédois se maintiennent. Politique du duc d'Olivarez. Elle force les Catalans à la révolte, et fait perdre le Portugal à la couronne d'Espagne. Il s'agissoit alors de renouveler le traité entre la France et la Suède. Instructions que ces deux couronnes donnent à leurs ministres. Ferdinand qui les veut diviser, ne sait pas profiter des dispositions où se trouve la

Suède. Artifices de Ferdinand pour persuader qu'il ne s'oppose pas à la paix que tout l'empire demande. Artifices de Richelieu. Les avances qu'ils se faisoient l'un à l'autre n'étoient que pour tromper le public. L'empereur et la diète de Ratisbonne sont au moment d'être surpris par Banier et Guébriant. La Suède fait une grande perte dans Banier. Elle en devient plus traitable, et conclut le nouveau traité tel que la France le desiroit. Situation de l'électeur de Brandebourg entre les Suédois et les Impériaux. Il abandonne l'empereur, avec qui les ducs de Lunebourg font la paix. Guerre civile en France. Elle finit bientôt par la mort du comte de Soissons. Toute l'Europe demandoit la paix. Le traité préliminaire paroissoit au moment d'être conclu. Mais de part et d'autre on vouloit éloigner la conclusion, quoiqu'on feignit de vouloir conclure. Cependant à force de feindre, Lutzau et le comte d'Avaux concluent malgré eux. Conditions du traité préliminaire qu'ils signent. L'empereur désavoue Lutzau, et s'expose aux reproches de toute l'Europe. Pertes que fait la maison d'Autriche qui compte sur une révolution en France. Louis XIII ayant besoin d'un favori, le cardinal lui avoit donné Cinqmars. Le favori réussit et donne de l'ombrage à Richelieu. Il cherche à le perdre dans l'esprit du roi. Il forme un parti. La cour d'Espagne promet des secours. Inquiétude de Richelieu : confiance inconsidérée de Cinqmars. Mais Louis, qui se reproche sa foiblesse, écrit au cardinal. Il a cependant de la peine à se persuader que Cinqmars soit coupable. Punition de Cinqmars.

Mort du cardinal. Cette mort donne de la confiance aux ennemis de la France et de l'inquiétude à ses alliés.

CHAPITRE V.

Jusqu'à l'ouverture du congrès pour la paix générale, pag. 265.

Louis XIII se conforme au plan que le cardinal avoit laissé. L'ouverture du congrès est fixée. Mort de Louis XIII. Ses dispositions. Le parlement défère la régence à la reine. Mazarin premier ministre. Victoire de Rocroi. La France confirme son alliance avec la Suède. Les plénipotentiaires de l'empereur et du roi d'Espagne arrivent à Munster. La Suède avoit intérêt à ne pas traiter sans la France. Il n'en étoit pas de même des états-généraux. C'est pourquoi les plénipotentiaires de la France passent par la Haye, pour s'assurer que la Hollande ne traitera de la paix que conjointement avec la France. Mort de Guébriant. Defaite des Français à Duthlingen. Les Suédois déclarent la guerre au roi de Danemarck. Les Impériaux fondent de nouvelles espérances sur ces événemens. Le comte d'Avaux dissipe les inquiétudes, que la reine et Mazarin ont à ce sujet. La guerre de la Suède avec le Danemarck n'a pas de suite. Turenne ne peut empêcher que Fribourg ne soit pris par le général Merci. Le duc d'Enguien, et ce maréchal ne peuvent forcer Merci dans ses lignes : mais il se rend maître du cours du Rhin depuis

Bâle jusqu'à Cologne. Autres événemens de la campagne de 1644. La diète de Francfort est contraire aux vues de l'empereur. Le collège des princes et celui des villes prennent la résolution d'envoyer leurs députés au congrès qui s'ouvre.

LIVRE QUINZIÈME.

CHAPITRE PREMIER.

Des intérêts et des vues des principales puissances, page 281.

Situation embarrassante de l'empereur. Il lui falloit diviser les deux couronnes, ou attendre que la minorité de Louis XIV causât des troubles. Il comptoit sur l'un ou sur l'autre de ces événemens, et se refusoit à la paix. Il étoit bien plus facile au roi d'Espagne de troubler la France et d'en détacher les Provinces-Unies. La Suède ne pouvoit traiter sûrement sans garantie; mais l'impuissance de l'Espagne étoit une garantie suffisante pour la Hollande. D'ailleurs cette république pouvoit au besoin compter sur les secours de la France contre l'Espagne; et il pouvoit arriver qu'elle auroit besoin des secours de l'Espagne contre la France. Mazarin devoit peu compter sur le dernier traité fait avec les Provinces-Unies. Mais si elles paroissent vouloir traiter séparément, il doit leur reprocher leur infidélité et leur ingratitude. Cependant le reproche d'infidélité étoit peu fondé. Celui d'ingratitude l'étoit tout aussi peu; et on ne peut qu'applaudir à la Hollande, si-elle ne se laisse pas tromper aux artifices du cardinal. Maximilien, duc de Bavière, étoit dans une position où il ne savoit s'il devoit se détacher de l'empereur ou lui rester uni. Les autres princes de l'empire avoient peu d'influence par eux-mêmes, et ne demandoient que la paix. L'empire étoit sujet par sa nature à bien des variations. Après Louis XIV, la couronne devient tout-à-fait élective. Effets de cette révolution pendant la premiere période, sous les princes de la maison de Saxe. Origine des comtes palatins, des margraves, landgraves, etc. Privilége des diètes. Prérogatives des rois de Germanie. Ils les perdent presque toutes sur la fin de la seconde période qui comprend les princes de la maison de Franconie. Pendant la troisième, sous les princes de la maison de Suabe, il n'y a que des troubles. Ces troubles occasionnent plusieurs changemens. La quatrième période est un temps d'anarchie. C'est alors que les évêques et les ducs, qui avoient le droit de premièrè élection, s'arrogent à eux seuls le droit d'élire l'empereur. Pour s'assurer les usurpations qu'ils ont faites, ils donnent la couronne impériale à des princes dénués de forces. Interrègne qui donne lieu à des ligues et à des usurpations. Pendant la cinquième période les empereurs, occupés de l'agrandissement de leur maison, ou des troubles de l'empire et de l'église, n'ont pu recouvrer les domaines et les prérogatives enlevés à leur couronne. Lorsqu'après tant de révolutions, les princes de l'empire n'avoient plus dans la sixième période que des prétentions, dont la force seule pouvoit faire des droits, les hérésies semèrent de nouvelles divisions. Dans cet état des choses, il étoit naturel que les membres de l'emp're s'unissent à la France et à la Suède, qui offroient de faire cesser l'oppression. Ils pouvoient compter sur la protection de ces deux puissances, parce qu'elles ne pouvoient s'agrandir qu'en ménageant leurs intérêts. Pour forcer Ferdinand et Maximilien à la paix, la France se propose de porter la guerre dans les états héréd.taires et dans la Bavière.

CHAPITRE II.

Du traité de Westphalie ou des négociations faites à Munster et à Osnabruck, page 309.

Médiation sans effet des Vénitiens et du pape. On n'attendoit plus au congrès que les plénipotentiaires des Provinces-Unies. Plénipotentiaires des autres puissances. Obstacles qui retardent l'ouverture du congrès. 1°. Plein-pouvoir qu'on veut trouver défectueux. 2°. Artifices de la maison d'Autriche pour diviser ses ennemis. 3°. Lenteur des états de l'empire à députer au congrès, comme ils y étoient invités par les plénipotentiaires de France et de Suède. Ferdinand auroit voulu empêcher cette députation. Le mauvais succès de ses armes le force à paroître moins contraire à la paix, et on prend jour pour les propositions. Les Impériaux et les Espagnols demandent qu'on leur restitue toutes les conquêtes. La Suède et la France se bornent à demander qu'on attende les députés des états de l'empire. On les attend, en disputant si on les attendra. Malgré les oppositions de Ferdinand, le congrès est regardé comme une diète générale de l'empire. Les Suédois, qui avoient eu de grands succès, paroissoient vouloir hâter la négociation. Mais la France la vouloit retarder, de crainte qu'ils n'en retirassent de trop grands avantages. Quoique les deux couronnes alliées eussent des raisons communes pour la retarder, elles consentent à donner leurs propositions. Elles paroissent dans leurs propositions ne s'occuper que des intérêts du corps germanique, et se bornent pour elles à une satisfaction qu'elles n'expliquent pas. C'étoit le vrai moyen d'obtenir ce qu'elles desiroient. Mais, ne s'expliquant par sur leur satisfaction, elle n'avançoient pas la paix. Succès des armes de la France. Cependant elle cherchoit des prétextes pour ne pas s'expliquer encore sur la satisfaction qu'elle demandoit. L'empereur répond aux propositions des deux couronnes, et paroît prendre pour juge les états de l'empire. Quelle étoit cette réponse. Les états s'occupent de leurs intérêts qui font naître bien des contestations. Se flattant de tout obtenir pour eux, ils ne paroissent pas s'intéresser à la satisfaction des deux couronnes. Ces deux couronnes n'osoient pas d'abord s'en expliquer l'une à l'autre. Enfin elles se devinent; et ayant pressenti les dispositions du public, elles déclarent ce qu'elles demandent. La satisfaction de la France devoit être prise sur les domaines de la maison d'Autriche. Il n'en étoit pas de même de celle de la Suède: c'est pourquoi elle souffroit plus de difficulté. Les états déclarent qu'il n'est dû de satisfaction ni à l'une ni à l'autre. Les deux couronnes ne s'inquiètent pas de ce jugement. Le comte de Trantmansdorff tente inutilement de réconcilier l'empereur avec le corps germanique. Il ne réussit pas mieux à détacher la Suède de la France. Il entame une négociation avec cette dernière couronne. Maximilien de Bavière traite aussi avec la France, qui lui fait des propositions avantageuses. Quoique la négociation paroisse avancée, tout est encore suspendu. La France temporise pour ménager le duc de Bavière, et pour ne pas donner trop d'avantage à la Suède. Mais, par cette conduite, elle expose l'armée suédoise. Difficultés qui retardoient la négociation commencée entre la France et l'empereur. Le progrès des armées force les Impériaux à souscrire aux principales demandes de la France. Cependant la France ne peut pas conclure définitivement sans la Suède. Elle devient médiatrice entre les Suédois et les Impériaux. Mais plus elle prend de supériorité dans la négociation, plus les Suédois se montrent difficiles. Offres des Impériaux aux Suédois. Les plénipotentiaires français écrivent à ce sujet à Christine, qui desiroit la paix. Succès de Turenne et de Wrangel. L'Espagne, qui faisoit des pertes, négocioit lentement avec la France, et pressoit les états-généraux de conclure un traité particulier. Elle feignoit de vouloir conserver toutes ses conquêtes, et l'Espagne paroissoit ne vouloir abandonner que quelques places. Philippe IV feint de vouloir céder les Pays-Bas en échange de la Catalogne. Il paroît disposé à conclure avec la

France. Il prend les députés de Hollande pour arbitres. La France feint de ne vouloir pas abandonner la Catalogne ; et, par cet artifice, Mazarin s'imagine engager les députés à offrir les Pays-Bas. Cet artifice ne devoit pas réussir. Les Espagnols font des propositions que la France auroit dû accepter. Pour alarmer les états-généraux, ils font courir le bruit du mariage de l'infante avec Louis XIV. Raisons des états-généraux pour conclure leur traité particulier. Ils le concluent ; mais ils en diffèrent la signature. Il étoit impossible aux puissances alliées de conduire leurs négociations du même mouvement. La France, qui se plaignoit de la précipitation de la Hollande, étoit exposée aux mêmes reproches de la part de la Suède. Elle ne pouvoit pas exiger que les états-généraux s'arrêtassent à chaque incident qu'elle faisoit naître. Par la médiation des députés de Hollande, tout étoit d'accord entre l'Espagne et la France, lorsque de nouvelles prétentions de Mazarin rompent la négociation. Alors les députés signent leur traité. Justification des états-généraux. La France avoit besoin de la paix, parce qu'elle étoit épuisée, et que le mécontentement général menaçoit d'une révolte. Pendant que Servien travailloit à retarder la négociation de la Hollande, d'Avaux hâtoit celle de la Suède. Les Suédois ne s'expliquoient pas sur leur satisfaction. Offres qu'on leur faisoit. On convient de dédommager, aux dépens des églises, l'électeur de Brandebourg de la moitié de la Poméranie qu'on lui ôtoit, et la Suède de l'autre moitié qu'on ne lui donnoit pas. Mais le dédommagement devoit-il être pris sur les Protestans ou sur les Catholiques ? Falloit-il encore dédommager les églises qu'on dépouilleroit ? Le comte d'Avaux lève ces difficultés. Campagne de 1647. Les plénipotentiaires étoient d'accord sur les principaux articles, lorsque l'empereur voulut avoir l'avis des députés. Les Suédois paroissent s'intéresser vivement aux Protestans ; ce qui met le comte d'Avaux dans une situation embarrassante. On convient de créer un huitième électorat pour le prince Palatin. Par rapport aux deux religions, on convient de rétablir les choses dans l'état où elles étoient en 1624, à quelques exceptions près. On règle la satisfaction du landgrave de Hesse. Les troupes suédoises demandoient une satisfaction. Deux demandes de la France, sur lesquelles on consentoit encore. L'empereur, qui compte sur des succès, suspend la négociation. Elle est encore rétardée par le départ du comte de Trautmansdorff, et par le duc de Bavière, qui se rejoint à l'empereur. Mais ce prince la hâta ensuite, au moins par rapport à la France. La Suède avançoit plus lentement. Cependant la défection des Hollandais flatte l'empereur de pouvoir diviser ses ennemis. Il se trompoit. Départ du duc de Longueville. Rappel du comte d'Avaux. Servien reste seul chargé des intérêts de la France. Le comte de Pegnaranda se retire à Bruxelles. Les députés d'Osnabruck se rendent maîtres de la négociation. Ils deviennent les arbitres des puissances de l'Europe. Chaque puissance vouloit que l'on commençât par ses intérêts. Dans quel ordre les intérêts sont traités. Les articles du traité de paix sont arrêtés. Les succès des armées confédérées forcent l'empereur à les signer.

LIVRE SEIZIÈME.

CHAPITRE PREMIER.

Depuis la paix de Westphalie jusqu'à la paix des Pyrénées, page 387.

La guerre civile commençoit en France. Les finances étoient dans un grand désordre. Les cris du parlement autorisent les murmures du peuple. Édits bursaux qui soulèvent les corps. Émeute du peuple de Paris. Le coadjuteur est l'auteur d'une nouvelle sédition. La cour s'enfuit à S. Germain, où elle manque de tout. Les rebelles, maîtres de Paris, songent à s'y défendre. Mais on voyoit que l'esprit de faction s'éteignoit. Le parlement fait des propositions de paix. Elles sont acceptées. Caractère de Condé. Il est arrêté avec le prince de Conti et le duc de Longueville. Leur parti arme. Ils sont mis en liberté, et Mazarin est forcé à sortir du royaume. Condé arme. Louis, alors majeur, rappelle le cardinal, dont le parlement met la tête à prix. Paris ouvre ses portes à Condé. Mais une seconde retraite du cardinal ayant soumis les Parisiens, Condé se retire dans les Pays-Bas, et le cardinal revient. La France s'allie de Cromwel, qui déclare la guerre à l'Espagne. Charles I se conduisoit en despote qui croit que toute l'autorité réside en lui. Cependant on étoit moins choqué de l'usage qu'il faisoit de son pouvoir, que du pouvoir qu'il s'arrogeoit. Il voulut changer d'autorité la liturgie des Ecossais. Ce fut alors que l'Écosse se souleva. Quatre conseils se saisirent de l'autorité souveraine. Le Covenant, acte par lequel ils jurent de s'opposer à toute innovation. Charles, qui mollit, consent à convoquer une assemblée ecclésiastique et un parlement. L'assemblée ecclésiastique ordonne de signer le Covenant. On déclare que le parlement doit obéir lui-même à cette décision, et on arme. Charles, qui a besoin de subsides, convoque le parlement d'Angleterre. Mais ce corps veut profiter de la conjoncture pour ruiner les prérogatives de la couronne: et il le casse. Les Écossais armés demandent que le roi prenne l'avis de son parlement d'Angleterre. Se voyant sans ressources, il est forcé à le convoquer. Mais il s'est donné un juge. Les communes recherchent les ministres sur leur conduite, les gouverneurs, les lieutenans. Elles donnent une paie à l'armée écossaise. Elles abolissent tout ce qu'elles jugent contraire à la liberté. Charles fait un voyage en Écosse, où il reçoit la loi. Le parlement licencie les troupes, parce qu'il craint qu'elles ne se déclarent pour le roi. Soulèvement de l'Irlande. Si l'on avoit voulu réformer le gouvernement, on le pouvoit alors. Mais le fanatisme ne devoit pas se borner à une réforme. Le parlement emploie jusqu'aux impostures pour perdre Charles. Le peuple de plusieurs provinces et celui de Londres offrent leurs services au parlement. Le parti que le roi conserve dans ce corps est forcé au silence. La guerre commence. Le parlement d'Angleterre demande des secours aux Écossais. Un parlement, convoqué en Écosse sans l'aveu de Charles, fait alliance avec celui d'Angleterre. Alors les Indépendans qui se confondoient avec les Presbytériens, se rendoient insensiblement maîtres du parlement. Ils se proposent de forcer les membres du parlement à renoncer aux emplois civils et militaires. Ils réussissent dans ce dessein. Par ce moyen, ils font passer toute la puissance militaire entre les mains de Cromwel. Charles se livre aux Écossais, qui le vendent au parlement. Les Indépendans, qui ont cassé de ce corps tous ceux qui leur sont contraires, le font périr sur un échafaud. Alors la maison d'Autriche venoit d'être humiliée, et la maison de Bourbon manquoit du nécessaire. Désordre où se trouvoit l'Angleterre. La nation anglaise, devenue plus courageuse et plus entreprenante, avoit besoin d'un chef. Elle le trouve dans Cromwel. Cromwel casse le parlement qui tentoit de diminuer son autorité. Il en crée un composé de fanatiques, qu'il casse encore. Il est déclaré protecteur par l'armée. Cependant l'Angleterre étoit formidable au-dehors, et Cromwel donne la loi dans le traité qu'il fait avec la France. Avantages que l'Angleterre trouva dans l'alliance de la France. Mort de Cromwel. Traité des Pyrénées. Charles est rétabli sur le trône d'Angleterre. Les royaumes du nord font la paix.

CHAPITRE II.

Depuis la paix des Pyrénées jusqu'à la paix de Nimègue, page 427.

Quel étoit le parlement qui rappela Charles II. Bonnes, et mauvaises qualités de Charles. Le parlement, quoique soumis et respectueux, paroît prendre des mesures contre le despotisme. Un nouveau parlement renonce au droit des armes : mais il ne donne que de légers subsides. Pour fournir à ses dépenses, Charles vend Dunkerque à la France. Il en est blâmé. A la sollicitation des communes, qui lui promettent des subsides, il fait la guerre à la Hollande. Les Anglais, comme les Hollandais, desirent bientôt la paix. Le pensionnaire de Wit venge sa patrie. Paix de Bréda. A la mort de Philippe IV, Louis XIV réclame les Pays-Bas, quoiqu'il eût renoncé aux droits de sa femme. Louis XIV étoit né avec d'heureuses dispositions qu'une mauvaise éducation avoit rendues inutiles. La régente et Mazarin auroient voulu faire durer son enfance. Honteux de ne disposer de rien, il desire de s'instruire : Mazarin le fait travailler avec lui. Après la mort de ce cardinal, il travaille avec ses ministres, qui lui persuadent qu'il sait tout et qu'il fait tout par lui-même. Il goûte moins Colbert, qui le sert sans le flatter. La France étoit épuisée. Cependant les courtisans ne parloient que de la puissance de Louis XIV ; et malheureusement ce fut quelquefois dans des circonstances où ils ne paroissoient pas le flatter. Entretenu dans cette illusion par Louvois, il entreprend de faire valoir les droits qu'il se fait sur les Pays-Bas. Fier de ses premiers succès il ne songe plus qu'à conquérir et à se rendre redoutable. L'Europe auroit dû prévoir qu'il porteroit son ambition sur la couronne d'Espagne. Mais Léopold ne s'occupoit que des moyens de régner despotiquement en Hongrie. Les princes de l'empire ne s'alarmoient pas de l'agrandissement de la France, qu'ils s'imaginoient les devoir protéger, parce qu'elle les avoit protégés. L'Italie ne craignoit que la maison d'Autriche. Les Hollandais, qui jugeoient mieux, étoient trop foibles et troublés par des factions. Ils craignoient le Stathoudérat, contre lequel ils songeoient à prendre des précautions. Le pensionnaire de Wit avoit donné l'exclusion à Guillaume III, qu'il avoit élevé. Cette exclusion donnoit de nouveaux partisans à ce prince, qui montroit des vertus. Parce qu'il étoit fils d'une sœur du roi d'Angleterre, de Wit étoit resté dans l'alliance de la France. Alors il change de plan, et la triple alliance, qu'il a méditée, force Louis XIV à la paix. Le traité en est conclu à Aix-la-Chapelle. Louis songe à se venger de la Hollande. La duchesse d'Orléans, qui passe en Angleterre, trouve le roi son frère dans des dispositions favorables au dessein de Louis. Ces deux rois déclarent la guerre à la Hollande. Cette république n'étoit pas en état de se défendre. Conquêtes de Louis XIV. Troubles qu'elles causent en Hollande. Cette république met toute sa ressource dans le jeune prince d'Orange, qu'elle fait stathouder. L'empereur, qui d'abord avoit desiré l'humiliation des Hollandais, fait une ligue contre Louis. Le roi d'Angleterre fait la paix avec la Hollande. Toute l'Allemagne se déclare contre Louis, à qui il ne reste que l'alliance de la Suède. Cependant Louis a de grands succès. Pacification de Nimègue. Causes des succès de Louis dans cette guerre.

CHAPITRE III.

Depuis la pacification de Nimègue jusqu'à celle de Riswyck, page 451.

Les ennemis de la France avoient été trop humiliés pour songer à se réunir de nouveau contre elle. Mais Louis veut être craint. La flatterie lui exagère sa puissance; et Guillaume III s'étudie à répandre des terreurs paniques. Il eût fallu dissiper les alarmes de l'Europe. Mais Louvois paroît se concerter avec le prince d'Orange, pour forcer l'Europe à redouter Louis. Seignelai veut aussi faire redouter le roi sur mer. Il bombarde Gênes, et force cette république à députer le doge au roi. Mot du doge. Le maréchal de Créqui se rend maître de Luxembourg. L'Allemagne cependant paroissoit vouloir s'opposer aux entreprises de Louis. Mais Léopold soulevoit les Hongrois, et Vienne étoit assiégée par les Turcs. Lorsque Jean Sobieski a délivré Vienne, la Hollande, qui voit l'impuissance des ennemis de Louis, propose une trêve qui est acceptée. L'Angleterre étoit alors occupée d'une prétendue conspiration que la crédulité du parlement rendoit vraisemblable. On jetoit des soupçons sur la religion de Charles, et on craignoit le duc d'Yorck, qui s'étoit converti. Charles casse le parlement. Le nouveau parlement est plus séditieux encore. Il exclut le duc d'Yorck du trône. Il le bannit; il est encore cassé. On lui fait des suppliques pour en convoquer un autre. Il s'en fait faire pour n'en pas convoquer. Parti des Pétitionnaires ou Whigs: parti des Abhorrans ou Torys. Nouveau parlement qui se rend odieux à la nation. Le peuple commence à voir le peu de fondement de la conspiration qui l'avoit effrayé. Le roi casse le parlement et en convoque un autre à Oxford. Il casse encore ce dernier. La nation applaudit à cette démarche. Le roi gouverne en monarque absolu. Plus affermi après une conspiration qu'il découvre, il reprit son indolence, lorsqu'il mourut. Jacques II lui succède sans opposition. Il soulèvera le peuple en abusant de son autorité. Il s'attribue d'abord des revenus qu'il devoit demander au parlement. Il les obtient ensuite du parlement qu'il convoque. Monmouth décapité. Jacques protège ouvertement les Catholiques, et casse le parlement qui lui résiste. Sur ces entrefaites Louis XIV révoque l'édit de Nantes; et on lui fait croire qu'il a extirpé l'hérésie parce qu'il a envoyé des dragons contre les hérétiques. Les Huguenots, qui se réfugient en Angleterre, font craindre les mêmes persécutions de la part de Jacques. Toutes les sectes se réunissent contre la religion romaine. Jacques envoie une ambassade au pape, pour réconcilier son royaume avec l'église. Confiance aveugle des catholiques d'Angleterre. Il fait conduire à la tour six évêques qui refusent de publier une déclaration sur la tolérance. Le peuple et l'armée s'intéressent au sort de ces évêques, et applaudissent au jugement qui les déclare innocens. Alors Guillaume III avoit formé la grande alliance contre Louis XIV. Gendre de Jacques et son héritier présomptif, il refuse de concourir aux projets de ce roi. Il s'attache les Anglais, qui ne balancent plus à l'appeler au trône, lorsqu'ils voient que Jacques a un fils. Alors Louis XIV avoit commencé les hostilités, et faisoit encore des conquêtes. Sous prétexte d'armer contre la France, Guillaume se prépare à faire une descente en Angleterre. Il y débarque. Jacques, abandonné, se retire en France. Le parlement met des bornes à la prérogative, et donne la couronne à Guillaume. Les Hollandais et les Anglais accèdent à la grande alliance. Ordres sanguinaires donnés par les conseils de Louvois. La France fait face de tous côtés. La grande alliance n'est pas aussi redoutable qu'elle le paroît. Guillaume devoit porter presque tout le faix de la guerre. La France auroit donc dû tourner ses forces contre l'Angleterre. Ce ne fut pas l'avis de Louvois. Succès de la France dans les cinq premières campagnes. Ces succès l'avoient épuisée. Dépenses qu'ils avoient occasionnées. Expédiens ruineux auxquels on avoit eu recours. Désordres dans les finances. Foibles ressources du ministère. Louis, malgrès ses succès, commence à s'appercevoir de sa foiblesse. Il fait des propositions de paix, qu'on ne croit pas sincères. Campagne de 1694.

544 TABLE DES MATIÈRES, etc.
Le peuple, qui se croit exposé aux invasions des ennemis, se soumet à la capitation sans murmure. Bombardement de Bruxelles. Pacification de Riswyck.

FIN DE LA TABLE DES MATIÈRES.

www.ingramcontent.com/pod-product-compliance
Lightning Source LLC
Chambersburg PA
CBHW071405230426
43669CB00010B/1450